◎ 国家社科基金重大项目“改革开放30年的基本经验研究”（08&ZD005）
◎ “中央高校基本科研业务费”专项资金资助项目

农民工公民资格研究

NONGMINGONG
GONGMINZIGE YANJIU

葛笑如◎著

中山大学出版社
·广州·

图书在版编目（CIP）数据

农民工公民资格研究/葛笑如著.—广州：中山大学出版社，2013.3
ISBN 978-7-306-04497-6

Ⅰ.①农…　Ⅱ.①葛…　Ⅲ.①民工—公民权—研究—中国　Ⅳ.①D669.2
②D911.04

中国版本图书馆CIP数据核字（2013）第043888号

出 版 人：祁　军
策划编辑：阁　声
责任编辑：施国胜
封面设计：曾　斌
责任校对：施国胜
责任技编：黄少伟
出版发行：中山大学出版社
电　　话：编辑部 020-84111996，84113349，84111997，84110779
　　　　　发行部 020-84111998，84111981，84111160
地　　址：广州市新港西路135号
邮　　编：510275　　　　　传　真：020-84036565
网　　址：http://www.zsup.com.cn　　　E-mail:zdcbs@mail.sysu.edu.cn
印 刷 者：佛山市南海印刷厂有限公司
规　　格：787mm×1092mm　1/16　　17.25印张　　360千字
版次印次：2013年3月第1版　　2013年3月第1次印刷
印　　数：1~2000册　　定　　价：35.00元

内容简介

本书在二元社会结构背景下从“身份—政治”理论视角考察我国农民工公民资格及其发展状况。农民工形式公民资格与实质公民资格之间存在巨大差距，其公民资格诉求已经从“经济—生存”层面深入到“身份—认同”层面。

本书在描述农民—市民、农民工—市民二元公民资格对比的基础上，对新世纪以来我国农民工公民资格发展的现状、动因进行了具体分析，并提出了一系列切实可行的对策措施。

对农民工公民资格及其发展进行研究，探讨公民资格在中国发展的独特模式，在理论上可以进一步丰富公民资格理论；在实践上为解决其他社会弱势群体的公民资格发展问题提供借鉴，纠正社会不公，有助于社会主义和谐社会的构建。

本书适合高校相关专业师生、社科工作者、国家公务员、农民和农民工群体阅读。

内容简介

[illegible]

[illegible]

[illegible]

“政治文明与农村发展书系”
总　序

余林媛*

政治文明是人类改造社会所获得的政治成果的总和，表现为人类社会政治生活的进步状态；它不仅是判断整个社会文明程度的重要标准，而且是一个国家整体发展水平的重要标志。在传统向现代、农业社会向工业社会转型的过程中，对于农村人口依然占较大比例的中国来说，农村政治文明无疑成为了社会主义政治文明演进的前奏和序曲，成为了社会主义政治文明最为基础、最为广泛的实践形式。

改革开放以来，中国农村政治文明经学术界的不懈探索和执政党的强力推进，无论在理论层面，还是在实践层面都取得了令人鼓舞的成就，为中国特色社会主义政治文明建设积累了丰富的经验，奠定了良好的基础。然而，处于社会结构调整的关键时期，由于政治变迁中的利益纠葛以及对传统路径的过分依赖，中国农村政治文明建设中的种种阻力不断显现。

以村民自治为核心内容的基层民主政治模式，在向纵深推进时产生的诸多棘手而亟待解决的矛盾和问题，使我们不禁反思，对于长期深受传统的治理方式、价值观念和习俗民情等影响，并且经济、政治、文化等发展相对滞后的广大农村地区，是否在立足本国国情选择具体发展模式的同时，还应遵循人类政治文明发展的普遍规律，吸收和借鉴其中共性的优秀成果？对于传统中国乡村政治建设中的诸多方面，如何进行重新考量，理性地看待其中的利弊得失，以做到去伪存真？对于中国农村政治文明建设，如何遵循核心价值取向，坚持以人为本理念，真正为农民的全面而自主发展提供应有的制度保障，开辟

* 南京农业大学思想政治理论课教研部主任、党总支书记，研究生学历，副教授。研究方向为农业思想史。

宽广的政治活动舞台？……

带着这一系列追问，我们组建了以中青年学者为主的研究团队，本着强烈的社会责任感和对农村政治问题研究的偏执，以良好的团队协作精神和果敢的理论探索勇气，借助于南京农业大学特有的学科资源优势，启动了“中国农村政治文明建设理论与实践研究”项目，形成了系列研究成果，为促进研究工作的深入开展，决定编辑出版“政治文明与农村发展书系”。

该书系本着严谨的治学态度和开阔的学术视野，主要围绕三个方面的内容进行了比较系统的探讨。

一是中国农村政治文明建设的基础理论。通过梳理中国农村政治文明的演进历史，阐释农村政治意识文明、政治制度文明、政治主体行为文明建设的理论，拓展中国农村政治文明研究的学术场域，为相关实证研究提供新的视角、支撑及方法论。

二是中国农村政治文明建设若干重大问题。通过实地调研，从组织、制度、行为、主体及治理与善治等不同层面，分析中国农村政治文明建设所取得的成就及存在的不足，探寻中国特色社会主义民主政治的发展道路和实现路径。

三是传统中国乡村政治文明建设中的理论与实践。通过民国时期苏南乡村治理结构变迁的研究，分析苏南地区的宗族、士绅阶层及农民在乡村治理结构变迁中权力（利）、地位关系及作用、影响的变化，探寻不同时期中国乡村政治发展的共性，为解决当今中国农村政治文明建设中出现的问题，提供可资借鉴的经验教训。

农村政治文明建设是一项系统工程，同时也是社会主义政治文明建设的重点和难点，希望“政治文明与农村发展书系”的出版，对推动中国农村民主政治进程、繁荣社会主义政治文化有所启迪。我们的研究虽然有自己独特的视角与风格，但是难免会存在认识上的肤浅，甚至偏颇之处，对于这些不足，敬请学界同仁和读者们批评指正。

2012 年 10 月于南京

序　言

张永桃*

90多年前，马克思主义的最早传播者李大钊卓有远见地指出："我们中国是一个农国，大多数的劳工阶级就是那些农民。他们若不解放，就是我们全体不解放；他们的苦痛，就是我们全体的苦痛；他们的愚暗，就是我们国民全体的愚暗；他们生活的利病，就是我们政治全体的利病。"在借鉴俄罗斯知识青年与农民紧密结合的实践经验基础上，同时针对我国农村的现状和农民的要求，提出了中国知识青年到农村去的主张："要想把现代的新文明从根底输入到社会里面，非把知识阶级和劳工阶级打成一气不可，我甚望我们中国青年认识这个道理。"在其后风云变幻的革命战争年代，对于农民问题的认识与态度成为革命成功的关键因素之一。

在政治上解放农民，实现其当家做主的主人翁地位；在经济上废除封建剥削，实现"耕者有其田"，是中国新民主主义革命的中心任务和终极价值追求之一。重视农民问题，尊重农民利益，是中国共产党的优良历史传统。

新民主主义革命和社会主义革命，实现了农民的政治解放和经济解放。在当前社会主义现代化建设时期，在文化上进一步启蒙农民，实现农民思想观念的现代化；在政治上进一步保障农民权利，实现同等的国民待遇；在经济上进一步挖掘农民经济潜能，提高农民生活水平，成为当下党和国家各项工作的基本出发点和最终归宿。

农民工脱胎于农民，农民问题就是农民工问题演绎的现实背景和

---

* 南京大学教授、博士生导师。曾任南京大学政治与行政管理学系主任、法政学院院长、公共管理学院院长、南京大学副校长；现任中国政治学会副会长、全国高校政治学专业教学指导委员会主任委员、全国MPA教育指导委员会委员、全国自学考试公共管理类专业指导委员会主任委员、江苏省政治学会会长；2004年受聘为中共中央"马克思主义理论研究与建设工程"政治学科首席专家。

舞台。农民工和农民的身份和职业分界非常模糊，从某种意义上来说，农民工问题和农民问题具有合一性，比如，葛笑如同志这部专著所讨论的农民工公民资格问题。

农民工问题一直是社会学、经济学和公共管理学科的研究热点。这些相关学科的研究主要围绕农民工在城市的工作生活遭遇、身份认同、市民化、权益保护、社会资本、劳动力转移、政府职能转变等主题展开推进，从公民资格角度研究农民工问题的研究非常鲜见。从这个角度来说，本书在一定程度上弥补了国内关于农民工问题研究的空白，研究视角比较独特，研究主题比较新颖。

在研究方法上，本书综合运用了系统分析法、实证研究法、文献分析法和新制度研究方法，使同一研究主题在不同研究方法的使用中得到全面呈现，有利于避免研究的单一性和结论的片面性。

从研究内容来看，本书在以下两个方面区别于公民资格的一般叙事：

第一，身份政治的现实演绎。农民工形式公民资格与实质公民资格的差距、农民工与市民公民资格的差异，皆源于转型中国身份的特殊政治经济意义。身份不仅是人群区分的重要标志之一，而且还是现实社会中各类资源分配的重要依据。农民工公民资格权利的不完整性，在很大程度上跟农民工特殊的身份紧密相关。在转型中国，身份与权利的高度相关性不仅对于农民工群体有解释意义，对于其他社会弱势群体或法人亦如此。比如，一直以来社会各界热议的外资企业、国有企业与民营企业由于法人身份的差异，在社会资源占有、经济政策等方面的差异性与不公平性。所以，现实的差异在政治诉求上体现为同一公民身份的认同，以及在同一公民身份认同基础上对弱势群体弱势身份的确认与政策倾斜。

第二，二元社会结构中农民—市民二元公民资格的复制。经济的二元性特征是发展中国家迈向现代化过程中必然要经历的一种过程、必然要呈现的特征。经济基础决定上层建筑，经济的二元性延伸进入社会生活的诸多方面，直接导致了社会结构的二元性特征。农民—市民二元公民资格是二元社会结构背景下二元性特征的现实表征之一。农民工脱胎于农民，农民—市民二元公民资格复制作用于农民工群体，导致了农民工—市民二元公民资格以及公民资格诸权利面相的差异。本书以时间为纬，纵向拉出了这段历史叙事；以群体界别为经，横向铺开了农民、农民工、市民在公民资格政治、经济和社会权利方面的差异性研究。

本书通过以上研究努力，有针对性地探讨了公民资格在中国语境中的独特发展模式；在一般意义上探讨了政府制度（政策）创新对发展社会弱势群体公民资格权益状况、维护社会公正所具有的政治合法性意义。

葛笑如同志在南京大学政府管理学院求学多年，接受了完整的本科教育和研究生教育，是我多年前就认识并加以指导的学生。2005年，葛笑如考取了我的博士研究生，从事政治学理论的学习与研究，并选取农民工公民资格作为博士阶段研究主题。在职读博期间，葛笑如努力克服工作和生活上的种种困难，精于读书，勤于钻研，与身边的老师同学广泛交流，在百年南大积淀的浓郁学术氛围和严格学术素养熏陶下，专业基础知识扎实，视野开阔。

最近几年来，葛笑如同志关注于中国“三农”问题的研究，发表学术论文多篇，有一定学术积累。现在呈现于诸位面前的这本《农民工公民资格研究》，就是其中之一。

本书是葛笑如同志在博士论文修改基础上而成，在出版之际，邀请我为其作序。论著出版不是研究的终止，而是一个新的研究起点。我希望葛笑如在此书出版基础上不断推进对中国“三农”问题，特别是农民工问题的研究，争取取得更大进步！也希望同行前辈出于对年轻人的提携抬爱，多多批评指正！

是以为序！

2012年10月10日于南京

目　录

第一章　绪论 …… 1
第一节　农民工公民资格问题的背景及意义 …… 1
一、农民工公民资格问题的社会背景 …… 1
二、研究农民工公民资格问题的意义 …… 3
第二节　农民工公民资格问题研究综述 …… 7
一、国内研究综述 …… 7
二、国外研究综述 …… 13
三、对农民工公民资格问题研究现状的简要评述 …… 13
第三节　本书研究方法与创新 …… 15
一、研究方法 …… 15
二、创新之处 …… 17
第四节　概念与框架 …… 18
一、概念 …… 18
二、框架 …… 21

第二章　公民资格理论 …… 24
第一节　公民资格的含义与结构 …… 24
一、公民资格的含义 …… 24
二、公民资格的结构 …… 26
第二节　公民资格的身份与权利 …… 29
一、身份的概念 …… 29
二、公民身份派生的权利 …… 30
三、公民身份认同 …… 32
第三节　多元文化主义公民资格 …… 33
一、多元文化、文化多元主义和多元文化主义的概念 …… 33
二、多元文化主义公民资格概述 …… 35
三、多元文化主义公民资格的政治诉求与实践 …… 36

第三章 隔离：市民—农民二元公民资格 …… 39
第一节 新中国二元社会的形成 …… 39
一、形成二元社会的制度因素分析 …… 39
二、形成二元社会的经济因素分析 …… 43
三、新中国二元社会结构的形成 …… 45
第二节 二元公民资格的形成 …… 51
一、农民—市民二元身份制度的形成 …… 51
二、农民—市民二元公民资格的形成 …… 55
第三节 农民—市民二元公民资格权利之比较 …… 56
一、农民—市民政治权利比较 …… 56
二、农民—市民经济权利的比较 …… 61
三、农民—市民社会权利的比较 …… 66
四、二元公民资格权利与社会公正 …… 68

第四章 复制：市民—农民工二元公民资格 …… 71
第一节 农民工身份的形成 …… 71
一、新中国二元社会结构的松动 …… 71
二、农民群体分化与民工潮的出现 …… 79
三、农民工身份的形成与特点 …… 82
第二节 2003 年以前城市农民工公民资格权利状况 …… 87
一、农民工的政治权利 …… 87
二、农民工的经济权利 …… 89
三、农民工的社会权利 …… 91
第三节 二元公民资格的复制 …… 96
一、双二元社会结构 …… 96
二、农民工—市民二元公民资格 …… 98

第五章 松动：诉求与认同（上） …… 104
第一节 身份政治视角下的农民工诉求 …… 104
一、身份政治 …… 104
二、国内农民工研究视角的转向：从“生存—经济”模式到“身份—政治”模式 …… 110
第二节 农民工自我认同 …… 113
一、第一代农民工的自我认同 …… 113
二、新生代农民工的自我认同 …… 115
三、农民工身份认同对公民资格发展的影响 …… 119

一的模式是一种带有霸权性质的政治。

笔者认为，所谓“同一”和“差异”是不能截然分开的，因为我们谈论“差异”要以“同一”作为背景，没有“同一”，“差异”就失去了比较的基础。所以，在西方社会运动的后期，其所强调的“差异”是“同一”基础上的差异，本质是“同一与差异并存”，这是身份政治的核心所在。西方各种少数群体争取公民权利是以争取国家对自己身份承认为前提的，即自己的身份“被政治地承认”。这种承认既是对自身作为政治共同体之普遍一员的承认，也是对那些不同于共同体其他成员的独特的私人规定性的承认。美国历史上黑人为争取公民资格和权利的运动，给我们诸多启示：黑人的身份决定了他们能享有的权利范围，争取公民资格和权利就要争取身份被国家正式承认，要求国家的正式制度中不能出现对黑人的非公正对待条款。

从“身份政治”角度解释中国农民工问题，理论意义之一在于把源于西方民权运动的理论成果中国化和本土化，扩大这一理论的解释范围，进而能使这一理论有所丰富和发展。它的可行性可以通过以下两点得到证明：

第一，在经济利益的驱动下，为了寻找更好的生活和发展空间，大量农民自发地从农村涌入城市，由农民变为农民工，地域和职业的转换带来了身份的转变，一个新的社会群体“农民工”出现了。“民工潮”这个词在中国的出现一方面标识了新群体的形成，另一方面它也生动地描述了农民大量流动这种景象。把这样一种遍布全国的农民流动的潮流定位为一场社会运动似乎并不为过，就像西方学者 Solinger 所认为的那样，这是一场农民工争取市民权的运动。这场运动给我国社会生活各个方面带来了深刻的影响，促使社会制度、政治制度和经济制度做出相应的变革以回应、适应、包容农民工群体的社会行动与价值诉求。

第二，对于具有特定身份的农民工群体，国家既要从“同一政治”出发，给予农民工“国民待遇”，保证其作为国民之平等一员所应该得到的一切公正对待，修正当前社会中歧视农民工的各项制度和政策；同时国家也要从“差异政治”出发，针对这个群体不同于农民、市民的独特规定性，制定出相应的制度和政策。在农民工公民资格发展模式上，不同于西方那种自下而上的发展方式，而是自上而下的政府行为和自下而上的社会运动合力作用的结果，政府的推动作用对于农民工公民资格的发展不可或缺。

2. 发展社会公正事业的“同一—差异”原则

在政治哲学领域，如果说“基本结构正义”是20世纪70年代的核心议题，“共同体成员资格”是20世纪80年代的核心议题，那么，试图实现二者整合与对接就是世纪之交和今后“公民资格”理论的主要议题。所以，当前社会公正的主题已经发生了转移，从罗尔斯的“结构正义”转向“身份与权利的公正”。实现社会公正的原则也从“平等的自由”和“差别原则”转向了“同一—差异”原则。

当某个群体的公正对待问题成为社会公正的首要问题时，实现社会公正在身份认同的意义上来说体现在两个方面：一是国家积极认同其作为国家正式成员的资格，这是“同一”原则的体现。二是因年龄、性别、身体条件以及劳动力分工的不同而形成了拥有不同历史传统、社会经验以及生活观点的社会群体，在能力、社会化、价值以及认知和文化模式上存在着群体差异的情况下，只有关注这些差异才能使所有的群体参与并且容纳在政治经济制度中。这意味着，与那种以无视差异的普适主义方式来陈述权利和规则相反，一些群体在适当时候应该拥有特殊的权利。[①] 所以，国家要认同某些群体身份的特殊性，实行差别对待。对于中国农民工这样一个特殊的群体，在国家正式制度的设计中体现“同一——差异”原则来保障其完整公民资格及其发展，这一实践有利于丰富当下的社会公正理论。

（二）社会实践意义

1．对解决“三农”问题、全面建设小康社会的意义

党的十六大提出全面建设小康社会的奋斗目标，要实现这一目标，解决“三农”问题、缩小社会贫富差距就成为绕不过的堡垒。从农民工这个特定群体来考察社会贫富差距问题可以发现，农民工收入低下，在经济的初次分配和二次分配中都处于一个利益受损的地位，受到了不公正的社会对待。

本书以农民工为分析主体，以国家制度重建为落脚点，对缩小社会群体间的贫富差距打开了一个突破口。农民工本身是从农民中分离出来的，从国家身份制度来看，与农民有天然的联系，是农民市民化的“排头兵”。从国家制度建设上解决好农民工的社会公正问题具有社会试验意义，对解决数量更为庞大的农民群体社会公正问题具有示范效应。

2．对构建社会主义和谐社会的意义

经过30多年的改革开放，中国社会经济发展取得了令世人瞩目的成就。随着改革向纵深发展，各种深层次社会矛盾开始凸显，社会不稳定的因素在增加。正是在这样一个社会背景下，党的十七大提出了构建社会主义和谐社会的战略目标。和谐社会的特点是“民主法治、公平正义、诚信友爱、充满活力、安定有序、人与自然和谐相处”。而要建立这样一个社会，就不能不考虑农民工这样一

---

① 艾利斯·马瑞恩·杨：《政治与群体差异——对普适性公民观的批评》，许纪霖主编：《共和、社群与公民》，江苏人民出版社2004年版，第301页。

个数量庞大的社会弱势群体的利益。①

通过本书的分析，我们看到农民工群体沦为社会弱势群体主要是缺乏社会公正对待所致。如果不能从制度上来公正对待农民工，从制度上来保护农民工的合法权益，和谐社会建设就无从谈起。公正对待农民工群体，这本身是和谐社会"公平正义"的内在要求。公正对待农民工，有利于调动这个数量庞大的社会群体的积极性和创造性，为社会发展增添新的活力；有利于推动"三农"问题的解决，减小中国城乡发展的不平衡状况，使社会更加协调发展；有利于提高农民工的收入，从而拉动内需，促进经济更快增长。所以，从制度上公正对待农民工群体，是构建社会主义和谐社会的重要举措，有助于和谐社会的建设。

第二节　农民工公民资格问题研究综述②

一、国内研究综述

1. 农民工市民化研究综述

在对农民工市民化内涵的理解上，学者们观点纷呈：

郑航生认为，"农民工市民化"是指作为一种职业的"农民"和作为一种社会身份的"农民"在向市民转变的过程中，学习并获得市民的公民资格、适应城市并具备一个城市市民基本素质的过程。③

---

① 保守估计，进城农民工已达1.2亿左右，如果包括在乡镇企业工作的农民工和失地农民在内，数量将达到2.2亿人。

② "农民工"是转型中国一个特殊的社会群体，也是世界其他国家现代化进程中很少出现的一个特有景观，其一经出现就引起了学术界的广泛关注。最近30年来，我国学者对农民工问题倾注了巨大的研究热情，社会学、人口学、经济学、法学、政治学等多个人文社会科学学科都参与其中，从发表的专著、硕博士论文到一般的学术文章来看，研究成果蔚为可观，可谓汗牛充栋。

学术界对农民工问题的研究，主要围绕以下几个方面展开：中国农民工生存现状、农村劳动力流动与人力资源开发、农民工城市适应与市民化、农民工权益与保障、农民工婚姻家庭生活与子女教育等，而从公民资格角度研究农民工的成果目前还不多见。以"农民工"和"公民资格"为关键词、以1999～2009年为时间跨度做精确搜索，所搜到的期刊文章数为0；所搜到的博士论文数为0；硕士论文数也为0。由此可见，目前国内学术界对农民工公民资格问题作全面研究的成果还没有出现。但是有些研究与农民工公民资格问题密切相关，或者说这些问题本身就构成农民工公民资格研究的一个部分。比如前文列举的农民工市民化研究、农民工权益保障研究以及农民工的心理认同研究。基于此，本书将对农民工市民化研究和农民工权益保障研究进行综述，并在评析中与本书的研究主题进行对比分析。

③ 郑航生. 农民市民化：当代中国社会学的重要研究课题［J］. 甘肃社会科学，2005（4）.

文军认为，农民市民化是指在我国现代化建设过程中，借助于工业化和城市化的推动，使现有的传统农民在身份、地位、价值观、社会权利以及生产生活方式等各个方面向城市市民转变，以实现城市文明的社会变迁过程。①

刘传江认为我国农民的市民化经历了与西方"一次转移论"不同的"二次转移论"，即我国城乡人口转移遵循了一条"先从农民到农民工"，然后"再从农民工到市民"的特殊的"中国路径"。他从而进一步指出我国农民工市民化包括四个层面的含义：一是职业由次属的、非正规劳动力市场上的农民工转变为首要的、正规的劳动力市场上的非农产业工人；二是社会身份由农民转变为市民；三是农民工自身素质的进一步提高和市民化；四是农民工意识形态、生活方式和行为方式的城市化。②

由此可见，虽然理解农民工市民化的角度与内容有所差异，但是，他们一般都认为农民工市民化包括市民身份和权利的获得、城市经济地位的提升、与市民的融合等。

在对当下农民工市民化现状的描述中，一个基本的观点是我国城市农民工并没有顺利实现市民化，他们是城市建设的奉献者和城市生活的边缘人。朱力在近几年多次调查的基础上得出结论认为，我国进城农民工的适应总体来说还处于一个较低的水平。③ 王春光指出，农民工在城市中没有得到应有的国民地位，就不可能对城市社会产生起码的社会认同，绝大多数农民工一直处于一种"半城市化"的状态，这在一定程度上已经造成社会隔离和边缘化问题。④ 陈丰则进一步指出，越来越多的农民工逐渐进入城市，似乎已经城市化了，但实际上从享受城市文明、从满足人的基本生存需求来看，农民工只是"虚城市化"，而非真正的城市化，他们不仅缺乏制度接纳，而且缺少城市社会认同，成为城市的边缘群体。⑤

那么，哪些因素阻碍了农民工市民化？学者们的观点也异彩纷呈。总的来说，制度安排、市民对农民工的认同、农民工的个人能力等是学者集中强调的因素。大多数学者都认为，农民工在城市社会受到一种制度性排斥，这种排斥性的制度以户籍制度为首，包括劳动就业制度、社会保障制度、教育制度、住房制度乃至政治制度等在内的一整套制度体系。这些制度对农民工市民化产生直接或间接的影响，成为农民工市民化的主要障碍。

李培林指出，农民工的收入和经济地位在流动过程中得到了明显提高，但是

---

① 文军. 农民市民化：从农民到市民的角色转型［J］. 华东师范大学学报（哲学社会科学版），2004（3）.

② 刘传江. 城乡统筹发展视角下的农民工市民化［J］. 人口研究，2005（4）.

③ 朱力. 论农民工阶层的城市适应［J］. 江海学刊，2002（6）.

④ 王春光. 农村流动人口的半城市化研究［J］. 社会学研究，2006（5）.

⑤ 陈丰. 从"虚城市化"到市民化：农民工城市化的现实路径［J］. 社会科学，2007（2）.

由于受到户籍身份以及与此相联系的各种福利制度的影响，他们的社会地位并没有发生相应的变化。① 李强认为，在社会地位向上流动的职业渠道、经济渠道、政治渠道、教育渠道和婚姻渠道等各种渠道中，城市农民工的地位变迁都受到了户籍制度的阻碍，这导致城市农民工仍然居于城市社会分层的最下层。②

王春光也认为，“农民工”表面上看起来只是一种职业，实际上它更是一种制度性身份，是我国特有的社会体制，包括基于户籍制度的一整套制度设计和安排，造就的农民工群体、农民工现象和农民工问题。他专门考察了以户籍制度为基础的城市就业制度、教育制度等对农民工在城市生存和发展、向上社会流动的消极影响。③

在陈映芳的研究中我们看到，她从“市民权”这个概念入手，探讨了农民工脱离产业生产、进入城市寻找工作和社会机会，但最终成为“非市民”的制度背景以及如何在城市中建构农民工的市民身份、保护与之相应的“市民权益”问题。④ 她认为，户籍制度是农民工身份获得的制度背景，户籍制度的长期固化是农民工身份固化的制度性原因。中央政府的“放权放责”与城市政府的“逐利自保”倾向并不能从根本上解决“农民工权益问题”。固化的农民工身份，影响了农民工的权利意识和利益表达行动。

农民工市民化过程是市民与农民工两个群体相互融合的社会过程，而不仅仅是农民工单方面的城市适应过程，也不仅是市民对农民工的认同与接纳的过程。现有的研究显示，目前农民工与市民之间的摩擦、冲突与隔离，成为农民工市民化的非制度性障碍之一。周春霞指出，农民工与市民之间冲突的表现形式多种多样：有心理层面的相互敌视、语言上的争吵、行为上的打架斗殴，另外还包括罢工、怠工、集体上访、违法犯罪等。⑤ 张春龙利用科塞的社会冲突理论来解释农民工与市民冲突的机制，认为农民工与市民对资源的争夺、农民工对其自身与市民差别合法性的怀疑是引发冲突的主要原因。⑥ 朱力则认为，农民工所遭遇的制度性歧视是其与城市居民发生冲突的主要原因，另外也跟农民工自身素质比较低有一定的关系。⑦

基于对农民工市民化影响因素与障碍的分析，学者们提出了一系列相关对策，主要包括：消除以户籍制度为核心的城乡分割制度，给予农民工国民待遇；创新城市社会组织并积极将农民工纳入其中；尽可能消除市民对农民工的偏见，

---

① 李培林．流动民工的社会网络和社会地位［J］．社会学研究，1996（4）．
② 李强．户籍分层与农民工的社会地位［J］．中国党政干部论坛，2002（8）．
③ 王春光．农民工在流动中面临的社会体制问题［J］．中国党政干部论坛，2004（4）．
④ 陈映芳．“农民工”：制度安排与身份认同［J］．社会学研究，2005（3）．
⑤ 周春霞．农民工与市民冲突的经济社会分析［J］．南京社会科学，2004（3）．
⑥ 张春龙．民工与市民冲突的社会学分析［J］．社会，2000（2）．
⑦ 朱力．群体性偏见与歧视——农民工与市民的摩擦性互动［J］．江海学刊，2001（6）．

改善农民工与市民之间的人际关系；加强对农民工的教育和培训以提高农民工自身素质；等等。

比如王春光认为，实现农民工城市化要付出更多的经济成本，所以，改善经济条件非常重要，有了充足的资金，现有制度与政策框架才有能力把农民工纳入其中。而现在就希望让绝大多数农民工马上融入城市几乎不可能。英国有句俗语：三代培养一个贵族，对农民工城市融入来说，至少需要两代人以上的时间。① 孙立平认为，农民工融入城市社会的障碍不仅存在于像户籍制度这样的制度体制上；而且也受约束于农民工由于个人的素质。即使将阻碍农民进入城市的制度性障碍完全废除，他们要想融入城市也是相当困难的。在“马太效应”下，城市越发展，农民工融入其中的可能性就越小。② 所以，本书认为，在公正对待农民工这个问题上，需要用“差异”原则对农民工给予差别对待。

目前，研究农民工市民化的专著还没有出现。以“农民工—市民化”为关键词在学术期刊网上的搜索结果显示，共有34篇相关文章和7篇硕士论文，博士论文中具有高度相关性的有4篇。其中，胡杰成博士从社会互构论的视角研究了农民工市民化问题。③

从社会互构论的视野来看，农民工市民化过程就既不仅仅是农民工自身的微观适应过程，也不仅仅是宏观制度、经济结构等对农民工的逐步吸纳过程，而是一种行动适应与结构变迁密切互构的过程。也就是说，面对结构性制约，农民工的适应行动不仅具有受动性，而且具有巨大的能动性和创造性；不仅再生产着原有的结构环境，同时也逐步推动着结构的变迁，拓展着他们在城市的生存空间。而变迁了的结构又成为农民工适应行为的新的环境。这恰如吉登斯所言，“不应将结构等同于制约。相反，结构总是同时具有制约性和使动性”。④ 制度、市场等结构因素对农民工的城市适应既有制约或排斥的一面，同时也为其提供了一定的宏观空间和有利条件。

马桂萍博士从制度演进与创新的角度研究了农民工市民化问题。⑤ 她认为，农民工是我国改革开放和工业化、城市化进程中涌现的一支新型劳动大军。当前农民工问题的核心是农民工权益的缺失，维权是当前解决农民工问题的重中之重。而就长远来看，从根本上解决农民工问题在于实现农民工的市民化。农民工市民化是一个与经济、社会管理、文化、社会心理、制度相联系的综合性问题，农民工市民化的关键是制度。在一系列与农民工市民化相联系的具体制度中，最

① 王春光. 农民工的社会流动和社会地位的变化［J］. 江苏行政学院学报，2003（4）.

② 孙立平：《断裂——20世纪90年代以来的中国社会》，社会科学文献出版社2003年版，第108～110页。

③ 胡杰成. 农民工市民化研究——一种社会互构论的视野［D］. 华中师范大学，2009.

④ 同上，2009：13.

⑤ 马桂萍. 农民工市民化制度演进与创新［D］. 辽宁师范大学，2008.

为重要的是城乡二元经济社会制度，尤其是与其联系的户籍制度，其他还包括土地制度、社会保障制度等。作者最后提出，解决农民工市民化问题，需要以新的思路推进农民工市民化的制度创新。首先是要解构那些对农民工市民化具有负面作用的制度及制度安排，其次是促使具有“城市偏好”的制度及制度安排祛除其“城市偏好”的特征，使其适用于全体国民。

颜明权博士从社会公正实现的角度考察了农民工市民化问题。① 他认为，由于城乡户籍壁垒、农村土地流转制度缺陷等因素的影响，中国城市经济模式长期以来使数以亿计的农民工处于不公正的利益格局中，限制了农民工的平等生存和发展权利。社会公正是农民工生存需要、人的尊严和自我发展的需要。为此，平等享有公民的政治权利、参与经济活动与分享发展成果、确保发展权利和能力增长的可持续性、阶层相互开放和互惠互利就成为社会公正的主要诉求。要真正解决农民工的合法权益和基本待遇，最根本的是要给农民工以市民待遇，实现农民工市民化的身份和权益转换。

由此可见，关于农民工市民化的研究目前已经取得一些成果，它们对本书关于农民工公民资格及其发展的研究有一定助益。

2. 关于农民工权益保障问题研究综述

以“农民工—权益保障”为关键词在学术期刊网上的搜索结果显示，各类相关期刊文章共计 170 篇，硕士论文 9 篇，还没有出现专门探讨农民工权利的博士论文。

在现有关于农民工权益保障的研究中，魏秀珍认为，农民工贫困的原因是由于农民工与城市人相比缺乏公正的社会权利，现行的制度和政策缺乏对农民工社会权利的保证，农民工缺乏参与制订社会“游戏规则”的公民机会。② 这种观点颠倒了权利与社会地位的关系，不是因为权利缺失而导致社会地位低下，而是因为社会地位低下导致难以享有公民权利。

在农民工研究中，对新生代农民工的研究成为一个亮点。新生代农民工在公平就业权利、政治参与权利和社会保障权利方面都存在不同程度的权利缺失，导致这种状况既有新生代农民工个人人格因素的制约，也有政治、经济和文化层面的约束。就政治层面约束来说，最根本的是以城乡分割为依据的身份制体系还未彻底打破，建立在此基础上的一些制度还发挥作用，农民工的权利实现缺乏制度支撑。为此，为保障农民工权利的实现，一方面要提高农民工个人的素质，另一方面政府有不可推卸的责任以加强制度建设。③

---

① 颜明权. 农民工市民化过程社会公正实现研究［D］. 吉林大学，2007.

② 魏秀珍. 论农民工的社会权利贫困［J］. 华东船舶工业学院学报（社会科学版），2004（9）.

③ 徐小霞，钟涨宝. 新生代农民工权利缺失现象的理性思考［J］. 中国青年研究，2006（4）.

唐鸣、杨正喜认为，从法理上说，农民工作为中华人民共和国公民，应该与我国的其他公民一样，平等地享受包括宪法在内的法律认可的各种权利。但是，在二元社会条件下，农民工法定权利和实有权利与城市居民相比有较大差距。这是因为，公民权利的实现有赖于现实的社会、经济条件，受社会、经济条件的制约，每一个国家公民权利的实现都存在一定的差序格局。这是当前我国农民工权利缺损的根本原因。①

张晓霞用"公民权利边缘化"概括了城市农民工权利状况。社会政治权利边缘化表现为：选举权和被选举权的缺失、参与城市管理权的缺失、言论出版结社等政治自由权的缺失、人身自由和人格尊严受到的侵害、生命权和健康权受到的侵害；社会经济权利的缺失表现为劳动权、社会保障权、休息权的缺失；文化教育权利的缺失表现为农民工子女义务教育权的缺失。造成这种权利缺失的状况既有农民工主观方面的原因，比如缺乏正式的组织制度、谈判能力弱等；也有客观方面的原因，比如二元社会结构的长期存在、政府服务意识和管理责任缺失、城镇居民的社会排斥等。解决这种权利缺失的对策有建立保障农民工政治参与的法律体系、给予农民工市民待遇、加强农民工自组织建设等。②

房文翠从社会分层、构建和谐社会的角度提出保障农民工权益、提升其弱势群体地位的对策措施。她认为，在社会分层的条件下，强势群体和弱势群体所占有的有价值的社会资源是不平等的，这种不平等的分配必然会引来在财富、权力、声望、教育等的占有上处于不同等级的社会成员的不同反应。其中，强势群体在社会的分层体系中是社会资源的主要占有者，获益者的身份决定了他们通常是现有社会秩序的维护者；而获益较少的阶层对社会的安定有序则会产生一定的影响。农民工是从传统的工人、农民、干部为主体的三大身份阶层中分化出来的具有双重身份的边缘化的特殊群体。与城市常住人口相比，无论是组织资源的占有、经济资源的占有还是文化资源的占有普遍处于弱势地位。关注农民工群体，加强对作为弱势群体的农民工的权利保障是构建社会主义和谐社会的必然要求。③

王刚认为，农民工在城市遭遇了经济排斥和社会保障制度排斥，其所遭遇的社会排斥是其社会权利缺失的根本原因。为了保障农民工的社会权利，要积极改革户籍制度，改革就业制度，建立保障体系。④

罗玉达、康小红认为，农民工在就业机会、工资报酬、社会保障、精神权利和司法救济中享有与市民非常不平等的权利。这种不平等在很大程度上是因为户

---

① 唐鸣，杨正喜. 农民工权利缺失原因的法理分析 [J]. 社会主义研究，2005 (6).

② 张晓霞. 城市农民工的公民权利边缘化及思考 [J]. 兰州学刊，2006 (3).

③ 房文翠. 和谐社会与弱势群体权利保障——以农民工权利保护为视角 [J]. 学术研究，2006 (4).

④ 王刚. 社会排斥与农民工社会权利的缺失 [J]. 理论观察，2006 (2).

籍制度导致的城乡分离，使农民工很难凭借弱关系来提升自己的职位和地位。①

二、国外研究综述

国外专门研究农民工的著作并不多。在笔者的文献检索中，搜到三本相关著作。

苏黛瑞在 *Contesting Citizenship in Urban China: PeasantMigrants, the State, and the Logic of the Market*（1999）一书中认为，“流动人口”或“民工潮”是中国在过去二十几年间社会转型的一个结果，这部分人从农村流入城市但并不拥有城市的户口。这部分流动人口数量巨大，是一种自发的社会运动。她认为这场运动是大量的农民工争取“市民权（citizenship）”的运动，这场运动引发了理论界关于中国农民工问题的大讨论。大量的农民工涌入城市，但却没有城市户口，这给他们的就业、生活和子女教育等都带来了困难，对于这个问题应该从计划经济时期的国家制度中去寻找解释。所以，国家和市场都是阻碍农民工成为市民的障碍；她通过翔实的调查资料分析了国家在公共政策、城市官僚阶层是如何影响农民工的生活状况和生活机会的，以及三种农民工流动的模式，分别是推拉模式（push and pull model）、新阶层经济模式（new – classical economic model）和社会网络理论（social network theory）。②

另外，Merle Goldman 和 J . Perry Elizabeth 在 2002 年合编的一本讨论中国 100 多年来“公民权”概念演变历史的论文集 *Changing Meanings of Citizenship in Modern China* 中，有一章涉及改革开放以来中国农民“公民权”的享有状况；Margaret R. Somers 和 D. Gibson Gloria 在 *Reclaiming the Epistemological ‘Other’: Narrative and the Social Constitution of Identity* 中也有提及。

三、对农民工公民资格问题研究现状的简要评述

从农民工市民化研究现状来看，主要有这样几个特点：第一，国内研究者注重实地调研和运用统计软件进行分析并说明问题；第二，重视农民工市民化的国际比较研究；第三，关于农民工市民化的障碍，国内学界一般认为是农民工个人的低素质和具有“城市偏好”的制度。当前关于农民工市民化研究虽然取得了一些成果，但是还存在一些问题。

---

① 罗玉达，康小红. “农民工”权益保障的法社会学思考［J］. 贵州大学学报（社会科学版），2006（6）.

② Solinger, Dorothy J. Contesting Citizenship in Urban China: Peasant Migrants, the State, and the Logic of the Market［M］. Berkeley: University of California Press, 1999.

比如，关于农民工市民化的调查研究越来越多，但是这些研究大多只是进行了简单的资料汇总，在理论分析上略嫌不足；个案研究多，且方法不同，所得结论缺少可比性。二是多从单一的某一学科或某一视角入手加以研究论证，缺少从多学科、多视角进行综合研究，所以许多研究者的结论往往缺少全面性；对农民工市民化的速度、市民化的诱致因素进行数理分析和模型分析的还很少，大部分学者都是借鉴西方学者的理论，停留在用实例分析问题的基础上，缺乏具有普遍适用性的理论。

之所以说农民工市民化与本书具有一定的相关度，因为农民工市民化的过程，从另一个角度来看就是其获得市民公民资格的过程，也是农民工实质公民资格不断发展的过程。农民工市民化的研究经验与不足在一定程度上有助于本书的展开。也可以认为，本书在公民资格的框架中来谈论农民工身份认同与权利保障问题，是从一个新的角度对农民工市民化问题的理论解读。这种理论解读超越了目前对农民工问题的个别实证研究，消除了在原先市民化研究中存在的结论不可比性等负面影响。

在农民工权益保障研究中，目前学术界取得了非常丰盛的学术成果。各个学科的研究者在实证调查的基础上分别从法学、政治学、社会学以及经济学的角度对农民工二等公民的地位以及政治、经济、社会、文化权益的缺失进行了全面系统的描述，基本观点一致；在农民工权益缺失的归因分析上学术界也基本取得一致意见，认为农民工个人素质低下和国家的城市偏好导致了农民工权益的缺失。笔者并不否认当今学术界对农民工权利缺失的归因，但是这样的归因并不深刻。因为我们在个人素质归因和制度归因的基础上还可以做这样进一步追问：是什么原因导致了农民工个人素质低下？又是什么原因导致了我们的社会制度具有“城市偏好”？制度设计的标准是什么？

虽然国外针对中国农民工研究的专著比较少，但是现有的几本著作对本书研究助益匪浅。对于国外的研究，我们要一分为二地看待，一方面我们要看到西方学者的研究方法和理论框架对我们研究的借鉴意义；同时也要看到在西方中国研究中存在不好倾向。一些西方学者会先入为主地把中国现象与中国文化作为“他者”来看待，从而贬低中国现象的文化意义和中国文化的理论意义；同时用西方的理论来剪裁中国问题。这样的理论解读不利于中国实际问题的解决。

第三节　本书研究方法与创新

一、研究方法

（一）方法论

1. 历史唯物主义

本书在方法论上以马克思主义的历史唯物主义为基本指导原则。对于“历史”的理解不同，就会产生广义与狭义两种不同的历史唯物主义。① 如果对“历史”作“相对于自然的社会历史”这种广义的理解，那么历史唯物主义就是狭义的，“就是唯物主义的历史观，相对唯物主义的一般世界观、自然观、认识论而言，构成马克思主义哲学的一部分”；如果对“历史”作“相对于人们的思想观念的历史存在，……即人们的物质生活”这种狭义的理解，那么历史唯物主义就是广义的，“在广义的历史唯物主义中，‘历史’并不是指称唯物主义的理解、解释领域，而是指称唯物主义解释问题的出发点或根据”。②

广义历史唯物主义就是从人们的历史存在即实践出发去解释人们的观念活动、从社会存在出发来说明社会意识的唯物主义学说。它把实践理解为人的感性物质活动，或人的活动的物质方面，理解为人们的存在或社会存在；从实践出发来解释观念的对象、起源，观念发展的客观动力，检验观念真理性的客观标准，观念价值以及观念实现自己的客观物质条件；实践和意识、社会存在和社会意识、人们的物质活动和精神活动处于对立统一之中；马克思主义的自然观、认识论、历史观以及一般世界观即本体论，都建立在科学的实践观之上，无论是对自然的、思维的、社会的还是整个世界的认识，都可以从实践得到合理的说明。

2. 建构主义

17 世纪末的意大利哲学家维可（Vico）是建构主义思想的开山鼻祖。维可认为，真理是可变的，因为不可变的东西是无法创造的，无法创造也就无法被认

①② 王金福. 两种意义上的历史概念与两种意义上的历史唯物主义［J］. 东南学术，2000（1）.

识。[1] 作为一种不同于传统的认识论和思维方式，建构主义认为人类不是静态地认识、发现外在的客观世界，而是经由认识、发现过程本身，不断构造着新的现实世界。社会建构论是建构主义在发展过程中形成的一个分支。20 世纪最后 20 年，社会建构论逐渐发展成两大流派：一派是以帕克（Park）等为代表的激进社会建构论；另一派是温和的社会建构论。激进的社会建构论者关注语言的自我实现和行为取向功能，认为在文本之外不存在任何东西。当我们研究现实时，只是在谈论我们通过语言建构起来的东西，所以，它倾向于彻底的相对主义。温和建构论对“语言到底能建构什么”这个问题有所保留，不认为一切都是社会的建构；同时也不认为真理的标准可以取消，而认为一切的“真”都取决于游戏规则。[2]

社会建构论虽然内部派别众多，但都有一个基本的观点：某些领域的知识是我们社会实践和社会制度的产物，或者是相关社会群体互动和协商的产物。它具有以下思维特点：一是建构性。它从发生机制来研究社会建构者与社会建构物之间的相互创造关系。二是建构的社会性。它包括三个层面含义：建构的主体是社会性的；建构的过程不仅仅是一个心理活动，更是一个社会性活动，其中包括合作、争论、妥协等；建构的结果是集体智慧的结晶。三是互动性。人在社会性地建构他物，也在社会性地建构自己。他物在被建构的同时也被赋予了人的价值和目的，同时也是体现建构者的自我超越和主体性的过程。[3]

3. 历史制度主义

从制度研究的角度来看，西方政治学的发展经历了旧制度主义、行为主义和新制度主义三个发展阶段。根据彼得·豪尔赫罗斯、玛丽·泰勒的分析，在过去的几十年时间中，新制度主义发展出三种思想流派：历史制度主义、理性选择制度主义和社会学制度主义。历史制度主义强调政治行为在特定的制度背景之下展开，并且受到制度的影响。之所以被称为历史制度主义，有两个原因。一是这一学派认为历史是克服人类理性局限性的一个主要途径，他们以历史为手段，从各国历史发展和比较中去探寻制度变迁的不同过程，寻求在稳定的制度安排下政策变化的根源，以及政治制度与政治观念的互动作用。二是这一学派注重以制度为核心来考察历史，各国政治制度、政府具体操作程序、官僚标准的执行程序等都是其分析的核心内容。[4]

---

①② 李亚玲. 对西方社会比较研究的新认识——社会建构主义视域［J］. 河南职业技术师范学院学报（职业教育版），2009（6）.

③ 安维复. 社会建构主义评介［J］. 教学与研究，2003（4）.

④ 杨福禄. 关于历史制度主义［J］. 山东师范大学学报，2006（4）.

（二）研究方法

1. 文献研究

本书的研究查阅了大量的文献资料，包括各个时期的身份制度、政府在不同时期发布的关于农民工的政策以及设立的规章制度，另外还包括各个时期农民工公民资格权利的状况。在梳理文献的基础上，考察了农民工公民资格的发展历程。

2. 定性分析与定量分析相结合

在当代社会科学研究中，综合使用定性分析和定量分析是一种普遍取向。在本研究中，对农民工公民资格及其发展既需要从理论上做定性分析，对其实际享有的公民资格权利状况也需要具体数据来说明。所以，本书用定性与定量分析相结合的方法。

3. 比较分析方法

在计划经济时期和市场化转型时期，基于身份差别，农民、农民工和市民的公民资格有所差别，同一群体的公民资格状况在不同时期也有所差别。通过同一时期不同群体的对比以及不同时期同一群体的对比，考察农民工公民资格的发展过程，同时也有利于说明我国公民资格的二元性事实。

（三）资料搜集方法：文献检索法

本书所用资料来源于正式出版的相关专著、期刊文章、硕博士论文和部分网络资源。

二、创新之处

本书通过借鉴西方身份政治的相关思想，在公民资格的框架中拓展对农民工问题研究的理论视野。采取这样一种新的研究视角，具有以下几点创新意义：

第一，借鉴西方身份政治的相关思想对农民工问题进行研究，顺应了国内研究从“生存—经济”模式向“身份—政治”模式的范式转换这一研究走向。[①]在“身份—政治”模式中来考察农民工问题，不是直接着眼于“生存问题”来

---

① 王小章. 从“生存”到“承认”：公民权视野下的农民工问题［J］. 社会学研究，2009（1）.

认识、界定、处理“农民工问题”，制定出相应的农民工政策；而是着眼于“农民工”在社会中的身份地位，从“农民工”与其他社会成员、国家的多维关系中来考察、界定“农民工问题”，从而使“农民工问题”在一个社会大景观当中得到立体的呈现。

第二，在“农民工”身份的形成问题上，本书突破了原先单一的认识模式，即认为农民工是中国市场化转型的一个结果。本书认为“农民工”是政府和市场共同作用的结果；同时也是农民工、市民共同建构的产物。“农民工”作为一种社会身份，是一种不稳定的、过渡的身份形态：它代表着从农民向市民身份过渡的一种中间状态，同时这也是一种不稳定的身份形态，在城市难以养家就会退回农村的一亩二分田，在城市发展很好就留居城市。

第三，在公民资格的框架中探讨身份与权利的相关性，深化了对农民工权利的认识。农民工权益保障问题，不应该是就权利而谈权利。农民工要想获得与市民大致相等的权利，关键是他们要具有相应的身份。在中国身份是获取相关社会资源的重要凭据与资格。所以，保障农民工各项权益，不是直接去呼吁、争取各种福利与服务，而是要对农民工身份进行确认，使他们拥有获得某种资源与机会的资格。所以，农民工公民资格的发展，不仅仅体现为“生存—经济”层面各种权益的获得，同时也体现为农民工独特身份的被承认以及分配城市资源的资格的获得。

第四，农民工市民化是发展农民工公民资格的一种手段，但是，这种方式往往低估或简化了对市民化过程中一些障碍因素的分析。农民工市民化不是一蹴而就的事情，用同一的市民公民资格难以解决农民工问题。所以，在农民工市民化过程中，我们应该特别注意农民工与市民的文化、心理、以及身份的认同。不要奢望一次性解决农民工市民化或农民工公民资格发展的问题，而应该借鉴身份政治运动中的“差异政治”或“差异公民资格”来逐步解决农民工身份认同与权益保障问题。

第四节 概念与框架

一、概念

1. 农民工

农民工是“常年或大部分时间从事第二、第三产业劳动，但户口仍然是农业户口，户籍在农村，有承包田，身份还是农民，不享受城镇居民的各种补贴，不享受公费医疗等劳保待遇，离土又离乡，在城市的厂矿、机关、企业、商业、服务业劳动”的一群人。① 从广义来看，农民工是指伴随着中国经济市场化、社会现代化而出现的农村剩余劳动力的转移。从是否离开出生地而划分为两类：一是“离土不离乡”，是由于乡镇企业的兴起而使农村部分剩余劳动力实现就地转移的那部分农民；二是“离土又离乡”，从农村进入城市或发达城镇从事非农产业的农民。

王春光从四个方面来界定农民工：“一是职业，农民工从事的是非农职业，或者以非农工作为主要职业。二是制度身份，尽管他们是非农从业者，但他们的户籍身份还是农民，与具有非农户籍身份的人有着明显的身份差别。三是劳动关系，农民工属于被雇佣者。四是地域，即他们来自农村，是农村人口。总之，农民工是指拥有农业户口、被人雇佣去从事非农活动的农村人口。”②

基于以上学者对“农民工”的界定，结合农民工的实际情况，在本书讨论中，“农民工”专指拥有农村户口、有少量承包土地但不以农业收入为家庭生活来源、从边远内陆等落后地区进入城镇并且以自身劳动力为主要生存手段受雇于非农产业的农民。

2. 身份

所谓身份，是处于社会结构中某个位置、具有法定权利义务的综合体。在社会学研究中，根据人们获得社会身份的方式不同，一般将社会身份分为两类：一类是基于遗传、血缘等先天或生理因素而获得的先赋性身份，比如户籍身份，是通过户籍制度获得，且不能轻易发生改变的社会身份；一类是基于个人后天的活动和努力而获得的自致性身份，比如职业身份，通过职业性质而确定，且伴随着职业的变化而改变的。③

---

① 陆学艺：《当代中国社会阶层研究报告》，社会科学文献出版社 2002 年版。

② 王春光：《农民工群体的社会流动》，陆学艺主编：《当代中国社会流动》，社会科学文献出版社 2004 年版，第 307 ~ 308 页。

③ 刘祖云，戴洁．农民工：转型中的中国社会的特殊阶层［J］．江汉论坛．2006（1）．

3. 公民资格

公民资格（citizenship）是一个内涵丰富的概念。① 在本书中，公民资格是考察个人与国家关系的一个维度，它表示个人在一个国家中正式的、负有责任的成员资格，同时也指一个国家授予其所能控制的地域内的所有人的权利。② 特别强调三点：第一，公民资格包含了身份地位、权利义务和参与行动三种理论蕴含。③ 第二，权利和义务相伴而生，没有无权利的义务，也没有无义务的权利，公民的权利就是国家的义务。本书主要探讨公民资格的权利系统，对义务系统不作探讨。第三，自马歇尔提出公民资格三权利以来，关于公民资格新的方面的新发展从未停止，但是本书对公民资格权利的讨论主要围绕政治权利、经济权利和社会权利展开。

4. 制度、制度网络和制度变迁

制度是人为制定的一系列行为规则，这些规则能约束人的相互行为，使人们对自己的行为或者他人的行为形成合理的预期。人们一般把制度分为正式制度和非正式制度。正式制度就是人们制定的系统的行为规范，如宪法、法律、法定组织等；非正式制度主要指人们在长期共同生活中形成的一些非正式约束，如共同的价值观、习俗、伦理观念和意识形态等。在本书中，制度指正式制度，包括身份制度、分配制度、社会保障制度等。

任何一个社会都存在着由多个制度形成的一个制度网络，对于任何一个制度安排我们都不可能孤立地去看待它，网络中的各种制度在互相关联与互补中完成制度的自我实施功能，所以，“比较制度分析给人们增加的新观点就是，我们必须从制度间的关联和互补性去理解改变和模仿一项制度安排的复杂性和艰巨性，

---

① 采用这样一种译法基于以下原因：

第一，此种译法包含了“身份”与“权利”两种因素。“我们可以将公民资格的特点描述为既是地位，又是一组权利。这种权利和地位的联合并不是偶然的”。“权利的政治重要性来自地位的社会性质”。“权利之所以重要，是因为它借助法律地位或传统地位赋予人们以特殊的能力。这就是说，作为自己地位的结果，人们可以拥有进行某种特殊行为的资格或机会。个人的权利来自其对一种地位的附着，因为从某种意义深长的观点来看，一个人的地位标志着他可以做什么和他有什么能力。这样，就使地位成为一种可以达到和获得的实在”。①因为在英文中，status 既指“身份”也指“地位”，以此来看上面的引文，其意为“公民资格的特点既是身份，又是一组权利，这种权利和身份的联合并不是偶然的。法律和传统赋予人们身份，个人的某项权利来自于对一种身份的附着”。

第二，在马歇尔提出的经典 citizenship 定义中，包含三组权利：市民权利（civil right 或 legal right）、政治权利（political right）、社会权利（social right），所以，如果把 citizenship 译成公民权利就会与 civil right 发生混淆，而且容易忽略 citizenship 中义务的一个方面。所以，有的学者在提到马歇尔的公民权利理论时，会用“公民权责”这个译法。

② 戴维·米勒等编：《布莱克维尔政治学百科全书》，邓正来译，中国政法大学出版社 2002 年版。

③ ［英］巴巴利特：《公民资格》，谈古铮译，桂冠图书股份有限公司 1991 年版，第 29 页。

综合以上各位学者的研究结论，在本书讨论中公民资格结构主要由三个部分构成：

1. 平等的公民身份

恩格斯曾经指出："一切人，或至少是一个国家的一切公民，或一个社会的一切成员，都应当有平等的政治地位和社会地位。"① 平等的公民身份是共同体对其成员进行身份界定和分配资源的确认，是"人们自然平等的一种形式和必然结果"，政治共同体据此规定权利和责任的具体内容。因此，从国际层面来考察，公民身份是一个大国、特别是移民大国把来自各国的移民凝聚为一个整体的黏合剂。从一国国内来看，它也是一个多民族和多种族的国家凝聚所有公民的公分母。不仅如此，平等的公民身份在一个由多民族、多种族和在文化、宗教等方面呈现出复杂多样性的现代国家里，还成为一种超越差异、并且为"所有公民共同拥有的认同"的体现，成为政治共同体的基本联系纽带。这也就使对公民身份平等性的强调成为现代国家最基本的原则和信条之一。

同时，对于规模较大、地域差别性较大、族群关系复杂的政治共同体来说，在承认公民个体拥有平等的社会成员身份的同时，还需要考虑基于亚文化、宗教、民族、地域等因素而结成的不同群体在确保身份平等方面可能遇到的阻碍，并且要针对这些群体的发展需要来设计出特定群体的权利保障措施，将这些特定群体的公民对共同体的认同维持在一定水平上。

2. 国家对成员身份的认同与成员对国家的认同

国家在赋予某个人以成员资格的同时，要求这个人对共同体要有起码的认同，认同是忠诚的心理基础；而现代自由民主国家大多建立在多元与开放的社会上，同时它也需要承认其公民之政治、社会与文化价值的多元分歧。所以，公民资格所要求的认同是双向度的，既是公民对民族国家的认同，也是民族国家对公民身份与权利的承认。

公民对民族国家的认同培养出了"一种通过政治和法律而表现出来的新型归属感"。② 于是，公民国家的合法性不再是对武力的垄断和上层精英的内部妥协，而是更为广泛的公民对政治的参与、国家对公共生活的管理和对公民基本权利的保障以及通过公民的政治共识相互作用的结果。也就是说，国家在承认公民身份与权利的前提下获得了新的社会合法性和社会团结的基础。

---

① 《马克思恩格斯选集》第3卷，人民出版社1972年版，第154页。

② ［德］哈贝马斯. 欧洲的民族国家——关于主权和公民资格的过去与未来［J］. 政治文化研究网.

3. 由法律、政治和社会等诸权利构成的权利系统

公民资格中的法律权利是随着18世纪资产阶级的出现、发展、壮大而发展起来的。“市民的部分由那些对于个人来说必不可少的权利组成，包括人身自由、言论、思想、信仰的自由，还有要求正义的自由”。法律权利包括程序性的权利和实质性的权利。程序性的权利就是利用法庭系统并在其中接受待遇的权利；实质性权利包括言论自由、宗教自由、隐私权、身体支配权、成立工会、企业和政党的组织权以及为争取正义而拥有的反对权，具体来说包括集会、抗议、游行的权利。①

政治权利是“参与政治权力行使过程的权利”，如选举权和获得公职的权利，与政治权利直接相关的是国会与地方议会。公民政治权利成为公民资格中不可缺少的一部分，主要在于两个方面原因：

一是在现代巨型国家，公民对社会公共事务的参与不可能像古希腊城邦时代那样完全直接参与，大多数情况下只能间接参与。无论是直接参与还是间接参与，公民在政治过程中行使的独立选择权就是公民意志自由的体现，而各种选举中无记名投票的程序设计就是为了确保这项政治权利。

二是因为，公民资格是个人和国家之间的一种关系，这意味着无论是对公民身份的确认、权利的赋予还是公民行动的许可，都需要得到公共权力的确认，这个确认的过程同时也需要通过公民对既有政治权利的行使来启动。所以，公民政治权利承认政治权力的公共性，并通过公民对政治过程的参与来宣示这种公共性，在获得政治权力认可的同时加强政治权力的合法性基础。所以，公民的政治权利是公民各项权利发展的必要环节，是各种权利要求转化成权利的保障。也正因为如此，对公共事务的参与就成为公民资格理想的核心，也可以被理解为阐明公民资格的关键一步。

公民的社会权利是公民资格三种权利中实现最晚的一种权利。马歇尔认为，公民的社会权利包括受教育、医疗、福利等方面的权利。公民社会权利的提出客观上要求把人作为一个整体来看待，同时也作为一个平等的个体来对待，而不是把人割裂为市场领域中的或国家领域中的不同角色和不同等级来看待。社会权利的范围相当广泛：从金钱支付方面的分配权利到帮助公民具备能力获得机会的权利。

从功能分析的角度来看，公民的社会权利可以分成这样几个大类别：使公民具备能力的权利，包括医疗卫生和家庭服务；公民获得机会的权利，包括初等、中等和高等教育援助在内的一整套教育体系，这些权利保证公民能获得工作技能以及文化参与的技能；分配权利，指提供转让资金支付，以保障工人、退休者、

---

① 褚松燕. 论公民资格的构成［J］. 上海行政学院学报，2006（1）.

残疾人、儿童、单亲家长以及其他公民获得经济生活来源；补偿权利，即向残废军人、工伤工人以及权利受到某种损失者提供赔偿支付。[①] 与公民权利和政治权利相比，公民社会权利的出现被认为是“对个人同意接受政治共同体的规则和治理而由国家代理人做出的一种补偿”。[②]

在本书讨论中，除了以上三权利外，还包括经济权利，即按照自己的能力自由选择职业、获得工作并按照劳动取得报酬的权利。经济权利是个体公民在现代工业国家生存的立足之本。

第二节 公民资格的身份与权利

一、身份的概念

“身份”在英文中用“status”来表示，根据文中语境的需要，在某些地方也会被翻译为“地位”。T. H. 马歇尔曾专门写过“一个关于‘status’的注释”，[③] 写这篇文章的目的在于“保卫一个潜在的珍贵的词汇免遭越来越严重的滥用”，而且面临着“被‘角色’所蚕食，然后被心理学家占为已有，并把它作为私人财产的危险”。[④] 身份（status）和角色（role）是一对孪生概念，有极其相似的一面。只有对这两个概念进行细致地比较才有可能区分出身份相对于角色的细微差别，从而凸显身份的含义。

身份倾向于结构性分析和高层次的抽象，强调的是“位置”（position），是存在于相关社会群体中的规范性期待，它是社会系统的结构性研究和个性、动机的心理学研究之间的联系纽带，因此，它不能与社会结构相分离，不能转化为个性研究的领域。它具有一种双面性外观，一方面与结构联系在一起，另一方面又与个体联系在一起。身份的功能主要体现在地位占有者通过其行为履行地位所要求的功能上。角色倾向于对个体行为和具体情境的分析，在适当形容词的帮助下，可以用来研究独特的个性问题。身份是对自己所播种的庄稼的看法，而角色则是种子袋子上所印制的图案。[⑤]

在学术研究领域中，不仅存在把“身份”与“角色”混淆、滥用“身份”

① 李艳霞. 福利国家的政治学分析——以公民资格为视角［D］. 吉林大学，2004.

② 褚松燕. 论公民资格的构成［J］. 上海行政学院学报，2006（1）.

③ 参见郭忠华、刘训练主编：《公民身份与社会阶级》，江苏人民出版社 2007 年版。

④ 同上书，第 132～133 页。

⑤ 同上书，第 134～135 页。

概念的问题，而且，行为主义研究方法兴盛以来，人们对角色和预期行为的强调，造成了“身份”概念最初用法的逐渐消失。这种“最初用法”指的是法律领域中的用法，在梅因的著名格言中得到了清晰表达——“从身份（status）到契约”。C. K. 阿伦把身份界定为“归属于特定阶级的条件，法律赋予这一阶级的人们特殊的法律能力或限制，或同时赋予两者”。[①] 社会学家对这种法律用法作了适当合理的延伸，即从法律所规定的能力和限制中延伸出社会性认可的权利和义务。

关于身份的第三点混淆表现在身份与社会地位和等级之间。社会地位总体上指个人在社会声望序列中所处的位置，是个体所占有的全部地位的总和。这意味着存在一种“总体性地位”，它是所有特殊地位的总和。而身份不需要直接参照位置的序列或等级，它不仅包括高贵与低下等等级关系，而且包括所有其他关系。它的首要因素是作为成员资格的事实。

由此可见，所谓身份，是处于社会结构中某个位置、具有法定的权利义务的综合体。具有某一个组织的成员资格就意味着具有这个组织的身份。公民资格的身份，就是一个人基于作为国家的正式成员资格的事实所具有的权利和义务关系。所以，身份与权利具有内在的逻辑联系。

二、公民身份派生的权利

公民是当今民族国家的最基本成员，公民身份是政治哲学不可回避的一个基本问题，按照雅诺斯基（T. Janoski）的定义，“公民身份”（citizenship）是指个人在一个民族国家中平等地具有普遍性权利与义务的消极和积极的成员资格。[②] “公民之身份（或资格）跟权利的享有是一体两面，有着密切的关系。公民，如我们一般所理解的，乃是享有特定之权利的身份”。[③] 特定的身份与权利的享有是一体两面的，作为特定的“公民身份”，其享有的权利应该包含哪些呢？

作为公民所享有的权利，从17世纪起被确立为“人身保护法”，到18世纪表现为革命宪章所确立的“基本权利”，再到T. H. 马歇尔所阐释的从公民权利发展出政治权利与社会福利权利。基于公民身份的权利逐渐从人权中剥离出属于法律规定的一块“自由领地”，这块领地的边界以法律划定的边界为准。它的权利内容包含：

（1）法律权利：相当于马歇尔等公民权利理论家所说的“civil rights”，由

① 郭忠华、刘训练主编：《公民身份与社会阶级》，江苏人民出版社2007年版，第135页。

② 雅诺斯基：《公民与文明社会》，辽宁教育出版社2000年版，第267页。

③ 蔡英文：《公民身份的多重性——政治观念史的阐释》，许纪霖主编：《公共性与公民观》，江苏人民出版社2006年版，第92页。

法律规定的与个人自由有关的一些基本权利，如人身自由、言论自由、信仰自由、拥有财产的自由、签约自由以及要求（司法程序）公正的自由。

（2）政治权利：公民参与国家和社会政治权力运作的权利，主要包括选举权、被选举权、代表权等。

（3）经济权利：围绕着工作和报酬产生的相关权利，包括：平等的就业权、同工同酬、分配产品权、财产权利等。

（4）社会权利是“整个系列的权利：从享受一点点经济福利和社会保障的权利到分享整个社会遗产，并过上按主流标准制定的文明人的生活”。① 即公民享有国家提供的经济保障、教育、基本生活和文明条件等的权利，主要体现在社会保障的各个项目上。

从社会成员“公民身份”推演的公民资格权利，从近代社会来看，其作为一个整体表面上被所有人行使，但是，各个不同的要素却为不同阶层的人服务。马克思曾说：“当国家宣布出身、等级、文化程度、职业为非政治的差别的时候，当国家不管这些差别而宣布每个人都是人民主权的平等参加者的时候，当它从国家的观点来观察人民现实生活的一切因素的时候，国家就是按照自己的方式废除了出身、等级、文化程度、职业的差别。尽管如此，国家还是任凭财产、文化程度、职业按照其固有的方式发挥作用，作为私有财产、文化程度、职业来表现其特殊的本质。国家远远没有废除所有这些实际差别，相反地，只有在这些差别存在的条件下，它才能存在。”②

另外，公民资格权利还受到形式公民资格（formal citizenship）和实质公民资格（substantive citizenship）的影响。布鲁巴克对这个问题进行了开创性研究。他认为，形式公民资格可以被界定为是“民族国家的成员资格”，实质公民资格的界定可以被看做一系列公民的、政治的、尤其是社会的权利，也涉及某种参与政府事务的权利。

在布鲁巴克看来，形式公民资格既不是实质公民资格的充分条件，也不是必要条件。“这一系列权利或参与方式构成了公民资格，它不必与国家成员资格的形式联系在一起。形式公民资格既不是实质公民资格的充分条件，也不是其必要条件……它明显不是一种充分条件：一个人可以拥有正式的国家成员资格，然而却被排斥（在法律上或事实上）了某种政治权利、公民权利或者社会权利，或者在各种背景中排斥了对管理事务的参与……也行形式公民资格未必是实质公民资格的必要条件表现得更不明显。然而，尽管实质公民资格的某种构成要素可能需要形式公民资格（比如全国大选中的投票权），但其他要素……却与正式的国

---

① Thomas Humphrey Marshall: Class, Citizenship, and Social Development_ Essays by T. H. Marshall, New York: Dourbleday & Company. Inc. 1964, p72.

② 马克思：《论犹太人问题》，《马克思恩格斯全集》第1卷，人民出版社1975年版，第427页。

家成员资格不相干。比如，社会权利可以一视同仁地给予公民和合法常住的非公民（non - citizen）参与结社、政治党派、协会、工厂委员会的自我管理，以及其他制度……都独立于国家的正式成员资格。”①

布鲁巴克的研究虽然是基于法国和德国的现实，但对其他国家也不无借鉴意义，尤其对本书的农民工研究。农民（工）虽然具有民族国家正式的成员资格，但是并不拥有完全的实质公民资格，即公民权利、政治权利、社会权利和参与公共事务管理的权利。不仅如此，即使不专注于社会地位比较低下的农民（工），就从社会地位比较高的白领阶层、知识分子阶层的情况来看，作为民族国家的正式成员，在某些实质公民资格方面，也是不充分的，比如公民权利中的言论自由、结社自由等等。所以，本书将重点探讨公民资格中的政治权利、经济权利和社会权利。

三、公民身份认同

公民资格表现为个人与国家之间的关系，国家在赋予某个人以成员资格的同时，这个人也要对共同体有起码的认同，认同是忠诚的心理基础；而现代自由民主国家大多建立在多元与开放的社会上，它同时也需要承认其公民之政治、社会与文化价值的多元分歧。所以，公民资格所要求的认同是双向度的，既是公民对民族国家的认同，也是民族国家对公民身份与权利的承认。

从第一个向度来说，哈贝马斯认为，现代民族国家的主要成就在于，它在一个新的世俗化了的合法化形态基础上，提供了一种更加抽象的社会一体化形式。这种一体化形式集中表现在民主法治国家的民主参与和公民资格，后者为一国领土内民众提供了“一种通过政治和法律而表现出来的新型归属感”。② 这种“新型归属感”不是立足于共同体内人们族裔世袭的一致性，而是通过对公民个人权利和自由的法理建构，营造公民对国家共同体的认可。这种民族国家也可以称之为法理型的“公民国家”模式。③

从第二个向度来说，公民国家的合法性不再是对武力的垄断和上层精英的内部妥协，而是更为广泛的公民对政治的参与、国家对公共生活的管理和对公民基本权利的保障以及通过公民的政治共识相互作用的结果。也就是说，国家在承认公民身份与权利的前提下获得了新的社会合法性和社会团结的基础。

认同与承认是两个向度，而且，当从形式的成员身份向实质的成员权利深入

---

① Brubaker, R. Rogers. Citizenship and Nationhood in France and Germany [M]. Cambridge, Mass.: Harvard University Press, 1992, pp. 36 ～38. 转引自郭忠华、刘训练主编：《公民身份与社会阶级》，江苏人民出版社 2007 年版，第 259 页。

②③ [德] 哈贝马斯. 欧洲的民族国家——关于主权和公民资格的过去与未来 [J]. 政治文化研究网.

发展的时候，认同才更加忠诚，承认才能带来更稳固、更广泛的社会合法性基础。但是社会总是在变化，变化中同时潜藏着危机与希望。“只有面临危机，身份才成为问题”。[①] 在一个动荡不安、没有安全感的环境中生存，对身份的欲求和共同体的追逐必然成为人们的首要选择，因为一个人的身份是维系他或她本体安全的基本要素。[②] 变化中出现的新的利益阶层、文化阶层出现总会带来新的认同与承认的问题。积极地面对这些认同危机和承认危机，社会才有希望走出危机。

第三节　多元文化主义公民资格

一、多元文化、文化多元主义和多元文化主义的概念

进入20世纪后半期以来，公民资格理论在新时代中获得了很大的拓展，生态公民资格和全球公民资格等新概念不断涌现。要详细地把这些拓展一一道来可能会超出作者的能力范围，而且也不是本书主旨所在。所以在本节中，作者只介绍多元文化主义公民资格，并努力在这个理论流派中吸取有利于农民工公民资格研究的概念和思想。在讨论多元文化公民资格之前，有必要把三个相关的词汇——多元文化（Plural culture）、文化多元主义（Cultural pluralism）与多元文化主义（Multiculturalism）——作一个具体的辨析。

“多元文化”是指在一个社会、国家或民族中所存在的多种文化的总称。[③] “多元文化”这一概念在20世纪20年代就已经出现，六七十年代以后，在后现代理论的推动下，多元文化的内涵开始扩大：不但殖民地国家存在着统治文化与被统治文化的分野，而且世界上其他国家也存在着各种各样的文化差异。价值体系、思想观念上的差异也不只是在民族间才存在，在各社会阶层、地域之间、年龄之间、性别之间、群体之间和宗教之间都同样存在。在多元文化国家，各民族群体缺乏价值观的统一，各民族文化各自具有一定的独立性，社会融合主要是由于各群体之间经济上相互依存而实现的。各民族群体间的关系是功能性的，而非感性的，而群体内部成员间的关系是第一位的，情感的、非功利的关系。

---

① Jorge Larrain：《意识形态和文化身份：现代性和第三世界的在场》，戴从容译，上海教育出版社2005年版，第195页。

② 乌尔里希·贝克等：《自发性现代化》，赵文书译，商务印书馆2004年版，第101页。

③ Random House Webster' s College Dictionary［M］. New York：Random House Inc. 1992，p889.

“文化多元主义”是美国犹太裔哲学教授霍勒斯·卡伦（Horace Kallen）于1924年提出并首次使用，针对的是19世纪中后期美国移民潮带来的文化异质性和“美国化”（Americanization）运动不成功的结局。卡伦反对把美国化和民族熔炉论作为美国社会生活的正确模式和值得追寻的未来理想。组成美国社会的各族人民是无法彻底融合的，他们的民族特点是无法彻底消除的，他们的“根”无法切断，所以“人们能够或多或少地改变他们的服装、他们的政治观念、重娶他们的妻子、改变他们的哲学，但无法改变他们的祖父”。[①] 卡伦还指出，“美国处于一个联邦国家的形成中，不仅仅是作为地域和行政统一的联盟，也是作为一个文化多样性的联合体，各种民族文化的联邦或共同体”。[②]

“多元文化主义”最近几十年来使用的频率非常高，但并没有形成一个统一的定义。美国学者唐纳德.H. 罗伊认为，“多元文化主义”至少包括三个主题：一是种族歧视与男性至上主义制度的结束以及给予妇女和少数民族公民权（选举权、参与权）；二是一个新的全面的多元文化，包括迄今仍处于社会边缘的种族文化的形成；三是一种比较与差异文化世界观以及实现不同文化之间的相互理解。[③] 另一位美国学者 C. W. 沃特森对多元文化主义实行分类考察后认为，多元文化主义首先是一种文化观，其次是一种历史观，再次是一种教育理念，最后是一种公共政策。[④] 总而言之，就美国来说，多元文化主义既是一种意识形态、一种话语，同时也是政策和实践的聚束。[⑤]

比较这三个概念，可知，多元文化是一种客观事实，是当今世界各国业已存在的文化现状。与“多元文化”相比，“文化多元主义”和“多元文化主义”是一种社会思潮与理论。文化多元主义与多元文化主义在批判熔炉论时的立场相同，都强调美国社会的多元性，强调对不同文化和传统的尊重和包容。不同之处是，较早出现的“文化多元主义”是对“美国化”运动的一种抵制，它反对一元性，鼓励多样性，强调移民或少数族裔文化中无法同化的部分，要求白人社会内部各种文化之间的平等，还没有或极少涉及到那些处于人口少数地位的非白人民族文化和权益问题。而“多元文化主义”不仅深刻认识到决定一国社会生活多元化的各不同种族、族裔和文化集团存在的现实，还将这种关系同引起社会变化的其他因素联系起来考察。多元文化主义争取的不仅仅是对美国社会不同种族

① Milton M. Gordon. Assimilation in American Life/ the Role of Race, Religion and National Origins [M]. New York: 1964, p 145.

② 同上书，第101页。

③ Donald H Roy, The Reuniting of American: Eleven Multiculturalism Dialogues [M]. New York: Peter Lang Publishing Inc, 1996, p 217.

④ See in Conard William Watson, Concepts in the Social Science: Multiculturalism [M]. Buckingham Philadelphia Open University Press 2000.

⑤ Ellis Caslmore, Dictionary of Race and Ethnic Relations [M]. London and New York, 1996, pp 244 ~ 245.

和族裔的文化和传统的尊重，而且是要对传统的美国主流文化提出全面检讨和重新界定，要求将种族平等落实到具体的政治和经济生活中去，“多元文化主义”中的“文化”超越了传统意义上的“文化”范围，实际上成为一种直接的政治诉求。

二、多元文化主义公民资格概述

根据托比·米勒的研究，“文化公民权关注的是通过教育、习俗、语言、宗教而维护和发展文化的谱系，以及主流社会对于差异的正面承认”。[①] 少数民族、国际国内移民、少数族群、社会弱势群体的文化认同和权益保护都可以在多文化公民资格理论的视野中得到讨论。文化公民资格的支持者们认为，身份认同通过文化背景而形成与获得。就此而言，自我的集体意识比个体意识更重要，权利和责任可依据文化成员资格而不是依据个体来确定。[②]

在多文化群体中，托比·米勒重点关注的是移民群体。他认为，正统的公民资格理论把公民资格看作具有“固定的身份认同、确定无疑的国家地位、不可分割的主权、民族同质性、排他的公民身份”的总和。这种历史认识是片面的，因为它忽略了一个重要的历史事实：即公民资格理论的形成同帝国主义和殖民主义扩张下西方和东方的碰撞有关，它是对对外征服的正当化。对外征服与扩张的结果导致了与语言、历史遗产、身份认同等相关的文化政策的出现。当世界资本主义体系建立并把众多落后国家卷入这个体系，生产要素的国际化最优配置产生了众多的具有特定文化背景的移民。在一个现代化的国家市场体系中，随着新兴产业对传统产业的逐步替代，也会产生大量的国内移民。

文化差异的现象在一国内也是没有办法避免的，特别是对于幅员辽阔、人口众多、历史传统比较悠久的国家。文化归属、政治忠诚和权益保护问题同样困扰着国内移民。比如，“在中国，市场化改革已产生了显著的资本主义效应，人口大量从农村涌入到城市。由于中国复杂的户籍制度，公民权（公民资格）的观念是与地方行政区划和治安紧密关联的。作为农民，他们没有城镇户口，那些从80年代中期开始就从农村涌入到城市的农民工，和城市居民相比，在城市中基本享受不到公民权利。当地居民和政府似乎没有什么动机把他们包容进来，尽管他们自己非常希望融入城市。这种困境对一个长期以来一直被深信不疑的自由主义假设提出了疑问，即认为公民权的扩展与资本主义或城市化的发展之间存在着

---

① 托比·米勒：《文化公民权》，［英］恩靳·伊辛、布雷恩·特纳主编：《公民权研究手册》，王小章译，浙江人民出版社2007年版，第317页。

② 同上书，第319页。

一种彼此的契合一致”。①

三、多元文化主义公民资格的政治诉求与实践

1. 多元文化主义公民资格的政治诉求：差异公民资格

多元文化主义公民资格理论家认为，“文化”是政治社会中权力关系的一种表现方式，文化的不平等主要是因为政治的不平等；要建立真正的文化平等，必须改变现有的不合理的政治和经济权力结构。所以，多元文化主义的最终目的不是追求“文化平等”（cultural equity），而是“社会平等”（social equity），是争取不同群体（尤其是那些在历史上长期受到歧视和压迫的群体）在分享一个国家的政治、经济和文化资源方面的平等。在这个意义上，多元文化主义公民资格是一种意识形态，其功能在于进行社会动员，推动现实的社会改革。

也就是说，多元文化主义公民资格是一种具有转换和改造社会功能的思想。这种“转换性的多文化公民资格”（Transformative multicultural citizenship）至少包含两个方面的内容：支持“不同群体在文化和物质方面的繁荣”与“在自由和人类尊严原则范围之内的群体认同”，要求政府采取激进措施来保证受压迫群体的进步。其核心内容是将多文化公民资格的政治转换成政策。这种政治诉求虽然具有一定的激进色彩，但是其前提仍是追求一种体制内的改革，在本质上是一种弱势群体与主流群体进行讨价还价，据理抗争的“强势”（empowerment）运动。② 这些弱势群体主要包括“被压制”的群体：“妇女、黑人、原住民、奇卡诺人、波多黎各人和其他说西班牙语的美国人、亚裔美国人、男女同性恋者、工人阶级、穷人、老人以及精神和身体方面的残障者”。③

多元文化主义公民资格与一系列归化入籍公民资格的发展紧密相关，这些归化入籍的公民，对外面对的是自由主义民族国家关于权利与成员身份的普遍主义观点，对内面对的是内心深处对自己独特族群以及身份认同的深深关切。而多元文化主义公民资格就是为了弥合普遍主义公民资格的同质化和多元文化主义公民资格的分殊化之间的裂痕。下面我们来看看两位代表人物的论述。

艾丽斯·杨是多元文化主义阵营中最重要的斗士之一。她个人的女性身份与女性意识使她先天地站在了女权主义的价值立场上对男权社会“普遍平等主义”

---

① Solinger, Dorothy J. Contesting Citizenship in Urban China: Peasant Migrants, the State, and the Logic of Market [M]. Berkeley: University of California Press, 1999. 转引自托比·米勒：《文化公民权》，［英］恩靳·伊辛、布雷恩·特纳主编：《公民权研究手册》，王小章译，浙江人民出版社 2007 年版，第 323 页。

② 王希. 多元文化主义的起源、实践与局限性［J］. 美国研究，2000（2）.

③ ［英］恩靳·伊辛、布雷恩·特纳主编：《公民权研究手册》，王小章译，浙江人民出版社 2007 年版，第 337 页。

的政治进行批判。在多元文化主义公民资格这个问题上，她反对共和主义和自由主义共同主张的“同一”与“平等”。

她认为，这种所谓的“同一”和“平等”是掩盖在美丽价值外衣下的企图同质化社会的政治野心。对共和主义和自由主义的一些观点，她都有所保留。她认为，共和主义坚持对社会进行公私领域的二分，并且认为私领域可以保留个人的特殊性，而公共领域则要排斥一切私人的特殊性。如果认同这个观点，那么公民在政治过程中就需要超越自身私利，接受在公共善（common good）之上的普遍观点（general view）。公共善和普遍观念共同构成了同质化社会的基石。在这个意义上，公民资格就被理解成超越特殊的普遍、超越差异的同一。

杨认为，这实际上是对某些族群成员公民资格的剥夺。而自由主义者认为，只有普遍无差异的公民资格才能促进真正的民主参与。所以，他们主张赋予所有族群成员以普遍的公民资格（universal citizenship），以保证在公共领域中人人拥有相同的地位。杨认为，虽然在制度上自由主义已经成功地把公民资格扩展到了全社会，但这只是民主与公正的阶段性胜利。因为在当今自由主义盛行并主导的社会中仍然有一些族群在社会上受到排斥和歧视。为什么普遍的公民资格并没有带来真正的公正和平等呢？

艾丽斯·杨认为，这是因为：

第一，自由主义把平等仅仅解释为同一（sameness），这意味着对每一个人都使用同样的规定及同样的对待方式。这不仅不是公正对待，反而是对个人和族群差异的漠视。

第二，自由主义的普遍公民资格本身存在两个内在矛盾：一是普遍被简化成了一般（generality），这种表达一般意愿的观点所强调的往往是同质化社会的理想，从而不可避免地导致部分族群受到压迫。而要在最大程度上减轻压迫，就必须给予不利族群一定的发言机会。二是总有一些族群拥有特权，处于优势地位。过于僵化地坚持平等对待原则往往导致压迫与不利得不到解决，并有可能长期存在下去。所以，对于不利族群除了给予他们发言机会以外还要给予他们一定的特殊权利，以缓解其所受到的压迫和歧视。所以，杨认为，抛弃虚伪、生硬的“同一”与“平等”，建立一个多元异质的社会才能实现真正意义上的平等与公正。

在另一位代表人物基姆利卡看来，普遍公民资格与多元文化主义公民资格的关系不是批判和取代的关系，而是补充增加的关系。普遍权利是好的，不应该对它们大加鞭笞；问题只在于，对于某些特定的群体而言，仅有普遍权利是不够的；“在一个多文化国家中，一个全面的正义理论应该既包括普遍性的权利（它直接分配给个人而不管他们的群体成员身份），也包括某些专门赋予少数者文化的群体分殊的权利或者说‘特殊地位’”。①

虽然多元文化主义公民资格的理论家之间存在着理论观点上的差异，但是，他们在给予特殊群体的特殊公民资格上达成了共识。在他们的正义观念中，扼杀特殊性的普遍要求无论在理论上还是在实践上都不能使一个社会走向真正的公正。要实现社会相对更加公正，除了古老的宣传“法律面前人人平等”、“一视同仁”之外，更应该突出对“差异性”的“特殊对待”。所以，他们的公正原则是在“同一”基础上的“差异”，即“同一—差异”原则。

2. 多元文化主义公民资格的政治实践：差异政治

关于公正的“同一—差异”原则在多元文化主义公民资格的政治实践中主要通过“差异政治”来实现。在前文两位代表人物的分析中我们可知，社会各个特殊群体之间的差异是不可避免的。所以，我们不能在“假设的”普遍同一的公民资格基础上建立、运行和完善我们的参与式民主。我们应该正视、承认族群间差异，然后建立使不利族群获得承认的制度化方法——族群代表制。选择不利族群的代表参与到我们社会的政治民主进程中，让不利族群的声音能够传达至政治上层和社会的每个角落，让他们的利益放大到足以引起公众注意的程度。所有这些做法都是为了在承认族群差异的基础上进一步认同、保障他们的独特权益。从制度设计的角度来说，族群代表制本身不是对现有的民主政体中地区抑或政党代表制的否定或替代，在更大的意义上说这是一种补充与完善。

其次，为了实现竞争政治中民主参与的平等性和公正性，我们还需要特别注意到不同族群的特殊需要，特别是那些过去被压迫，或因为过去所受的歧视和排斥导致现在处于不利地位的族群，要给其特殊权利（special rights）。这种“矫枉过正”的做法不仅仅源于对弱势的补偿，还是因为要对不同生活情势下的特殊性的积极维护，以避免“马太效应”给我们社会带来的两极分化和分裂。

---

① ［英］恩斯·伊辛、布雷恩·特纳主编：《公民权研究手册》，王小章译，浙江人民出版社 2007 年版，第 338 页。

第三章

隔离：市民—农民二元公民资格

第一节　新中国二元社会的形成

一、形成二元社会的制度因素分析

1. 人民公社制度的建立

1949 年新中国成立之时，由于鸦片战争以来外国资本盘剥、国内封建残余和军阀势力的剥削以及官僚资本的掠夺，再加上长期战争的破坏，全国经济已经处于一种崩溃的边缘。当时全国 90% 的人口生活在农村，工业只占国民收入的 12% 左右。加快经济的恢复和发展，快速提高广大人民群众的生活水平，是党和新政府面临的主要挑战之一，也是从根本上巩固新生的人民民主政权的保证和建立共产党政府在全国执政的合法性基础。在用 3 年时间完成了对农业、手工业和资本主义工商业的社会主义改造以后，党和国家开始探索新的社会主义的经济组织形式和经济发展模式。

马列主义的经典著作和前苏联老大哥的成功经验都为我们指明了一种方向：公有制是我们的最好选择，它也是致力于向共产主义迈进的社会主义国家的根本特征之一。所以，三大改造完成以后，国家迅速在城市经济体系中建立了全民所有制和作为补充的集体所有制，并成为公有制经济的唯一实现形式。

那么在农村呢？由于几千年来以家庭为基本单位的小农经济和分散的小农耕作传统长期存在，也由于农业生产分散性这个特点，决定了在农村不可能迅速建立起一大二公的所有制经济结构，而只能在承认分散经营的基础上，提倡家庭与家庭之间在生产上的合作互助。这种互助的形式在公社化运动之前主要有三种存在形式：互助组、初级社和高级社。从当时的史料来看，无论是互助组还是合作社，政府和人民群众对其态度还是很谨慎的，采取的步骤也是渐进的，基本上都是在农户自愿的基础上组建。

合作社经济的大发展，给我国经济领域带来了一股冒进之风。正是在这种亢奋的激情下，毛主席在视察徐水县时“办人民公社好”的讲话，推动了全国于1958年大范围兴起人民公社化运动。“公社化前，全国共有74万个合作社，平均每社约170户、2000亩土地和350个劳动力。公社化以后，变成了26500多个人民公社，每社平均4755户、6万亩土地、1万个劳动力，全国平均近28个合作社合并成1个公社”。①

成立之初的人民公社，公社内的所有生产资料全部收归公社所有，也就是农户携带他们的生产工具和生产资料入社，每家每户出劳动力进行集体劳动，对家庭生活必需品实行配给制。“生产大队和生产队都变成了组织管理生产的单位，……一切生产资料和劳动力统归公社调配和使用，工、林、牧、副、渔等一切生产建设项目，统归公社经营，由公社统一制定各种生产建设计划和决定收益分配。生产大队和生产队既没有生产资料的所有权，也没有生产资料和劳动力的支配权，公社就成了既是基层政权组织，又是农村集体经济组织”。② 也就是我们都知道的“政社合一”体制。这种体制不但湮没了大队和小队，更淹没了传统的生产单位——家庭。

但是，这种人民公社体制并不是一种稳定的制度。在1959—1962年，我国经历了近代以来少有的3年困难时期，国内出现了普遍的农业危机。“公社化运动导致1959年至1961年间严重的农业危机”。③ 这个论断未免太武断，但是，人民公社化运动无疑是农业危机的一个主要原因。党和国家发觉了人民公社存在着问题，所以，在1959年就针对1958年的跃进进行了整顿，并提出现在的整顿是为了更大的跃进。在1959年2月27日至3月5日召开的第二次郑州会议上，毛泽东提出了整顿的14句话方针：“统一领导，队为基础；分级管理，权力下放；三级核算，各计盈亏；分配计划，由社决定；适当积累，合理调剂；物资流动，等价交换；按劳分配，承认差别。”④ 这是首次触及了人民公社所有制这个根本的问题。

但这次调整是不彻底的，新一轮的大跃进启动和一系列“左”政策的出台，造成了比1959年上半年更严重的经济困难。于是，1960年秋，周恩来主持起草了《中共中央关于农村人民公社当前政策问题的紧急指示信》（简称“十二条”），它标志着中共中央和毛泽东停止了庐山会议以来的“反右倾”运动，开

---

① 罗平汉：《农村人民公社史》，福建人民出版社2003年版，第56页。

② 同上书，第60页。

③ 林毅夫：《制度、技术与中国农业发展》，上海三联书店出版1992年版，第20页。

④ 中共中央研究资料室编：《建国以来重要文献选编》（第12册），中央文献出版社1996年版，第123页。

始转向重新纠正“左”，这为农村人民公社体制的改革提供了很好的契机。

“十二条”给农村工作带来了很大的活力，中央乘胜追击，加紧对人民公社体制的调查、反思，进一步解决公社体制中的问题。经过多次的调查研究和多次的中央会议，初步制定了《农村人民公社工作条例》，经多次修改最后形成“六十条”。“六十条”对人民公社的性质、组织、规模、农民的自留地和家庭副业等敏感问题又一次重新规定。在“六十条”基础上，1962 年 6 月中央颁布《农村人民公社工作条例（修正草案)》，在一些重大问题上取得了实质性的突破：

（1）调整了社、队的规模，全国人民公社的数量增加到 55682 个，比调整前增加了 30478 个；生产大队为 708912 个，增加了 225098 个；生产小队为 4549474 个，增加了 1561306 个，从数量的增加可以看出社队的规模大大缩小了。①

（2）下放核算权和分配权到生产小队。“三级所有，队为基础”中的“队”指的是生产小队，解决人民公社体制建立以来大队与小队之间长期存在的责权不明的情况，使生产权和分配权统一了起来。下放了核算权和分配权以后，又一次调整了社队的规模，使社队的数量又一次增加，规模进一步缩小。

至此为止，我国人民公社的体制就基本上定型了。人民公社是一个政社合一的组织，它由公社、大队和小队三个逐级隶属的三级经济组织组成。生产队是基础的核算单位，公社和大队是它的上级。生产队是农业生产的直接组织者，农业生产中的生产资料和劳动力——农民都属于生产小队所有，大队和公社不得随意调用。在人民公社中实行按工分分配基本生活资料的制度，农民的社会流动非常有限，从摇篮到坟墓，一生基本都生活在公社中。这种体制安排一直持续到 20 世纪 70 年代末受到家庭联产承包责任制的冲击才逐渐取得突破。

2. 城市单位制的形成

“单位”是最有中国特色的词语之一，它是国家分配社会资源和进行社会控制的方式，② 是控制和调节社会运转的中枢系统。如果没有特别说明，一般特指工厂企业、商店、学校、机关事业单位等。③

路风认为，单位制的特征包括：

（1）功能合一性，单位同时具有政治、经济、社会的功能；

（2）生产要素之间的非契约关系；

---

① 《当代中国农业合作化》编辑室编：《建国以来农业合作化史料汇编》，中共党史出版社 1992 年版，第 647～648 页。

② 李路路、李汉林：《中国的单位组织——资源、权力与交换》，浙江人民出版社 2000 年版，第 7～9 页。

③ 于显洋. 单位意识的社会分析［J］. 社会学研究，1991（5）.

(3) 资源不可流动性。[①]

于显洋认为，单位制的特征是：

(1) 人际交往方面的私人关系意识；

(2) 磨洋工意识；

(3) 盲目服从意识；

(4) 平均主义意识；

(5) 追求身份意识。[②]

在中国历史的相当长时期内，城市中的每一个人都隶属于某一个特定的单位，就像传统中国人从属于某个家族一样，单位构建了广大市民特殊的生活空间和生活方式，并进而塑造了市民独特的“单位情结”。“国家意识、阶级意识、家庭意识要么是对单位文化的弥补，要么就是被单位意识所取代。单位构成了中国人生活的原点”。[③] 单位对个人生活的意义主要体现在两个方面：

第一，从满足市民物质生活需要来说，单位是每一个有单位的人的衣食父母，单位为每一个从属于它的市民提供或多或少的基本生活条件，而对于单位外的成员是不可能获得的。单位所提供的福利丰富多样，诸如粮食、副食品补贴，住房交通补贴，退休以及医疗保障等等，可以说是“从摇篮到坟墓”。当然，不同单位所提供的福利数量与质量也会略有不同。单位除了提供福利以外，还成为每个人社会地位与身份的合法鉴定者。在计划经济时期，甚至直到20世纪80年代中期，没有单位出具的证明，个人离开单位很难获得合法性，不能外出旅行，甚至也不能投诉住店。“在单位制度下，单位就是国家的替身。既然国家在职能上是全能的，单位也就被赋予了全面的管理单位成员的职能和全面负责单位成员生活的义务”。[④]

第二，在单位制的组织和管理下，除了少数由街道居委会管理的人口以外，大多数城市社会成员都被吸纳到单位组织中，成了单位组织的正式成员，国家由此建立起了庞大的行政性组织体系。这一体系以国家为权力中枢和控制资源的中心，以各级单位为管理资源和分配资源的中介。各单位向国家负责，其运转方式和规则取决于自身在整个行政体系中的位置以及执行行政指令的具体情况。这种结构使得行政体系之外的市场空间非常狭小。这样，单位通过对社会资源的严密控制和分配，进而间接控制了单位成员，客观上造成了单位人在经济、政治、社会乃至人格上对单位的全面依附。而且为人以牺牲自己的政治、经济甚至人格上的独立性为代价换取生存和发展所必需的资源。

---

① 路风. 单位：一种特殊的社会组织形式 [J]. 中国社会科学，1989 (1).

② 于显洋. 单位意识的社会分析 [J]. 社会学研究，1991 (5).

③ 刘建军：《单位中国》，天津人民出版社2001年版，第1页。

④ 揭爱花. 单位：一种特殊的社会生活空间 [J]. 浙江大学学报（人文社会科学版），2000 (5).

除此之外，计划经济时代实行的永久性就业制度、户籍制度等，使得单位人的社会流动相当困难。所以，农村人民公社制度和城镇单位制度的建立，从政治与社会组织上把全国人口分为相互隔离的两个群体。

二、形成二元社会的经济因素分析

1. 重工业优先发展的赶超型经济发展战略

新中国建国以后，受到中国历史条件和当时的国际冷战环境的影响和制约，同时也受到前苏联计划经济模式的影响，我国也像许多后发展的社会主义国家一样选择了以重工业优先发展为特征的赶超型经济发展战略。试图通过重工业的优先发展带动整个国家工业体系的建设，快速完成国家的工业化，增强国家的综合国力。但是，由于我国在近代发展的过程中没有经历过资本主义生产力积累的历史发展阶段而是通过新民主主义革命和社会主义革命而直接进入社会主义初级阶段的，生产力的水平十分低下。快速推进的工业化受到资金、资源和技术的约束同时存在。为了支持重工业的优先发展，必须依靠政府的强制性制度创新来降低工业化的成本，并减轻工业化过程中由于劳动力转移而形成的城市化压力。这种新的制度创新体现为由政府统一调配资源，并在此基础上形成了一整套包括统购统销、人民公社、户籍制度在内的城乡隔离的二元经济体制。

由于我国的工业化过程跨越了以轻工业为重心的发展阶段，发展重工业的原始资本积累主要来自农业。这带来了两个恶果：

第一，重工业的优先发展造成了农业剩余劳动力的增加，由于重工业自身吸纳劳动力的能力较弱，所以在我国工业化获得很大发展的同时并没有能充分实现农业剩余劳动力的非农转移，从而导致农业劳动力比重长期维持在很高的水平上。

第二，我国没有充足的原始资本积累，重工业发展必然过度依赖于农业剩余，这虽然使我国在较低的国民收入水平上实现了较高工业化水平，但却导致了农民收入长期在低位徘徊，农业资本投入严重不足，农业技术长期停滞，再生产能力受到很大的限制。

由此可见，我国重工业的优先发展是以压制、榨取农业利润为前提的，从而使我国二元结构特征更加突出。

2. 农村资金过度向非农领域转移

农村资金向非农领域的过度转移也是我国城乡二元结构形成的重要原因之一。农村资金过度向非农产业转移主要通过以下几个渠道：

首先是通过“工农业产品剪刀差”。据测算，1952—1990 年间，农民为工业发展提供的资金贡献为9516亿元，其中通过“工农业产品剪刀差”提供的为6990亿元，占贡献总额的73.5%。① 改革开放以后，随着主要农产品市场价格的逐步放开，计划经济时期通过对价格的掌控所获得的农业剩余已经失去存在的空间。但是，工业品，包括农业生产资料价格的上升速度超过了农产品价格的上升速度，利用社会主义市场经济条件下新的价格差农业仍然在为工业提供资金支持。

据统计，1988—1998年的10年间，我国农业生产亩平均收入只增长了19.7%，而同期亩平均生产费用却上涨了200%，无论与改革开放前，还是与改革开放最初的六七年间相比，农业比较效益明显下降。据此我们基本可以推测，价格差一直是提取农业剩余支持工业化建设的最主要方式。

其次是金融渠道，即金融机构将农村存款的一部分转贷给城市各部门和各相关市民，而农民和乡镇企业要想贷款却非常困难。据统计，2002年我国广大农村信用社的存款总数达19875亿元，农民从中获得的贷款总数仅为1393亿元，乡镇企业获得的贷款总额为6812亿元，两者相加不足存款总额的10%。这就是说，剩余九成多的农村存款都贷给了城市或市民。②

再次是财政渠道，即国家财政对农村多收少支。改革开放前10年，政府从农业部门获得的预算收入从32亿元上升到126亿元，而同时期农业预算支出占国家预算总支出却由13.7%下降到8.9%。③ 农村的义务教育、基层医疗卫生、乡村道路和水利等交通设施在很大程度上都靠农村和农民自己筹资来解决，农民在建国后50多年时间中所承担的农业税费还相当沉重。

最后是最近的一种方式是通过农民工榨取农业剩余。据农业部的保守估计，2002年我国农民工总人数在9460万左右，按当年二、三产业的劳动生产率计算，平均每个农民工为城市创造了2.5万元的价值，但他们的平均工资却只有8000元，每个农民工为所在城市无偿贡献了1.7万元。这样9460万农民工共给国家和城市做了16000亿元的贡献，而农民工的一切社会保障、社会福利全部推给了农村。④ 而如今，农民工总人数有2亿人左右，按2002年的劳动生产率计算，农民工为中国整个的现代化建设所做的贡献为3.4万亿元左右，相当于我国财政收入的半壁江山。

3. 国家财政用于农业的份额过低

国家财政转移给农业的份额远远低于农业生产贡献给国民生产总值的份额。

---

①②③ 叶兴庆. 关于促进城乡协调发展的研究［EB/OL］. http://www.gxnw.com/GM_DsTt/ArticleShow.asp?ArticleID=14455. 2004-4-20.

④ 转引自陆学艺. 统筹城乡发展 破解“三农”难题［EB/OL］. http://2004.chinawater.com.cn/jlsx/sd/20040323/200403180144.asp.

改革开放30多年来，我国财政支农份额占财政总支出的比重基本上呈逐年下降趋势。比如，1978年国家财政的支农份额占全国财政总支出的比例为13.4%，1980年为12.2%，1990年下降到9.9%，2003年仅为7.1%。①

而同时期，在原来农业税的基础上，各级政府特别是县乡两级政府还对农民征收“三提五统”等苛捐杂税，使新世纪前后中国农民负担成为历史之最，“三农”问题面临前所未有的危机。不但国家财政对于农业的支持比较小，而且，支农的结构也相当不合理。少量支农资金的大部分都用于农村的水利农田建设、病虫危害防治等与农业生产最紧密最直接相关的地方。其实目的很明显，投在这些地方对提高农业生产见效快，从而方便国家和基层政府提取更多的农业剩余。但是，少量支农资金中只有少得可怜的一部分用于发展农村社会事业。这就导致长期以来农村医疗卫生、教育等各项社会事业发展的严重滞后，目前已经成为制约农业现代化和农民现代化的重要约束因素。

比如，以社会保障的分配为例，2002年国家财政对社会保障补助支出为1017亿元，全部用于城市；抚恤和社会福利救济费支出373亿元，估计一半用于城市；合计用于城市约1200亿元，人均享受补助239元。而农村保障依然主要依靠家庭保障和土地保障，国家财政主要针对五保户、自然灾害和贫困户的救济投入，而且这部分投入非常少，人均只有20多元。②

三、新中国二元社会结构的形成

1. 二元结构的理论基础

早在20世纪50年代初，J. H. 伯克就提出了“社会二元结构”理论。他在对当时的荷兰殖民地印度尼西亚的社会经济进行考察时，发现印度尼西亚存在着两种不同的社会制度：一种是从西欧宗主国引进的资本主义制度；另一种是印度尼西亚社会原有的前资本主义制度。

不久之后，发展经济学家的重要代表人物之一W. A. 刘易斯就在其《劳动力无限供给条件下的经济发展》中提出了著名的“二元经济模型”。该模型认为发展中国家在工业化的初始阶段，先进的现代工业一般只能在少数城市先出现和发展。从而就出现了这样的现象，即发展中国家的经济有两个不同的部门构成：一是以现代技术为支撑的发达的工业部门；二是以传统技术为特点的落后的农业部门。这种少数现代化工业部门和传统状态的落后农业部门并存的局面就是二元的经济社会结构。

①② 叶兴庆. 关于促进城乡协调发展的研究［EB/OL］. http://www.gxnw.com/GM_DsTt/ArticleShow.asp?ArticleID=14455. 2004-4-20.

“二元性可以从多方面下定义。但是一个在分析上有用的、有关制度的定义看来该是：一种经济是二元的，即它的一个重要部分是在那种父权制的或半封建制度下运行，而另一个重要的部分则是在雇佣工资制度下运行——这里可以是资主义的，也可以是社会主义的。在这种情况下，剩余劳动是存在的”。①

2. 新中国成立后二元社会结构的形成

1949年前的中国，不仅是一个半殖民地半封建国家，也是一个生产力比较落后的国家。中国像所有其他发展中国家一样，其经济和社会结构都呈现出某种二元特征。而建国以后，在前文分析的一系列政治和经济因素的共同作用下，中国城乡分割的二元社会结构随着对人口管理的逐步加强而强化。

新中国建立初期，为了发动群众挖出潜伏下来的反革命分子和破坏分子，维护新中国的社会秩序，公安机关在城乡逐步摸索建立户口登记制度。在1950年11月召开的全国治安工作第一次全体会议上，要求先以城市为试点，开展户籍管理工作。在对城市试点经验进行总结的基础上，1951年7月，当时的政务院批准了由公安部颁布实施的《城市户口管理暂行条例》。该条例规定在城市一律实行户口登记。1953年3月，我国召开第二次全国民警治安工作会议。这次会议在肯定城市户口管理工作重要性的基础上又强调户籍管理的重点是大城市、工矿所在地、水上、军事要塞及其周围地区。

由此可见，新中国建立初期，我国的户口管理工作主要在城市层面展开，其基本功能也在于维护社会稳定的政治功能和治安功能，控制人口流动的职能还没有应时而生。在人口流动上仍然承袭历史上人口自发流动和迁移的惯例。比如，仅1949—1952年3年间，全国城镇人口从5765万增加到7163万，增加了1398万人，城镇人口占全国总人口的比重从10.6%上升到12.5%，3年间只增加了2个百分点左右。②

3年过渡时期后的1953年，国内的政治经济形势发生了很大的变化。

国家政治生活在3年多的肃反运动中逐步走上正轨，民主政治建设开始启动。国家权力中心开始转移，人民代表大会取代过渡时期的政治协商会议即将成为我国最高权力机关。这样，就需要在全国范围内进行人大代表的普选；由此也在客观上要求对全国人口的分布情况和人口结构有一个相对精确的把握以分配代表名额，组织代表选举活动。1953年4月，当时的政务院发布了《为准备普选进行全国人口调查登记的指示》，并制定了《全国人口调查登记办法》。在这两个文件的指导下，以1953年6月30日24时为节点，进行第一次全国人口调查

---

① ［英］约翰·伊特维尔等：《新帕尔格雷夫经济学大辞典》，经济科学出版社1999年版，第1000页。

② 《中国统计年鉴》，中国统计出版社1985年版，第186页。

登记。这次人口普查和登记的结果是在农村建立起简易的户口登记制度，为全国统一的户籍管理奠定了基础。[①] 这是其一。

其二，如前文分析，中国农村和农民为中国工业化建设做出了突出贡献。农业剩余的取得，客观上也需要对农村人口有一个相对精确的掌握，方便粮油棉布等生活必需品计划供应。同时，为了更多积累农业剩余，控制城市的供应规模和范围，客观上要求户籍管理突破原先的人口数据统计功能，加强对人口的流动和迁移的管理职能。至此，中国建国后的户籍管理才成为限制人口流动，特别是乡—城人口流动的有效手段。

“一五”计划时期，我国工业化和社会主义改造如火如荼地进行着，经济建设和社会主义改造成为国家和个人生活的重心，对人口的户籍管理并不严格，当时的法律也没有明确规定人口不能自由迁移。比如1954年的《宪法》仍然规定：“中华人民共和国公民有居住和迁徙的自由”。所以，新中国成立后直到1958年，是人口迁移最频繁时期。仅1954—1956年的3年间，迁移人数就高达7700万。这其中包括城镇向城镇的迁移和农村向农村的迁移，但也有不少人口由农村流向了城镇。[②] 据当时的一份统计数据显示，城市职工总数从1952年的1603万增加到1957年底的3101万，增加了1498万。[③] 其中，机械增长人口[④]约占新增城市人口的56%。城市人口比重提高到15.4%，比1949年增加5个百分点，比1952年增加了3个百分点。[⑤]

但是，三大改造完成以后，我国高度集中的计划经济体制也逐步形成。由于改造当中存在的“四过”问题，给当时的经济发展带来了许多负面的影响。同时，从1958年开始的经济领域的“大跃进”运动也对我国本来就低下的劳动生产力造成了新的破坏。这两个方面的原因导致城乡人民生活状况的恶化。城市人口的增加，一方面给城镇就业带来压力，另一方面也给城市的各种福利供应造成了很大的压力。城市政府在这种压力下不得不响应党中央的号召，动员城镇知识青年下乡上山。1956年1月中共中央在其制定的《1956—1967年全国农业发展纲要（草案)》中提出：“城镇中、小学毕业的青年，除了能够在城市升学、就业的以外，应当积极响应国家号召，下乡上山参加农业生产，参加社会主义建设的伟大事业。”[⑥]

同时，“三大改造”对农村生产关系的破坏、“大跃进”对农村生产力的破坏，两者相叠加直接导致了农村“三年饥荒”。农村人为了活命，都想尽一切办

① 殷志静等：《中国户籍制度改革》，中国政法大学出版社1996年版，第3页。

② 同上书，第6页。

③ 《中国统计年鉴》，中国统计出版社1983年版，第123页。

④ 即从农村迁入城市的人口。

⑤ 《中国统计年鉴》，中国统计出版社1985年版，第185～186页。

⑥ 肖冬连．中国二元社会结构形成的历史考察［J］．中共党史研究，2005（1）．

法逃进有稳定粮食供应的城市，即使是在城市中当乞丐。而城市也是“泥菩萨过河”，难以吸纳如此多农村人口的涌入。所以，中央和各城市政府不得不出台相关文件限制农民进城。1956底至1958年初，国务院连续四次发出“防止、制止农村人口盲目外流”的指示。① 这个时期，国家对农村人口流动的控制比以前更加严格。

在控制农村人口外流的基础上，第一届全国人大常委会第91次会议于1958年1月9日召开，这次会议的重要日程是制定《中华人民共和国户口登记条例》。《条例》的颁布实施标志着中国人口迁移政策的重大变革，由自由迁移政策转变为控制城市人口规模政策。《条例》以法律的形式对户籍管理的宗旨、户口登记的范围、主管户口登记的机关、户口簿的作用、户口申报与注销、户口迁移及手续、常住人口与暂住登记等方面都作了明确规定。

制定这个条例的主要目的是加强户口管理，限制户口迁移，主要是“制止农村人口盲目流入城市”，同时“适当控制迁往边防地区的户口”。②《条例》的颁布实施，标志着我国以城乡分割为基本特征的二元户籍制度的正式形成。在二元户籍制度的基础上，政府复又构建了一整套城乡分割的二元社会制度，这是后话。

在后来的历史发展中，这个严格控制农村人口外流、控制城市人口规模的具有中国特色的条例受到“大跃进”运动和“文化大革命”的冲击。但是，它的颁布实施仍然标志着中国二元社会结构正式形成。所谓二元社会结构，是指社会生活中同时存在两种截然不同的社会结构与制度安排。在我国，它是以二元户籍制度为核心，包括二元的粮食供给制度、副食品与燃料供给制度、教育制度、就业制度、医疗制度、养老保险制度、劳动保障制度、人才制度、兵役制度、婚姻制度、生育制度等14个方面的社会制度体系。③

城乡二元结构人为地从政治、经济、文化等方面把统一的中国社会分割为城市和农村，将工农、城乡之间区别对待，禁止人员、商品等自由流通，进而形成森严的城乡壁垒。在这个城乡二元社会结构中，由市民组成的城市社会构成其中的一元；而由农民组成的农村社会构成另一元。如果用农业和非农业之间相对于国民收入差距来衡量二元社会结构强度的话，1979年我国高达6.8倍，远高于

---

① 这四个通知分别是国务院于1956年12月30日颁发的《关于防止农村人口盲目外流的指示》，1957年1月12日颁发的《关于制止企事业单位盲目招收工人和职员的通知》，中共中央、国务院于1957年12月13日颁发的《关于制止农村人口盲目外流的指示》以及国务院于1958年2月25日颁发的《关于制止农村人口盲目外流的指示中发生的问题的通知》。

② 肖冬连．中国二元社会结构形成的历史考察［J］．中共党史研究，2005（1）．

③ 参见郭书田、刘纯彬：《失衡的中国——中国城市化的过去、现在与未来》，河北人民出版社1990年版。

同一时期全世界发展中国家4.09倍的最大强度额。①

3. 新中国二元社会结构的维持

从国际经验和中国的实际来看，虽然存在二元社会结构，但是农村并不缺乏城市化的推力。“二战”后，许多发展中国家都出现了农村人口大规模涌入城市的现象。这主要不是由于农业劳动生产率的提高而溢流出来的剩余劳动力，主要是由于农村人均可利用资源不足，就业不充分，农业效益低下，城乡差距大，农民进城寻找出路的动机非常强烈。在中国，可以说农民进城的愿望也很强烈，但是最终却没有出现农村人口大规模涌入城市的现象。从而使中国的二元社会结构能够在一个相当长的时期内保持稳定。

这是什么原因造成的呢？究其原因，当然是相当复杂的。但是，至少有这样几个制度在中国二元社会的存在过程中起到了稳定维持的作用：即人民公社制度、城市单位制度和户籍制度。

就户籍制度而言，它把人口划分为“农业户口”和“非农业户口”两部分。农民要想进城，不仅要改变居住地，而且要变更户口种类，即从农业户口变成非农业户口。这种变更的机会微乎其微。除了考取国家正规大中专院校、少数应征入伍战士提拔干部、少数农村非脱产干部转为脱产干部，以及国家因特殊建设工程需要招收少量职工以外，原则上不能转成非农业户口，从而也就没有权利进城定居就业。

市民一般只与市民结婚，从法律上说，城乡居民可以通婚，而实际生活中却少见。如果城乡男女青年通婚，女方是农民则不能进入城市定居，其所生子女也只能在其母亲定居的农村申报“农业户口”，不能在其父亲定居的城市申报“非农业户口”。男方是农民，则更不可能迁居城市。市民与市民婚配的子女，可以继续保持市民的身份，农民与农民婚配的子女，也继续保持农民身份。军队中来自“农业户口”的战士，复员后只能回乡继续当农民，来自“非农业户口”的战士复员后则回城市由国家安排就业。所以，二元户籍制度不仅限制了城乡人员的流动，并且户籍制度还决定了城乡居民的二元身份差别，而且这种社会身份还具有世袭性和继承性。所有这些都在客观上强化了中国社会的二元结构。

人民公社制度和城市单位制同户籍制度一样，既是二元社会带来的必然制度安排，同时也维持了二元社会结构。其维持的方式，不像户籍制度那样塑造不同的社会身份，而是以户籍制度为基础，直接具体实施城乡差别的政治参与制度、就业制度、供给制度和社会保障制度等等。

比如，国家对城市居民实行了十余项保障福利制度。市民从生到死基本上由国家（单位）保障起来，尽管保障水平很低。除了保障就业以外，还包括住宅、

---

① 国家计委经济研究所课题组．二元结构矛盾与90年代的经济发展［J］．经济研究，1993（7）．

粮油、副食品、燃料供应、教育、医疗、保险、劳动保护、婚姻、征兵等制度。在农村，由于人民公社制度是政社合一的制度安排，所以，国家为农村居民提供福利保障的职责由人民公社来履行。又由于农村人民公社实行“三级所有，队为基础”的模式，所以，生产大队或小队又是具体的实施单位。成年农业劳动者在生产队劳动赚取工分以领取生活资料，新增长劳动力也由大队或小队来安排劳动，另外，农村集体也会有一定的集体提留，用于赡养农村五保户、伤残人士或一定范围内一定程度上的农民医疗支出。有些公社还办起了养老院或育婴园，使老有所终、幼有所养，解决青壮年劳动力的后顾之忧。

无论是农村居民还是城市居民，其所享有的社会保障制度，事实上都是一种单位保障制。农业劳动者，都隶属于某个公社；所有城镇正式就业者，都隶属于某个“单位”。“公社”和“单位”之外稀有生存空间。事实表明，城镇居民的保障水平远远高于农村居民，而中国特定的城市单位制度恰恰成为农民在城市立足的一道难以逾越的屏障。

所以，基于前文分析我们可以得出这样的结论：一方面，二元结构是一个社会标签，构成这个社会结构的主要部分都不同程度地贴上了这个标签，从而具有一种“二元”的特征，比如单位制（人民公社和城市单位）和户籍制度（城市户口和农村户口）；另一方面，这些二元制度要素的存在反过来又进一步强化了二元社会结构，要想消解二元社会结构，在一定程度上必须要先消解这些二元制度要素。

4. 二元社会结构的影响

二元社会结构从宏观上看是在一个社会中传统与现代两种体系并存的状态。这种现象主要存在于现代化的过程中，新旧体系交替的特征使得这个阶段被公认为社会转型期。从社会变迁的角度看，是一个国家从传统社会向现代社会的迈进，是结构性的社会变迁。在这个过程中，一个国家的政治稳定状况与该国的社会结构有着直接的联系。通常，存在严重的二元社会结构的国家，政治稳定的实现就较为困难，而那些在社会结构上基本消除了二元差异和对立的国家，政治稳定就有较为坚实的社会基础。在走向现代化的进程中，二元社会结构是经济和社会发展的巨大瓶颈。世界各国的发展历程都证明，能否跨越二元社会结构，成为能否成功走出传统社会是是否成功建立现代社会稳定机制的标志，也是全面实现现代化的重要指标。

二元社会结构在任何一个国家的发展史上都会存在，但相比较而言，中国社会的二元结构不仅特别明显，而且已然演化为一个“社会标签”。构成社会结构的各主要部分都不同程度地贴上了这个标签，从而具有一种“二元”的特征，比如我们分析过的单位制（人民公社和城市单位）、户籍制度（城市户口和农村户口）、城乡社会保障制度等；特别是它造成了城乡居民两种身份制，农业户口和非农业户口这两种不同的身份划分，把中国人民清清楚楚地分割成两个世界。一国两制，圈而治之，分而治之，成为中国社会中最明显的特色。

第二节　二元公民资格的形成

一、农民—市民二元身份制度的形成

1. 身份的社会建构性

status 这个英文单词可以翻译为“地位”、“身份”等中文用语。所谓身份，是处于社会结构中某个位置、具有法定的权利义务的综合体。根据人们获得社会身份的方式不同，一般将社会身份分为两类：其一是先赋性身份，指基于遗传、血缘等先天或生理因素而获得的、不能轻易发生改变的社会身份，比如户籍身份；其二是自致性身份，指基于个人后天的活动和努力而获得、且伴随着职业的变化而改变的，比如职业身份。①

现代建构论认为身份是由社会所建构的。爱德华.W. 赛义德（Said）指出：身份绝非静止的东西，而在很大程度上是一种人为建构的历史、社会、学术和政治过程。② 身份必须由互动所产生的结构建构起来，它依赖于自我与他者在互动中的共同作用。身份的自我认同仅仅是身份形成中的第一步，他者对自我身份的认可对于身份的形成具有至关重要的意义。赛义德认为，身份作为社会建构的结果，它取决于自我与相关他者之间的关系。他者对自我身份的认可是自我身份获得社会承认的前提；自我身份只有成为社会身份才能获得合法性，从而才能获得相应的权利和利益。

现代社会建构论关于身份的建构性主要有以下几种观点：

第一，被动建构论。被动建构论认为个人是被编织在社会“机器上的小齿轮”，每个人在明晰化和网格化的社会机器中都有一个对应的嵌入位置。人们自愿接受了这种自我的物化规训，并在其中寻求同一的自我理解和自我实现，即各种角色和类别，从而成为了马尔库塞意义上的“单向度的人”。

第二，个人与社会的双重建构。此观点的代表人物吉登斯着重分析了个人是

---

① 刘祖云，戴洁．农民工：转型中的中国社会的特殊阶层［J］．江汉论坛，2006（1）．

② ［美］爱德华．W. 赛义德：《东方学》，王宇根译，生活·读书·新知三联书店1999年版，第93页。

如何一方面由现代性结构所塑造同时又塑造着社会的结构本身。吉登斯认为现代社会的个人可以进行一场“生活政治”，通过自我反思与自我重建，促成自我实现的生活方式，在被社会结构化的同时对社会进行建构。

第三，主动建构论。这种观点认为身份认同逐渐成为建构自身生活意义的个体们的主观决定。这种主动建构的身份相异于传统的身份，它不是对传统身份的继承，而更多地是一种主动选择。这种选择在现代“真实性的理想”[①] 号召下去发现自己的存在方式，并对社会派生出的身份进行辨别且予以决定性地破坏。

2. 身份社会的中国解读

中国古语说“名不正则言不顺”、“治国之端在正名”，这说明中国古代素有重视身份的传统。[②] 新中国建立以后，有许多学者已经指出中国社会的身份制特征，即以阶级、城乡、干部与工人，以及不同所有制等区分的身份系列的存在。[③] 因此，改革开放前的中国社会也是一种身份社会。在身份社会中，身份制度是一种封闭性较强的分层制度，大致可以分为这样几种身份系列：

（1）户籍身份系列。户籍身份主要是将人分为两类：城市户口和农村户口。农村人口不经政府有关部门许可不得变更农村户籍。

（2）人事编制身份系列。人事编制身份对城镇中的在职者而言，也可以分为两类：干部身份和工人身份。这两种身份类别一般不具有先赋性，但一旦形成就很难改变。并且与它紧密相连的等级工资制构建了城市中的社会等级，并形成了按等级分配资源的制度。

（3）所有制身份系列。所有制身份系列是指在20世纪50年代中期对城市手工业及私营工商业实行社会主义改造后形成的一种身份系列。全民所有制与集体所有制的职工在工资、劳保、福利待遇上都有质的差别，所有制身份一般也具有不可改变性。[④]

由此可见，虽然中国正在从传统社会向现代社会转型，但传统身份制社会的一些痕迹依然存在，身份作为传统社会的人身标签仍然在发挥作用（关于身份序列请看图3－1）。

在上述三种身份序列中，影响最广泛、至今仍然在发挥作用的是户籍身份序列。这个身份序列的产生是以国家的制度设计——户籍所区分的。户籍制度将人口分为两类：城市户口和农村户口。不同的户籍身份有不同的权利和义务，而这种差别性的权利和义务都是预先设定的，个人没有选择的权利。对于具有农村户

---

① 查尔斯·泰勒在《现代性的隐忧》一书中提出，真实性理想鼓励自我实现。
② 曲秀君，王松涛. 略论从身份到契约的转变［J］. 枣庄师范专科学校学报，2003（6）.
③ 孙立平等. 改革以来中国社会结构的变迁［J］. 中国社会科学，1994（2）.
④ 朱力：《中国民工潮》，福建人民出版社2002年版，第299页。

口的中国农民来说，户籍身份的改变极为困难，他们极难进入其他身份群体。这种户籍身份制度将农民牢牢地束缚在土地上，即使进入城市二、三产业，也不能获得相应的法律身份，导致其权益屡屡受损。[①]

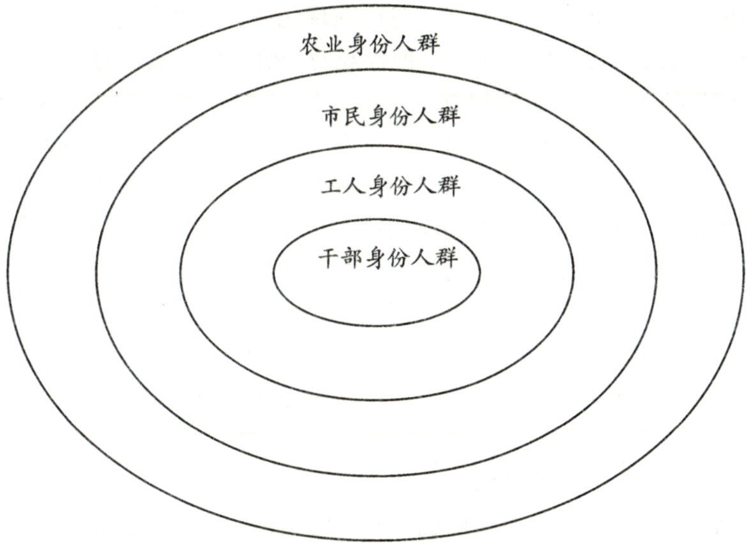

图 3－1

从某种意义上说，计划体制下的户籍身份是等级身份的一种变种，此类身份是一种先赋身份，是个人对身份的固定不变的隶属关系，并外化为社会的制度结构，严格限制了个人的身份地位和人身自由。它使得人们在社会资源和权利上的差别不是因职业之间的自然差异造成的，而是对某些职业赋予了特权，这些特权在内容上与等级制社会并无二致。对于进入城镇从事二、三产业工作的农村户籍劳动者而言，他们的身份是农民，职业是从事非农业性劳动，但是，没有享受平等的权利。这种先赋身份并不是通过自由的契约选择获得，没有平等的契约基础，最终阻隔了他们完成“从身份到契约”的转变，造成了他们的权利受损和缺失。

从社会建构的角度来看，户籍身份是一种被动建构的过程，无论是市民还是农民，对自己身份的选择没有太大的空间，每个人都被权力的大手安置在国家机器的某个位置，并且主动认可了这种身份设定和角色认同。

在从“身份到契约”的历史演进过程中，身份给人们的印象多是一种传统的概念，这个概念具有等级、地位、特权等非现代的含义。韦伯也是在这个意义

① 陆学艺：《当代中国社会阶层研究报告》，社会科学文献出版社 2002 年版，第 7～8 页。

上使用“身份”概念，并用以和“阶级”作比对。在韦伯的身份概念中，“身份”和传统社会结构相联系，而阶级则和现代市场社会结构相联系，二者具有不同的权威、声望和财富来源。从传统社会向现代社会的转型，意味着传统社会的“身份”位阶关系，很大程度上已经被对等的“契约”关系所替代。但是，如果采用更为宽广的视角就会发现，身份在现代社会并没有消失。

比如，“公民”就是现代社会一种普遍的身份现象，它和过去的奴隶、臣民拥有不同的权利、义务和认同规则。因此，从“身份到契约”并不意味着身份的消失，而只意味着社会成员的身份关系发生了转换，从一种身份关系转向了另一种身份关系。当这种情况发生的时候，成员的对其所属团体或某种社会建制的忠诚、归属和行动规则都会发生相应变化。当更多的社会成员接受了新的身份规则，就产生了对新身份的广泛社会认同，并可能通过立法过程使之成为正式制度承认的行为标准。这就是关于身份的制度变迁。而在制度变迁的前夜和完成变迁之前，社会成员的新、旧身份——主要是两种身份所包含的权利、责任、忠诚、认同和相关的形式规则——之间就会发生大量的社会冲突。①

3. 二元身份制度中的农民与市民

在中国，户籍与一个人身份的确定有非常紧密的联系，它成为一个人在社会中自我定位的坐标。不仅如此，城乡有别的户籍在一定程度上衍生出具有不同等级的社会身份。在此基础上城乡之间建立起一种在政治、经济、文化社会基础上的全方位不平等，由此也衍生出了二元社会结构下城市市民“一等公民”与农业人口“二等公民”的社会地位。② 就像丁水木说的那样：“户口在一定意义上衍生出价值与等级，形成了具有不同价值与等级的社会身份。现行户籍制度不仅有力地强化了城乡二元结构及其城镇居民与农村居民两个具有明显差异的社会身份，而且在城镇户口和农村户口内部，也形成了若干不同的户口等级。这种差别在束缚着人口的流动与人口迁移的同时，又进而阻碍了商品经济的发展。”③

所以，在转型中国，城乡二元户籍制度是城乡二元身份制度形成的基础。二元社会结构以城乡分割的户籍制度为物质载体，从而形成了城乡分割的二元身份制度。身份制度一旦形成，它就获得了自身运行的动力。特别是在中国这样一个有着长期封建传统的社会，封建社会的天赋身份制在中国向现代社会转型中很容易找到一个“借尸还魂”的载体，从而赋予身份许多新的并且有中国特色的政治蕴含。与二元身份制度共同脱胎于二元社会结构的其他制度因素随即“集体转向”，从依赖于户口转而依赖于身份，从一定意义上说，这两者没有本质的

---

① 张静：《身份认同研究》，上海人民出版社2006年版，第5～6页。

② 陶卫华，杜娟．中国户籍制度变迁50年［J］．小康，2008（2）．

③ 丁水木．现行户籍制度的功能及其改革走向［J］．社会学研究，1992（6）．

差别。

二、农民—市民二元公民资格的形成

根据陈映芳的总结，在有关研究理论中，citizenship 被认为包含了“权利”（rights）和“身份认同”（identity）两个组成要素，其中权利是 citizenship 的地位（status of citizenship），是 citizenship 的法律层面（legal dimension），而身份认同是 citizenship 的感受（feelingof citizenship），是 citizenship 的心理层面（psychological dimension），是法律地位之外的另一种归属政治共同体的方式。① 从法律层面来讲，身份（status）和权利（rights）具有同一性。有什么样的身份，就享有与身份相当的权利。中国二元身份制度的存在，决定了中国公民在实际享有公民资格权利时的二元性现实，这客观上造成了公民资格的二元分割。

公民资格结构包括身份、权利和行动的能力。尽管我国宪法规定，中华人民共和国公民一律平等，但二元公民资格的现实存在，使不同居住地的公民拥有了不同的身份，享有了不同的权益，分配资源的数量和质量也不同。总的来说，城市公民要比农村公民分配到更多的资源，享受到更多的权益。这种不平等并非公民个人智力能力的差异所导致，而仅仅是因为公民的居住地不同，进而导致户口不同和身份不同。所以，在这种权利差异的形成中先赋因素所起的作用更大，自致性因素的作用受到很大限制。在这样的制度体系中，城市居民即使不付出努力也能得到比农村人口多得多的权益，而农村人口所付出的努力与预期的回报往往不相对称。因此，制度本身构成了对懒惰者的激励。

人天生是不平等的，存在家庭出身、智力、体力等方面的差异，这就导致个人的社会行动能力也不尽相同。二元公民资格的存在，不仅突出了身份的先赋性差异，而且在权利分配和资源分配中人为向优势社会身份倾斜。先天与后天因素的双重作用，使得农村居民和城市居民的个人行动能力的差异进一步拉大，这对于社会竞争中的农民是非常不公平的。

比如，对农民而言，农业户籍身份决定了其主要在农村接受教育。而国家在教育资源的配置上更多地是投入城市，无论是基础教育的设施和质量，还是从接受中高等教育的机会来说，农村人口在教育份额的分配上都远远低于城镇人口。如果说现代社会中自致性较强的教育和以后的职业、收入、地位等密切相关的话，那么农民一开始就处于劣势。这在相当大程度上限制了农民的行动能力，而行动能力低下，反过来也不利于农民争取新的身份认同和争取作为国家公民的权利和资源。长此以往，就是一个恶性循环的局面。

中国转型期的二元社会结构是形成二元公民资格的历史背景。与二元社会结

---

① 陈映芳．“农民工”：制度安排与身份认同［J］．社会学研究，2005（3）．

构的维持机制一样，农民和市民的二元公民资格也有一套相同的维持机制，它包括14种关于社会资源分配的具体制度：户籍制度、粮食供应制度、副食品与燃料供应制度、教育制度、就业制度、医疗制度、养老保险制度、劳动保护制度、人才制度、兵役制度、婚姻制度、生育制度等。① 正是借助这样一套制度系统，二元公民资格的身份差异、权利差异获得了具体的制度规定性。在下面一节中，将概述市民和农民在二元结构下的公民资格差异。

第三节 农民—市民二元公民资格权利之比较

一、农民—市民政治权利比较

（一）概念

《中华人民共和国宪法》第二章中关于政治权利的规定为：公民在法律面前一律平等，人身自由和人格尊严不受侵犯，对于任何国家机关和国家工作人员有提出批评和建议的权利，有选举权和被选举权，有言论、出版、集会、结社、游行、示威的自由，有宗教信仰自由，通信自由和通信秘密受法律保护，有依法取得赔偿的权利等。②

学术界对政治权利的界定还没有形成统一的意见，其最重要的代表人物之一王浦劬认为，公民的政治权利主要包括三大类：一是平等权，体现为法律面前人人平等和社会平等；二是自由权，包括人身自由、通信自由以及言论、出版、集会、结社、游行、示威的自由；三是民主权利，具体包括选举权与被选举权，民主管理企事业单位权，对政府的监督权、批评和建议权，对一切公共机关和公务人员的检举权、申诉权和控告权。③

所谓政治权利是指公民依法享受国家政治生活、参与政治生活、在政治上表达个人见解和意见的权利。从这个角度来说，本书所谈的政治权利主要包括参政权和民主权。参政权就是参与国家政治生活的权利；民主权就是具体的参政手

---

① 刘纯彬．二元社会结构实证分析［J］．社会，1990（9）；中国农村工业化城市化探析［J］．社会，1989（10）．

② 《中华人民共和国宪法》，中国法制出版社2004年版，第9～10页。

③ 王浦劬：《政治学基础》，北京大学出版社1995年版，第118～119页。

段，包括：选举权与被选举权，批评、监督、检举、申诉和控告权以及民主管理企事业单位权。

“政治参与是普通公民通过各种合法方式参与政治生活，并影响政治体系的构成、运行方式、行动规则和政策过程的行为。它是政治关系中政治权利得以实现的重要方式，反映着公民在社会政治生活中地位、作用和选择范围，体现着政治关系的本质”。① 从政治参与的渠道来划分，可分为制度化参与和非制度化参与。所谓制度化参与是指公民在法律规定下正式参与体制内政治活动。② 比如选举人大代表、参与基层事务的决策等。所谓非制度化政治参与，是相对于制度化政治参与而言的，指普通公民不通过法律及相关制度所规定的参与机制，而是以另外的方式所进行的政治参与行为，具体形式有行贿、贿选、越级上访、打击报复、暴力对抗，家族或宗族势力对基层政权的干预活动，等等。③

政治参与和政治权利是一个问题的两个方面，既紧密联系又相互区别。政治参与是一种政治行为，是政治权利的动态方面，是公民行使政治权利的表现形式；而政治权利是一种资格和能力，拥有这种资格和能力的人才有可能去进行合法的政治参与。政治参与度可以反映出一个国家公民实际享有的政治权利状况，也是一个国家政治民主化和社会现代化的重要标志。所以，比较农民和市民在改革开放前的政治权利状况，考察他们的政治参与状况不失为另一个比较好的视角。

（二）农民—市民政治参与状况

改革开放前的中国社会是一个整体性社会，政治权力高度集中，在国家正式体制之外鲜有生存空间，造成了中国人依附型的政治人格；而且，几千年来传统政治文化塑造了中国人臣属型的政治人格，所以，城镇居民和农村居民在政治参与的方式、范围和效果方面都有极大的相似性。

按照政治参与的方式来划分，阿尔蒙德和小鲍威尔曾划分为四种主要形式：第一，公民在国家正式机构里的政治参与活动，表现为选举政治代言人或利益代表；第二，各社会群体自发自愿参与的群众运动，比如西方社会在20世纪60年代发生的学生运动；第三，公民参与政治学习和讨论，我国“文革”时期的学习毛泽东语录是这种方式的典型代表；第四，参与基层政治单位内部事务的讨论

---

① 王浦劬：《政治学基础》，北京大学出版社1995年版，第206页。

② 宋维强. 当代中国农民的政治参与［J］. 长白学刊，2001（6）.

③ 倪承海. 社会转型期中国农民的非制度化政治参与［J］. 广西社会科学，2001（6）；宋维强. 当代中国农民的政治参与［J］. 长白学刊，2001（6）.

与决断。①

具体来说，在农村，1949 年新中国成立以后，为建立政权的合法性基础，中共中央积极调动农民参与到国家管理和建设上来。1950 年，中共中央在全国范围内大规模动员农民群众组织各级农会组织进行土地改革；1953 年，中共又发起了合作化运动，在合作社成立以后强调民主办社原则；1960 年，毛泽东在农村发起了“反贪污、反浪费、反官僚主义”的“三反运动”，要求广大农民对干部、尤其是对基层干部进行监督；在“文化大革命”期间，广大农民更是被动员起来积极参与各种政治运动，农民全面参与了对工厂、人民公社、各级权力部门乃至整个国家的领导和管理，农民出身的陈永贵出任国务院副总理，是这个时代农民政治参与的典型表现。学者郭正林将这种卷入式的政治参与界定为“政治卷入”（political involvement）。②

改革开放前，在传统文化与现实权力结构的双重作用下，中国人的政治参与被高度扭曲，无论是城镇居民还是农民的政治参与，自主能动的、建设性的和理性的比较稀少，政治参与更多以动员型、革命型和激情型面目出现。这说明整个社会对现代意义上的政治权利认识模糊，无论是城镇居民还是农民，对政治权利的行使还处于一种不自觉的较低水平，更谈不上自觉有为了。原因之一就在于无论市民还是农民，其公民资格意识淡漠。这不仅妨碍了公民个体对政治权利的行使，而且不利于国家政治的现代化和民主化。正如美国学者史密斯与英格指出：“今天许多民主国家所从事的政府改革，如果不能将公民资格（citizenship）、民主政治与公共政策合而为一体，则改革目标无法达成。”③ 公民资格，是形成公民意识和建立公民责任的前提，也是公民政治参与的基础。

即使在这种情况下，对于改革开放前的农民而言，在政治权利的具体方面与市民相比还存在着相当的差距。

（三）农民—市民政治权利的差异

1. 参政权

政治参与权是普通公民（非职业政治人士）参与制定、贯彻公共制度的行动权利。④ 我国在《宪法》当中明确规定：“中华人民共和国公民在法律面前一律平等。”这意味着公民可以平等地参与国家的政治生活。但是对于中国农民来

① ［美］阿尔蒙德、小鲍威尔：《当代比较政治学——世界展望》，商务印书馆 1993 年版，第 594～596 页。

② 郭正林．当代中国农民政治参与的程度、动机及社会效应［J］．社会学研究，2003（3）．

③ 丘昌泰：《公共政策——当代政策科学理论之研究》，巨流图书公司 1999 年版，第 369 页。

④ 杨光斌：《政治学导论》，中国人民大学出版社 2000 年版，第 311 页。

说，由于城乡二元社会结构的制约，农民的参政权受到多方面体制的限制。主要表现为：

第一，参与范围狭窄，农民中有政治参与意识并经常参与政治的人数少，次数少，范围窄；

第二，参与的层次不高，仅限于社区性参与，参与角色主要是个体参与，而非组织参与，还没有进入现代政治参与的层次："政治现代化最基本的方面是整个社会的各种社会集团在村镇以上层次参政，以及发展了诸如政党那样的新的政治体制以组织参政"；①

第三，参与内容单一，基本上是问题参与和手段参与，即只有当农民与他人或与政府工作人员发生利益纠纷而一时难以解决时，农民的政治参与才会发生。

2. 选举权与被选举权

我国《宪法》第34条规定："中华人民共和国年满十八周岁的公民，不分民族、种族、性别、职业、家庭出身、宗教信仰、教育程度、财产状况、居住期限，都有选举权和被选举权。"选举权是公民依法享有选举代表机关代表和国家公职人员的权利；被选举权是公民依法享有被选举为代表机关代表和国家公职人员的权利。

人民是国家的主人，有当家做主的权利，但是并不是每一个人都直接行使国家权力，参加国家的重大决策和日常事务管理，而是采用选举的方式，选出代表自己意愿的代表组成各级国家权力机关管理国家，行使国家权力，实现人民民主专政。因此，选举权和被选举权是我国人民参与国家管理的一项最基本的手段，是我国人民行使国家权力的基本形式，也是我国人民一项最基本的政治权利。但是，从权利配置角度来看，这样一种最基本的权利却不是平等地分配给城乡每一个公民的。

新中国在1953年颁布实施的《中华人民共和国选举法》对农村和城市每一个人大代表所代表的人口数作了城乡有别的规定：其中，自治州、县为4∶1；省、自治区为5∶1；而全国为8∶1。这意味着在中国，农村人口的选举权只有城镇人口的1/4、1/5或1/8。我们具体以2003年第十届全国人大代表的选举为例。当时在农村，每96万个农村人当中选举产生1名全国人大代表；在城市，每24万个市民选举产生1名全国人大代表。这也就是说，直到21世纪初期，我国农村居民的选举权仍然只有城镇居民的1/4。

下面我们再进行一番历史追溯，看看新中国成立后各届人大代表的身份构成，特别是农民代表的人数与所占的百分比。在第一届全国人大代表中农民代表

---

① 转引自李培文. 农民身份转化对中国政治发展的影响分析［J］. 西北农林科技大学学报（社会科学版），2001（2）.

为63人，占代表总人数的5.14%；第二届农民代表67人，占5.46%；第三届有209人，占6.87%；第四届有662人，占22.9%；第五届有720人，占20.59%；第六届有348人，占11.7%；第七届全国人大代表中农民代表和工人代表合并计算，占比为23%；第八届有280人，占9.4%；第九届有240人，占8%；第十届全国人大代表也与工人代表合并计算，共551人，占比18.46%（详见表3－1）。

表3－1　历届全国人民代表大会代表构成统计表

	总名额	工人比例%	农民比例%	干部比例%	知识分子比例%
一届	1226	8.6	5.14		
二届	1226	5.6	5.46		
三届	3040	5.75	6.87		
四届	2885	28.2	22.9	11.2	11.9
五届	3500	26.7	20.59	13.38	14.96
六届	2978	14.9	14.9	21.4	23.5
七届	2970	12.53	10.5	24.7	23.4
八届	2978	11.2	9.4	28.3	21.8
九届	2981	10.8	8	33.2	21.1
十届	2985	10	8.4	32.44	21.14

附注：其中第七届、第十届全国人大代表中工人、农民的比例是推算出来的。第七届共有工人、农民代表684人，第十届共有工人、农民代表551人，根据第十届全国人大代表中工人、农民所占比例的均值推算各自所占比例。

数据来源：《历届全国人民代表大会代表构成统计表》，1999年9月15日《人民日报》第10版。

从20世纪50年代建立起城乡二元户籍制度以来，全国人口就被人为地划分为城镇人口和农村人口两个享有不同待遇的群体，从中央到地方，各级机关在录用工作人员时，首要条件就是要求应征者拥有城市户口，要从城镇居民中录用。这就使持有农村户口的广大农民被排除在担任公职的可能性之外。只有少数一部分村级以下干部，工作特别出色的，才有可能转为国家正式工作人员。而不能担任公职，意味着农民的利益诉求不能直接进入政治系统，而农民的人大代表又相对较少，这样，在政策形成与执行过程中就难以保障农民的权益；而国家政治生活民主化也不能保证。但是，这种限制农民平等参与国家公共事务的做法却延续了半个多世纪。

3．生命赔偿权的城乡差异

人命无轻重贵贱，人生而平等。但长期以来，我国一直在民事领域中实行着

“同命不同价”的赔偿政策。根据《最高人民法院关于审理人身损害赔偿案件适用法律若干问题的解释》，“死亡赔偿金按照受诉法院所在地上一年度城镇居民人均可支配收入或者农村居民人均纯收入标准，按20年计算”。按照这种“城乡有别”的判赔依据来判赔，不可避免使农村居民在遭遇医疗损害、交通肇事以及其他灾难性损害后，因为农村户口而使数以倍计的赔偿“打折”。

比如，上海市高院最近调整了“人身损害赔偿标准”。根据新公布的2009年度“人身损害赔偿标准”，其中的人身损害“死亡赔偿金”（城镇居民59岁以下对象）从472460元调高至533500元，净增61040元，涨幅为12.91%；（农村居民59岁以下对象）从204440元调高至227700元，净增23260元，涨幅为11.37%。[①] 单从涨幅看，城镇居民涨幅为12.91%，农村居民涨幅为11.37%，相差不是太大。但从净增数和赔偿总额看，城镇居民净增61040元，赔偿总额调高至533500元，农村居民净增23260元，赔偿总额调高至227700元，相差竟是305800元！

最近十几年来，关于生命赔偿的城乡差别的讨论不绝于耳。在生命赔偿问题上搞城乡差别，既没有尊重生命的平等价值，更没有尊重劳动力的实际价值，而仅仅是在认定“身份价值”——因为城市居民身份地位“高”，他们就应该获得高额度的赔偿；因为农村居民的身份地位“低”，便只能获得廉价的赔偿。这种做法不仅仅忽视了公民权益的平等性，也漠视了公民生命的平等尊严。

这种从计划经济时期延续而来的做法与当今社会发展潮流相违背，是对社会公正的严重践踏。中国农民的一生，经历了太多的歧视，承载着太多的不平等。还公正予农民，就要改变这种城乡有别的生命赔偿标准，让农民也能以同等“公民”的身份获得一视同仁的对待——这是所有生命的价值要求，更是公民社会的人权要求。

二、农民—市民经济权利的比较

（一）概念

经济权利，传统宪法上称之为经济自由，主要包括选择职业的自由、营业的自由、合同自由、居住和迁徙的自由以及财产权等有关经济活动的自由和权利。经济权利的实现是达到起码生活水平的来源。经济权利不仅是社会权利的基础，甚至是其他一切权利的基础。所以，世界各国都把它放在最基础最重要的宪法层面来保障。

---

① 吴仁寿．生命赔偿何时才能城乡同命同价［EB/OL］．中国乡村发现，2009－7－13.

据统计，在20世纪70年代中期以前世界各国颁布的142部宪法中，明确规定财产私有权的有118部，占83.1%，规定劳动权的有78部，占55%，规定自由择业权的有41部，占28.8%，规定公平报酬的有46部，占32.4%，规定组织和参加工会权的有84部，占59.1%，规定罢工自由的有36部，占25.3%，明确承认休息休假权的有46部，占32.4%，规定国家救济与社会保险的95部，占66.9%，确认社会保险或社会救济权的有62部，占43.7%。①

在本书的讨论中，经济权利是指公民享有的经济物质利益方面的权利，具体包括劳动权、财产权、平等交易权、生产剩余分配权等几个方面。同市民—农民政治权利状态一样，在经济权利享有方面，市民与农民既存在一些相似的不完全享有，也有明显的差距。

（二）农民—市民经济权利的差异

1. 劳动权

“劳动权是指凡是具有劳动能力的公民均有权获得受保障的工作机会，有权按照劳动数量和质量取得相应的报酬，包括工作权（工作自由、就业权和择业权）、报酬权、休息权和获得闲暇权、职业培训权、团结权、民主管理权和社会保障权”。② 在高度集中的计划经济体制条件下，无论农民还是市民对人民公社和城市单位的高度依附，决定了改革开放以前、甚至到20世纪80年代，对于每一个中国公民都不可能享有完全的工作自由、择业自由和民主管理权利。但是相比较而言，农民在劳动权配置和实现方面均落后于市民群体。

由于城乡、工农差别的存在，城市生活对于农民具有吸引力，农民进入城市寻求工作的现象日渐增多。1953年9月11日，梁漱溟在全国政协会上发言说：“近几年，城里的工人生活提高快，而乡村的农民生活却依然很苦，所以各地乡下人都向城里（包括北京）跑，城里不能容，又赶他们回去，形成矛盾。”③ 然而长期以来，我国城乡就业泾渭分明，城市实行严格的就业准入制度，工业化过程创造的就业岗位被城市人“垄断”。从1952年起，政务院多次在有关文件中提出劝阻农民盲目流入城市的问题，规定各单位未经劳动部门许可或介绍，不得擅自到农村招收工人；1953年4月，政务院发布《关于劝止农民盲目流入城市的指示》；1957年国务院《关于各单位从农村中招用临时工暂行规定》，都明确规定城市各单位一律不得私自招用农民工。这些文件使农民进城就业的通道被阻

① 陈晋胜. 农民经济权利的宪法地位与行政法保护［J］. 生产力研究，2008（10）.

② 于立深. 我国宪法典公民权利条款评析［J］. 长白学刊，2002（4）.

③ 转引自肖冬连. 中国二元社会结构形成的历史考察［EB/OL］. 冷战中国网，2005-03-21.

塞，并在制度上把农民与土地拴在一起。农民没有得到宪法规定的公民平等享有就业机会的权利。

2. 平等交易权

为了完成工业化所需的原始资本积累，国家建立了统购统销制度，通过工农业产品的价格剪刀差来提取农业剩余。1953 年建立的统购统销制度，其核心是通过“压低农产品价格，以较低的价格收购农产品，再以低价销售给城市居民和工业企业，从而降低企业原材料的成本支出和工人工资，支撑工业化的发展”。[①] 统购统销是先从粮油开始，继而把棉花、生猪纳入统购范围，最后发展到把茶、麻、烟、羊毛、牛皮、中药材等全部纳入其中，并最终在 20 世纪 50～60 年代形成了农产品三类物资划分和相应的国家统购、派购和议购制度。统购统销制度对人们生活和社会生产产生了广泛的影响。

首先，统购统销制度违背价值规律，人为扭曲工农业产品的价格，特别是损害了农民的利益，侵害了农民的平等交易权。

其次，统购统销制度粗暴地切断了农民和市场的联系，农民无论多努力，生产的产品全部由国家控制，自已难以获得生产剩余，这严重挫伤了农民生产的积极性，不利于农业劳动生产率的提高。

最后，统购统销制度为国家提供农业剩余支持工业建设提供了最便捷的渠道，据测算，1952—1990 年间，我国农业为工业提供的农业剩余高达 1 万亿元人民币，平均每年为 250 亿元，其中通过“剪刀差”的方式获得的比重在 1952 年为 52. 4%、1990 年还高达 64. 4%。[②]

但是，如果说建国后实行工业化具有客观必然性，那时压低农产品收购价格还有一定的历史合理性的话。那么，在工业化进入中期并能自我积累时，再利用政策使资金、土地等进一步向工业转移，就显得非常不合理了。然而改革开放以后，国家对农业生产资料仍然进行垄断使农民丧失讨价还价权，80 年代中期以后，农产品大幅度提价，但工业品涨幅更高：1990—1994 年，粮价平均涨 56. 3%，同期农用生产资料涨 61. 1%。[③] 另外，国家对农产品尤其是大宗农产品流通渠道进行垄断，使农民进一步丧失市场交易权。所以，无论改革前后，农民的平等交易权都没有被充分赋予和保障。

3. 财产权利

公民财产权是指公民个人通过劳动或其他合法方式取得财产和享有占有、使

---

① 郭书田：《变革中的农村与农业》，中国财政经济出版社 1993 年版，第 4 页。

② 李溦：《农业剩余与工业化资本积累》，云南人民出版社 1997 年版，第 347～348 页。

③ 国家统计局：《中国统计摘要（2001）》，中国统计出版社 2001 年版。

用、处分财产的权利。从经济权利的本质属性即保障农民独立的经济地位而言，财产权作为提供独立的人格发展不可或缺的前提，显然在经济权利的组成部分之内，属于经济权利的核心内容。财产权在我国宪法和民法中都有明确的规定。宪法上认为凡属于个人之一切有财产价值的权利都是财产权的范畴，包括物权、股东权、债权、租赁权、著作权、专利权、商标权、版权、先占权、采矿权、狩猎权、捕捞权以及营业自由等；而民法上所规定的财产权仅包括动产和不动产。财产权利是公民的一项基本权利，对个人财产权利的尊重是现代国家的基本义务。然而建国以后我们的很多制度安排非但没有保护农民的财产权，反而在某种意义上对农民财产进行“剥夺”或“变相剥夺”。

在农民的财产权利中，最重要的是土地财产权：一是宅基地产权，二是耕作地产权。新中国成立后的土地改革使中国农民第一次在全国范围内实现了对土地的完全所有。1950 年 6 月，中央政府颁布实施了《中华人民共和国土地改革法》，主要宗旨是：“废除地主阶级封建剥削的土地所有制，实行农民的土地所有制，借以解放农村生产力，发展农业生产。”在其后的土地改革中，通过没收、征收地富等封建土地分配给农民，封建地主阶级的土地所有制被彻底消灭了，全国 3 亿多无地或少地的农民无偿获得了 7 亿亩土地。

然而，随即而至的农业合作化运动切断了这个历史进程。当农民在自愿或非自愿的情况下携带生产工具、土地入社以后，完整意义上的农民对自己所耕作土地的财产权已经不复存在，耕地成为集体（国家）的财产（在人民公社制度的调整中，曾为每个农村家庭留一小部分的自留地可自主经营，但这一片自留地仍不改变土地集体产权的属性）。农民不仅不能将土地作为自己的私有财产处置、转让、获得收益，甚至连土地的经营权也完全丧失，种什么、种多少这些事情农民都不能自主决定。对于农村宅基地来说，农民同样只是拥有使用权，如果要转让，按规定也只能转让给集体当中的其他成员，或者由集体收回重新分配。可见，在改革开放以前，农民对其主要财产——土地和宅基地都没有完整的财产权利，只有有限的使用权。

改革开放以后，虽然对农村土地进行了承包改革，但这种改革只是一种“半截子”产权改革，农民相对完整的土地财产权至今不能确立。在家庭联产承包责任制下，农民虽然拥有了对土地的经营自主权，但由于所有权缺失，农民并不能对土地进行完全的自主支配，土地使用权限、位置、数量的变更，土地的流转，土地使用费用（农业税及附加）的增减，种植种类等往往都带有强制性，农民缺乏选择权。而且因为农民承包的土地属集体所有，除国家按政策征地开矿、修路以外，各级政府乃至村委会都“有权”无偿占地几十、几百亩，搞所谓“开发区”、“工业园”，结果使农民失去承包的土地，断了生产之路，沦为“种地无田、上班无岗、社保无份、创业无钱”的“新贫农”群体。而且征地补偿由政府确定，并不体现农民意志和土地价值，是“不等价”交换。农民得到的征地补偿费在很多情况下远小于政府收缴的土地使用权出让金。这种非平等主体的扭曲的土地产权交易，严重剥夺了农民的财产权利。

改革开放进行20年之际，城市在进行轰轰烈烈的住房制度改革，市民往往支付相当少的一笔钱，就可以从单位手中获得住房的完全财产权。而对于农村宅基地来说，农民现在仍然不能拥有完全的产权，不能上市交易。秘鲁的一位经济学家在著作《资本的秘密》中说，农民之所以穷，主要是因为“他们有房屋却没有所有权凭证，他们有庄稼却没有契约，他们有企业却没有法人地位”。①

4. 劳动报酬权

就劳动报酬而言，等量劳动获得等量报酬才符合社会正义法则。在人民公社时期，农民劳动报酬主要通过两种形式进行分配：一是现金分配；二是实物分配。现金分配是对向国家上交公粮后的现金收入和生产队通过出售有限的农副产品的现金收入进行分配。一般而言，生产队的现金收入在向社员个人分配之前要做必要的扣除，比如公积金和公益金、各种生产费和管理费。在人民公社组织内，对社员收入的现金分配只占很小的一部分。

实物分配的主要对象就是生产队的农副产品，主要构成是粮食、棉花、油料、糖以及必要的柴草、蔬菜等，其中又以粮食为重中之重。生产队的粮食总量在完成国家征购和集体提留之后的剩余部分用于对社员的个人分配，其基本形式就是口粮。在社员的收入总量中，以口粮为主的实物分配份额占绝大部分。从全国来看，直到1975年实物分配仍占人均集体分配收入比重的80%。实物分配在社员分配总量中的绝对比例的状况，“一方面反映了农村经济发展水平和农产品商品率低下；另一方面，实物分配成为照顾和满足社员及其家庭成员最基本的生活消费需要，特别是人口多、劳动力少的社员家庭生活需要的手段”。②

在整个人民公社时期，社员无论是实物还是现金收入的总量长期不能发展，致使农民的生活水平长期得不到改善而处于低水平徘徊状态。

城镇劳动力除了在单位领取工资之外，还享受国家对粮食和其他副食品的供应。其实，市民工资在性质上相当于人民公社中农民的现金分配，粮油等供应在性质上相当于农民的实物分配。在粮食供应上，刚开始计划供应粮食范围比较大，包括县以上城市、农村集镇、缺粮的经济作物产区、一般地区缺粮户、灾区的灾民。按这个范围供应，吃商品粮的人口接近2亿，超过全国总人口的1/3。城市粮食供应太宽，引起农村人口向城市流动，或者城市粮食向乡间倒流，加重了粮食供应的紧张。

---

① 转引自蔡昉. 农民的产权与如何摆脱“温饱陷阱”[N]. 光明日报 2008－12－1. 第11版理论综合.

② 苏少之：《中国经济通史》第10卷上，湖南人民出版社2002年版，第404～405页。

为解决这个问题，1955 年 8 月，国务院发布了《农村粮食统购统销暂行办法》，办法中规定对农村实行粮食统购统销，明确指出农民吃自产粮；后又颁布实施《市镇粮食定量供应暂行办法》，在这个办法中规定粮食凭城镇户口实行按人定量供应。从此，粮食的计划供应就与城镇户口紧密联系在一起。在统购统销制度完全建立以后，国家不仅对粮食，还包括对油料、棉布等的供应上都跟人们的户口挂钩，按照票证实行定期定量供应。当城市粮食供应不足的时候，国家会先从农村购买，然后再平价供应给城镇居民。而农民则只能自耕自食，碰到灾荒年也只有自己忍饥挨饿，甚至被饿死冻死。

三、农民—市民社会权利的比较

（一）概念

社会权利是公民享受社会福利与保障的权利。它遵循的是最低保障原则，而不是收入限制原则。即政府必须保障生活资料和服务的最低量供应，或足以购买生活必需品的最低货币收入。这种服务面向全体公民，具有普遍性。

但是在我国城乡二元社会结构背景中，“二元性”成为一种社会标签，所以，我国的社会福利制度也带有明显的二元性特征。根据郭书田、刘纯彬等在 20 世纪 80 年代所做的经验研究，我国二元社会福利制度包括二元的粮食供给制度、副食品与燃料供给制度、教育制度、就业制度、医疗制度、养老保险制度、劳动保障制度、人才制度等十来个方面。①

在城镇，单位是市民福利的具体实施机构；在计划经济时期的农村，人民公社是农民集体福利的主要提供者。关于城市单位制对市民的保障功能前文已着墨太多，这里不再赘述，这里将主要介绍农村人民公社所负担的农民集体福利项目。

总的来说，农民集体福利体系主要是指农村社区公共福利事业，而农村社区互助互济成为发展福利的最基本途径。一般来说，人民公社集体福利的服务对象覆盖所有公社社员，特别是丧失劳动能力或生活有困难的社员。农民集体福利服务项目众多，内容广泛，包括公共食堂、公共浴堂、理发室、缝衣组、幼儿园、托儿所、幸福院、农业中学、红专学校和儿童福利事业等。发展农民集体福利事业主要依靠以下 3 种资金来源：一是由生产队扣留的、主要用于生产性福利开支的公积金，提取比例一般为可分配总收入的 3%～5%；二是从生产队总收入中

① 参见郭书田、刘纯彬等：《失衡的中国——城市化的过去、现在与未来》，河北人民出版社 1990 年版。

扣留下来的、用于社会保险与集体福利等生活福利事业的公益金，提取比例一般为可分配总收入的2%～3%；三是国家为农村“三无”人员提供的社会救济金与灾民临时救济款，这只能作为农村福利资金的补充来源。

（二）农民—市民社会权利的差异

1. 教育身份歧视

仅就义务教育来说，义务教育是一种公共物品，理应由政府来提供。在我国，政府只负责为城市提供这种公共物品。比如，在新中国成立以后，国家就在城市中小学教育上投入了巨额资金，建立了现代化的教育设施、使用了现代化的教育教学手段，另外还有大量的资金投资于城市的教育部门。而我国广大农村地区的中小学教育基本上都是农民自己投资建设的，国家只支付了很少很少一部分钱。这就导致了教育这种公共物品在城乡之间分配的差异性。我们看到，无论在学校的数量、质量、设备还是师资、资金方面，城市远比农村优越；城市的入学率和升学率普遍高于农村；市民子弟受教育的机会远多于农民子弟。

教育上的差别最终会在成长起来一代青年的收入、家庭生活、未来发展，甚至城市与农村的发展潜力上充分体现出来。这是教育不公平恶果的社会化。

2. 住房

城市对职工住房的提供是建立在消费资料供给制度传统之上的，在分配上主要按照等级供给。城市住房由国家或单位出资集体建造，而后作为福利、按照贡献、工龄、工作性质等标准分配给干部和职工，个人仅支付很少的房租，住房的投资和维修都由国家包下来。国家给职工提供住房的租金十分低廉。在50年代初期，房管部门直接管理的住宅每平方米使用面积的月租费为0.30元，年租金相当于住房造价的7%～8%。后来，因为种种原因先后在1958年、1966年、1979年三次降低公有住房的房租，公房的平均月租金由解放初期的每平方米0.30元以上下降到80年代初期的0.13元。一般来说，住房消费大多仅仅占职工工资的1%左右，远远低于人们在衣食方面的开支。

农民由于不具有城镇户口，所以由国家投资建设的、通过企事业单位供给的城市住房，农民是无权分享的。相比之下在农村，农民住房都是先从集体获批一块宅基地，自筹资金建房。依法从集体获批宅基地的费用不高，但是，建房所有材料以及简单装修所需要的费用却非常高，可能耗尽农民家庭多年的积蓄。

3. 医疗、养老和劳动保护

国家对城市市民的医疗、养老保险和劳动保护有严格的规定。1951年2月，政务院公布了《中华人民共和国劳动保险条例》,《条例》规定只对职工人数在100人以上的国营、公私合营、私营及合作社经营的工厂、矿山及其附属单位与业务管理机关,给予比较广泛全面的医疗、工伤和养老保障。1957年2月,卫生部发布了《关于职业病范围和职业病患者处理办法的规定》,明确指出要对职业病按因工伤残待遇处理,使职工享有广泛的劳动保护和职业病医疗保障。这两个有代表性的文件规定都是针对城镇职工的,农民被排除在外。另外,城市的医疗、养老、劳动保护等社会福利都以有城市户口的工人和职工为对象,以职工所隶属的单位作为实施主体,农民不隶属于任何一个城市单位,所以农村人口又一次被排除在外,大部分由自己的家庭负担。

从以上对市民—农民二元保障的简单描述可以看出,城乡二元保障制度的根本问题在于农民社会权利的缺失,是制度性社会不平等的生动展现。农民只拥有形式公民权利,而无完全的实质公民权利,无法像市民那样得到国家提供的全面福利与服务;与此同时,国家却对城镇职工承担了生老病死的全部保障与福利。

四、二元公民资格权利与社会公正

身份是某人在社会关系体系中的地位。在我国,市民和农民在社会分层结构中处于不同的社会地位,从而具有不同的社会身份。在二元户籍制度的安排下,市民和农民之间存在一条难以逾越的"身份鸿沟":市民生活在城镇中,接受比较优良而优惠的城镇教育,从事非农职业,过着比较优越的市民生活;农民被束缚在土地上,过着面朝黄土背朝天的艰辛生活,接受着自费的"义务教育",其身份不因职业场景和生活场所的改变而改变,在改革开放前,这种改变的机会也微乎其微。

二元身份制度直接强化了市民—农民二元公民资格的权利体系。市民与农民在各方面权利的差异不是取决于职业而是身份,由身份不平等带来的权利不平等简称为身份权利不平等。农民不平等的公民身份权利主要体现在两个方面。

一是农民的社会地位低,处于社会的底层,政治层面少权,经济层面弱势。"在社会等级制度的影响下,一切按等级划分。不同等级的人享有不同的待遇,而农民,一般处在社会等级的最低层"。[①] 市民—农民二元身份的分割使农民毫无选择地接受了在经济、政治、社会和文化上的不平等地位。在政治上,农民缺少参与的平等机会;在政策上,农民是被动的接受者;在行政上,农民是被管理的对象;在经济上,农民像"一袋马铃薯"形不成集团力量;在就业上,农民受到各种限制,缺少流动的自由权利;在公共服务上,农民属于最后考虑的范

① 林光彬.社会等级制度与"三农"问题[J].读书,2002(2):30~36.

中。改革开放以后，城市非公有制经济迅速崛起而形成的多种经济成分并存的所有制结构和公有产权的明晰化，使得国家用指令性计划配置所有资源的状况一去不复返。从城市资源配置的角度来看，这实际上是一个由国家直接控制所有社会资源向社会分散和转移的过程。从而在国家正式体制之外，社会个体有了独立的生存空间；在国家控制的资源之外，体制外也出现了可以自由流动的资源。这就为社会个体的单位外流动提供了必需的空间和资源，这是其一。

其二，“单位办社会”的状况不符合市场经济对效率的追求，这客观上要求把单位的一些功能归还社会。比如离退休职工的生活、下岗再就业、医疗、养老等问题已经很难通过单位落实到家庭，必然有赖于劳动力市场的不断发展和社会保障制度的不断完善。人们对单位福利的依赖事实上正在不断降低，单位的社会功能也在不断地减弱。

单位体制外出现了自由活动的空间和资源，单位功能的式微，这使体制内外、单位之间的社会流动成为可能，并且越来越频繁。大量国有企业职工流入外资企业，大量内陆人才流入沿海城市，单位几乎不再有任何可以有效限制人员流动的措施。单位不再是单位人的“家长”或“衣食父母”，单位人离开单位同样可以谋求生活，甚至有可能比在原单位更好。人们对单位依赖性的减弱，选择自主性的增强，使得人与单位之间的双向选择、个人对岗位的多项选择成为现实。人员流动使得“单位情结”在逐步消失，“单位意识”在逐渐淡化，单位人的身份也在日渐式微。单位人逐渐从单位家长制的管制中解放出来，成为一个自由的“社会人”。

3. 户籍制度的缓慢变革

二元社会结构的松动，不仅有赖于人民公社制度的解体和单位制功能的式微。因为中国人不仅受制于单位（人民公社和城镇单位），还受制于中国特色的户籍制度。所以，二元社会结构的松动还有赖于户籍制度的改革。可以说，在把中国人从单位（人民公社和城镇单位）中解放出来以后，户籍制度的改革将是打破人身枷锁的关键一击。只有户籍制度改革了，才能实现城乡劳动力的自由流动。

1984 年，二元户籍制度坚冰开始融化，其肇始事件为国务院批转的公安部《关于农民进入城镇落户问题的通知》。《通知》中规定：“凡申请到集镇务工、经商、办服务业的农民和家属，在集镇有固定住所，有经营能力，或在集镇企事业单位长期务工的，公安部门应准予落常住户口，及时办理入户手续，发给《自理口粮户口簿》，粮食部门要做好加价粮油供应工作，可发给《加价粮油供应证》。地方政府要为他们建房、买房、租房提供方便……。”这一个里程碑式的文件给了部分人以“迁徙自由”，农民由此获得了在集镇合法生存的权利。

但是“自理口粮户”的农民其身份并没有改变，甚至在某些方面还不如农民。1984 年《通知》规定，到集镇落的农民，要事先办好承包土地的转让手续，退出责任田地。所以，自理口粮模式对农民的吸引力并不大。1985 年 7 月，公安部又颁布了《关于城镇人口管理的暂行规定》，“农转非”内部指标定在每年万分之二。同时，作为人口管理现代化基础的居民身份证制度也在同样的背景下由全国人大常委会于 1985 年 9 月宣布实施。社会主义市场经济的逐步确立终于使户籍制度做出了相应的初级改革。

1992 年以后，户籍制度在其他改革措施的刺激下，出现了形形色色的改革方法，如“当地有效城镇户口模式”、“蓝印户口”、“开发区户口”、“小城镇户籍改制”等等，但总的来说，各级各地政府还是极力以户口作为控制的砝码和可资利用的符号资源。例如，上海出台了《关于外地投资浦东新区申请上海常住户口的实施细则》，规定投资总额和注册资金都在 500 万元人民币以上，开业满两年，经济效益显著的企业，可申请 5 个本市常住户口指标。从 1992 年起，城镇非农户口正式被当作一种商品，并以十分惊人的速度波及全国。

据有关部门估计，从 1992 年开春到 1993 年年底为止，全国大约有 300 万农民购买了城镇户口，城市政府收款约为 250 亿元。[①] 户籍制度改革中出现的不规范现象促使改革加大力度。然而，1994 年以后的宏观环境变化阻挡了这一改革进程，已经起草的文件暂时搁置，这一搁置就到了 2002 年，期间户籍政策一直未有实质性松动。[②]

进入新世纪以后，2001 年 3 月 30 日，国务院批转了公安部《关于推进小城镇户籍管理制度改革的意见》，对办理小城镇常住户口的人员，不再实行计划指标管理。此后，各级各地政府都认识到户籍制度对劳动力流动与最优配置的限制和对经济发展的阻碍作用，纷纷开始户籍制度的改革。郑州市和广州市是这次改革的前锋。郑州市宣布入户政策完全放开、允许外地人员以“投亲靠友”等方式办理户口；广州市改革了人口增长调控管理办法，将夫妻投靠的年限由 10 年放宽至 5 年，并计划以准入条件取代原先的按计划指标审核落户的办法。2007 年 6 月，成都与重庆获批设立全国统筹城乡综合配套改革试验区。在户籍改革上也先行一步，两市都将推行一元化户籍管理制度，取消农业和非农业户口的划分，统称为“成都市居民”或“重庆市居民户口”；武汉城市圈也计划实现九城

---

① 马福云．当代中国户籍制度变迁研究［D］．中国社会科学院研究生院社会学系，2000：73.

② 1997 年 6 月国务院批转了公安部《小城镇户籍管理制度改革试点方案和关于完善农村户籍管理制度的意见》，明确规定：从农村到小城镇务工或者兴办第二、三产业的人员，小城镇的机关、团体、企业和事业单位聘用的管理人员、专业技术人员，在小城镇购买了商品房或者有合法自建房的居民，以及其共同居住的直系亲属，可以办理城镇常住户口。1998 年 7 月，国务院批转了公安部《关于解决当前户口管理工作中几个突出问题的意见》，解决了新生婴儿随父落户、夫妻分居、老人投靠子女以及在城市投资、兴办实业、购买商品房的公民及随其共同居住的直系亲属，凡在城市有合法固定的住房、合法稳定的职业或者生活来源，已居住一定年限并符合当地政府有关规定的，可准予在该城市落户等几个群众反映强烈的问题。

市居民的自由流动，并形成以就业、社保、教育、卫生为重点的城乡一体化公共服务体系。

户籍制度的改革，使中国二元社会结构在两极松动的情况下出现了一个交流与融合的趋势：无论是农民还是市民，不仅仅与原来的单位解除了人身依附，而且还实现了体制外的相对自由的流动。

（二）影响二元社会结构松动的经济因素分析

1. 二元经济结构的松动

从根本上说，我国二元社会结构根源于城市现代工业和农村传统农业并存的二元经济结构。二元经济结构的变化在一定程度上会影响二元社会结构的变化。所以，可以从二元经济结构的角度来考察中国二元社会结构的变动情况。二元反差系数、二元对比系数和部门间比较劳动生产率是考察二元经济结构变动的有效经济指标。

所谓二元对比系数是指二元经济结构中农业部门和非农业部门劳动生产率的比率。二元对比系数的数值范围在 0 ～ 1 之间，系数越小，表明两个部门的劳动生产率差别越大，经济结构的二元性就越强；反之，系数越大，表明两个部门的劳动生产率差别越小，经济结构的二元性就越弱。通过国际对比我们可以发现，一般来说，发展中国家的二元对比系数在 0. 31 ～ 0. 45 之间，发达国家的二元对比系数 0. 52 ～ 0. 86 之间。

所谓二元反差系数是指农业部门和非农业部门之间收入比重与劳动力数量比重的差异的绝对值的平均值。二元反差系数的数值范围也在 0 ～ 1 之间，理论上的最小值为零，二元反差系数越大表明经济结构的二元性特征越明显；反之，则二元性特征越不明显，甚至消失。关于我国改革开放前后 20 年二元对比系数和二元反差系数的变化情况详见下表（表 4 - 1），通过二元经济结构的变化间接反映出二元社会结构的变化。

从表 4 - 1 可以看出，我国二元经济结构的演变轨迹在改革开放前后 20 年中呈现出比较明显的两个时期的变化。从二元对比系数的变化趋势可知，第一个时期是从 1975—1978 年，我国经济结构的二元特征比较强，其原因在于我国从 50 年代就开始实行的重工业优先发展的战略选择经过 20 多年的积累所造成的。而第二个时期是从 1979—1990 年前后，这个时期的经济结构的二元性特征较弱，反映在二元对比系数上的变化是二元对比系数从 1978 年的 0. 1444 上升到 1989 年的 0. 2218。[①]

---

① 文峰. 制度变迁与中国二元经济结构转换 [D]. 四川大学经济学院，2004：78.

表4－1 中国农业和非农业部门的二元对比系数、二元反差系数

年份	1972	1973	1974	1975	1976	1977
二元对比系数	0.1310	0.1352	0.1407	0.1420	0.1560	0.1426
二元反差系数	0.4603	0.4538	0.4458	0.4474	0.4297	0.4509
年份	1978	1979	1980	1981	1982	1983
二元对比系数	0.1444	0.1960	0.1957	0.2183	0.2332	0.2421
二元反差系数	0.4492	0.3862	0.3866	0.3631	0.3486	0.3404
年份	1984	1985	1986	1987	1988	1989
二元对比系数	0.2643	0.2383	0.2381	0.2440	0.2364	0.2218
二元反差系数	0.3203	0.3407	0.3385	0.3320	0.3369	0.3505

资料来源：上海财经大学区域经济研究中心编：《2003中国区域经济发展报告》，上海财经大学出版社2003年版，第136～137页。

造成此时期变化的主要原因在于改革开放初期从农村开始的家庭联产承包责任制的改革，变革中的农村生产关系促进了农村劳动生产率的大幅度提高，并创造了比城市经济发展更快的速度，缩小了农业部门和非农业部门的劳动生产率差距。

2. 经济体制转轨

从宏观角度来看，经济体制转轨是推动中国二元经济转轨的重要因素，同时它也是推动中国二元社会结构松动的决定性因素之一。二元社会结构及其维持制度是计划经济体制的产物，是无所不在的计划经济模式渗入社会领域的结果。当经济体制从计划经济向社会主义市场经济转变的时候，二元社会结构及其维持制度与社会主义市场经济体制极不相适应，其弊端日益暴露。比如，二元社会结构及其维持制度扭曲了产品价格，造成了城乡市场的分割和市场主体的身份不平等，以及各种生产要素不能自由流动等问题。市场经济的进一步发展客观上要求对以上弊端进行清除，那么就必须改革二元社会结构的维持制度，从而间接松动了二元社会结构。

3. 农村改革削弱了二元社会结构强度

在农村推行的家庭联产承包责任制，赋予了农民生产经营自主权，加上改革初期大幅度提高农产品收购价格，极大地调动了农民的生产积极性，解放了农业发展中的生产潜力，使我国农业生产出现1979—1984年连续6年的超常规增长。1984年农业净产值占国民收入总额的39.8%，比1978年的32.8%提高7个百分

点。

随着农业生产的迅速发展，农民收入水平也迅速提高。1984 年农民人均纯收入达到 355 元，比 1978 年的 134 元增加 211 元，扣除物价上涨因素，年平均增长速度达到 15%。农民和城市居民的收入差距由 1978 年 1∶2.6 缩小到 1984 年的 1∶1.86。用相对国民收入度量的二元经济结构强度，从 1978 年的 6.03 缩小到 1984 年的 3.58。1984 年农村剩余劳动力向非农产业转移的数量达到 1600 万人。[①] 农村经济改革的成功，缩小了城乡差距，在一定程度上削弱了二元社会结构的强度。

4. 劳动力频繁流动

改革开放以后，劳动力流动从非法逐步合法化，直接冲击了二元社会结构，客观上也进一步松动了二元社会结构。劳动力流动频繁最直接的原因是城乡收入差距较大，城镇对劳动力有经济上的吸引力；其次，乡镇企业的异军突起，也促使我国农业劳动力出现了大规模的转移。1978—1996 年乡镇企业总数由 152 万家增加到 2336 万家，从业人员由 2847 万人增加到 13508 万人，在乡镇企业从业的农村劳动力比重由此前的 9.2% 上升到 29%。[②]

城市经济改革和农村乡镇企业的兴起，从另一个角度来看，也是中国工业化和城市化不断发展的过程。1971 年的诺贝尔经济学奖获得者西蒙库兹涅茨指出："各国经济增长……常伴随着人口的增长和结构的巨大变化。在当今时代，发生了以下这些产业结构的变化：产品的来源和资源的去处从农业活动转向非农业生产活动，即工业化过程。城市和乡村之间的人口分布发生了变化，即城市化过程。"[③] 在这个过程中，必然会发生劳动力的大规模流动，特别是农村劳动力向城镇的流动。

二、农民群体分化与民工潮的出现

关于农民的定义，国际农民学会曾持续讨论了几十年，重点在于对传统农民（peasants）和现代农业者（farmers）做出区分。E. R. 沃尔夫的观点最具有代表性，他认为："农民的主要追求在于维护生计，并在一个社会关系的狭隘等级系列中维持其社会身份。因此，农民不像那些专门为满足市场而生产、并在广泛的社会网络中置身于竞争之中的耕作者。" 所以，农民大多"固守传统的安排"，

---

① 参见王松岭. 二元结构下农业发展与农业劳动力转移研究［D］. 复旦大学，2005：27.

② 黄晋太：《二元工业化与城市化》，中国经济出版社 2005 年版，第 28 页。

③ 转引自王开军. 人类经济列车不可绕行的历史隧道——"二元经济"的形成与破解［J］. 辽宁经济，2007（9）.

“相反，农业者（farmers）则充分地进入市场，使自己的土地与劳动从属于开放的竞争，利用一切可能的选择使报酬极大化，并倾向于在更小风险的基础上进行可获更大利润的生产”。[①]《不列颠百科全书》详细定义了传统农民：“诸如自给自足或小规模生产等特征”都不是农民定义的根本，传统农民的本质特征在于他“要受外部权势的支配”，这种“使其整合于更大社会的方式”才是传统农民与“其他农业生产者”的根本区别。“在农民社会，生产品及劳务不是由生产者直接交换，而是被提供给一些中心来重新分配。剩余的东西要转移到统治者和其他非农业者手里。这种分配权力往往集中于一个城市中心”。[②]

伴随着二元社会结构松动和社会主义市场经济体制的逐步建立与完善，中国农村与中国农民均发生了结构性变化：一方面是城乡差距加大趋势日渐明显和协调发展要求日渐强烈；另一方面是中国农民阶级的社会分化和社会流动成为中国社会结构变迁的重要组成部分。

从上文分析来看，人民公社体制的废除、家庭联产承包责任制的实施、计划经济体制的逐渐瓦解、市场经济体制的逐步发育，给农民创造了外出务工的制度空间；中国现代化的迅速推进、工业化城市化的迅速发展，尤其是部分先发达地区、城市的崛起，创造了流动就业得以扩张的社会空间。在二元社会结构松动的过程中，以上这些因素也推动中国农民从传统农民向现代农业者转变，日益深入地卷入了市场过程，并且产生了非常巨大的社会分化：分为农业劳动者、农民工人、雇佣工人、智力型职业者、个体工商户与个体劳动者、私营企业主、集体企业管理者和农村社会管理者 8 个阶层。[③]

农民工阶层人数巨大，流动频繁，成为中国改革开放后一个显著的社会现象：民工潮。仅据四川省统计部门统计，1985 年后，随着地区间农民收入差距的加大，跨地区大规模流动逐渐拓展开来，全省出省农村劳动力在 1987 年为 47 万人，1989 年为 68 万人。[④] 中西部的许多中心城市和城镇也成为不同区域农民工的流动目的地，吸引来规模可观的农民工，如太原市 2006 年流动人口就近 61 万人，[⑤] 成都市流动人口达 200 多万。[⑥] 农民工在城市常住居民中占比已相当高，以 2005 年 1% 人口抽样调查城镇人口 56157 万[⑦]为参照，农民工相当于城镇人口

---

①② 转引自秦晖．历史与现实中的中国农民问题［J/OL］．http://www.tecn.cn/data/detail.php?id=704.

③ 陆学艺．重新认识农民问题——十年来中国农民的变化［J］．社会学研究．1989（6）．

④ “农村剩余劳动力转移和劳动力市场”课题组：《中国劳动力流动的现状和地位》，中国发展出版社 1998 年版。

⑤ 马继玲．山西：太原市共有 60 万流动人口，七成多处于育龄期．［EB/OL］．http://www.chinapop.gov.cn/ldrk/dtxx/t20061213-151156023.html.2006-12-13.

⑥ 李建华．四川：城乡统筹科学发展——成都市积极做好城市人口计生工作［EB/OL］．http://www.chinapop.gov.cn/rkxx/gdkx/t20060425_58913.htm.2006-04-25.

⑦ 国家统计局．2005 年全国 1% 人口抽样调查主要数据公报［N］．中国信息报，2006-03-22.

的21.35%，而沿海地区农民工在常住居民中的比例更高，苏州、中山、佛山等地达到40%左右，深圳、东莞等地更高达近80%，详见下表（表4-2）：

表4-2 沿海城市外来人口情况

城市	常住人口（万人）	户籍人口（万人）	外来人口（万人）	外来人口占常住人口比重（%）
上海	1778	1340	438	24.63
苏州	1000	607.3	392.7	39.27
常州	481.90	351.6	130.30	27.04
杭州	879.33	660.45	218.88	24.89
宁波	810.74	556.7	245.04	30.22
广州	949.68	750.53	199.15	20.97
深圳	827.75	181.93	645.82	78
东莞	750.63	165.65	584.98	77.93
中山	243.46	140.82	102.64	42.16
佛山	580.03	354.48	225.55	38.89
珠海	141.57	89.6	51.97	36.71

注：丁宪浩．打破新二元社会结构，促进农民工社会融入［J］．农业现代化研究，2007（5）．

农民阶级的分化和农民工阶层的形成与流动，总体上说是二元社会结构松动和经济体制转轨的产物。学术界对民工潮的研究已经形成了比较成熟的理论解释模式，具有代表性的解释是美国学者李（Lee）在20世纪60年代提出的“拉力—推力”理论。他将影响人口迁移的因素分为农村的“推力”和城市的“拉力”两类，认为人口从农村向城市的迁移是拉力—推力共同作用的结果。就农村的推力而言，其原因有两种：一是农业人口不断增加，耕地面积不断减少，这种逆向增减造成的人地矛盾是农村人口迁移的原动力。根据学者穆光宗的研究，从1952年到1978年的20多年间，中国农业劳动力的剩余度从31%上升到52%。[①] 二是农业劳动生产率的提高使更多的农业劳动力解放出来，并可以提供更多的农产品，这是农村人口迁移到城市的支撑力。

就城市的拉力而言，主要有三种因素：一是城市产业的吸引力，城市产业投资的扩张使城市产业对劳动力的需求不断扩大，使农村人口到城市之后有可能找到工作。二是城乡比较利益的驱动。和农村相比，城市不仅具有便利的生活服务

① 转引自文峰．制度变迁与中国二元经济结构转换［D］．四川大学经济学院，2004：104.

设施和文化娱乐设施，而且也具有更高的收入和生活消费水平。城乡收入的差距是农村人口向城市迁徙的巨大拉力。三是自我实现的驱动力。城市不仅具有较高的收入、优越的生活条件，而且具有更多的接受教育和培训的机会。城市居民具有更强的自我意识和自我实现的愿望；而城市文化的多元性也为人们的自我实现提供了现实可能。农村人口尤其是那些文化素质较高的人口在自我意识的驱使下大量流向城市。

三、农民工身份的形成与特点

（一）形成农民工身份的经济因素

根据恩格斯的观点，个体之间社会关系的形成，某一群体或阶级作为社会的一个组成部分，在社会的结构体系中处于什么位置，整个社会由于个体、群体或阶级的互动呈现出何种形态，不是以制度设计或自然条件为依据，而是以“经济关系”为基础的，这种经济关系包括生产关系的总和，它涉及生产资料所有权、人们在生产中的地位及相互作用、分配形式、劳动力所有权等等，故本身又是一种法律关系。当经济关系恒定不变时，社会不会发生结构性变化；当经济关系发生变化时，社会就会发生结构性变化，甚至需要重新整合。①

在计划经济时期，我国拥有一套封闭的、纵向的二元社会结构体系。农民属于这种社会结构体系的最底层，他们虽然已经在政治上翻身得到了解放，但在经济上依然没有自己独立自主的地位，他们和国家、社会和作为生产资料的土地的关系，是一种从属关系。正基于此，他们被牢牢钉在社会结构体系的某一固定区域，没有自由活动的空间。农民就是农民，就要长期从事农业生产劳动，除非有特殊偶然的因素存在，农民一辈子都不能改变自己的身份。

随着70年代末期以来社会主义市场经济体制的逐步建立和完善，农村家庭联产承包责任制的推行，二元社会结构有所松动。这使农民对生产资料的所有权形式发生了一定的变化，从对土地等生产资料毫无自主权到对土地等生产资料拥有一定的生产经营权和自主权，在一定程度上可以在承包土地上自主决定种什么、怎么种，种或者不种；虽然在80年代还要跟国家签订定购粮食的合同，但完成这个合同的数额以后对自己的劳动成果拥有了自主支配权。

同时，农民对自己的劳动力也获得了相对比较完整的产权，纠正了人民公社

① 转引自吴忠民．形成社会阶层之间的良性互动［J/OL］．http://theory.people.com.cn/GB/41038/4162551.html.

时期以来农民劳动力产权残缺①的不利境况。拥有比较完整的生产资料和劳动力产权，改变了农民在社会结构体系中的经济关系，既包括农民之间的经济关系，也包括农民与市民、农民与国家之间的经济关系。在此基础上，农民更深地卷入了日益壮大的中国社会主义市场经济体系之中：他们生产什么、生产多少、怎么生产、如何分配、如何支配，包括对劳动力如何支配、劳动力的价格等等，都交给了市场这样一个公正的裁判者。从这个角度来说，农民工的形成是农民经济关系改变并融入市场经济体制的一个结果。

社会主义市场经济在农民工身份形成中发挥了基础性作用。农民之所以在其农民身份基础上获得"工人"的称呼，在身份上从"农民"变为"农民工人"，就在于市场经济体制为其开辟了工作机会、流动渠道和发展空间。

首先，市场经济体制建立，市场机制在城乡经济中发挥基础的调节作用。农业生产在靠天吃饭的前提下也遵循市场价值规律，接受市场机制的调节，农民根据市场机制的调节作用安排生产，在拥有生产要素产权基础上获得了生产的自主权。农民是否暂时离开土地寻找新的工作机会取决于其经济人的理性计算。

其次，市场经济体制的逐步建立和进一步完善，客观上要求生产要素能够自由流动，劳动力是一类重要的生产要素，应该遵循市场机制的调节并且配置到最有效率的行业和部门。这为农民工的流动开辟了现实的通道。

再次，市场经济开辟了新的社会活动空间。农民离开土地以后需要新的工作机会承接他们。而市场经济恰恰创造了许多新的非农工作机会，使农民转变为工人有了现实可能性和落脚点。所以说，农民工身份的形成得益于市场经济体制的建立和发展。

(二) 形成农民工身份的政治、社会因素

按照新制度主义的观点，某项制度在一定的时间里是稳定的，但并不是一成不变的，制度总是处于一种微变的过程中。此外，制度不是孤立存在的，正式制度之间、非正式制度之间以及正式制度与非正式制度之间存在着关联性。"社会是由一系列规定着生产、交换和分配的基础的政治、经济和法律制度组成的制度网络，这个制度网络又构成了一个社会的制度环境"。②

制度变迁源于制度出现了不均衡的状态，制度不均衡主要是由三个原因造成的：一是制度本身达到了它的生产可能性边界，制度对象的收益小于支出；二是与该制度相关联的其他制度发生了变革；三是制度环境的改变，需要制度创新以

① 葛笑如. 人民公社制度的另类分析［J］. 湖北社会科学，2007（5）.

② R. 科斯等、L. E. 戴维斯和 D. C. 诺斯：《制度变迁的理论：概念与原因》，《财产权利与制度变迁——产权学派与新制度学派译文集》，上海三联书店 1994 年版，第 274 页。

纳入新的环境因素。“通行的制度结构与环境协调较差”，“追求效用的个体会自然而然地形成改变游戏规则的压力，以便把这些新事物包括在内”。①

制度不均衡的出现就产生了对新制度供给的需求，这种需求能否得到满足取决于制度变迁能否真正发生，制度变迁主要有内生（诱致性）和外生（强制性）两种方式：“诱致性制度变迁和强制性制度变迁。诱致性制度变迁指的是现行制度安排的变更和替代，或者是新制度安排的创造，它由个人或一群人，在响应获利机会时自发倡导、组织和实行。与此相反，强制性制度变迁由政府命令和法律引入和实行。”② 无论是哪种方式的制度变迁都不是一帆风顺的。因为在形成一个社会的制度网络中，“路径依赖”③ 是无时无处不在的。

农民工脱胎于农民，塑造农民身份的一系列政治、社会制度在路径依赖作用下必然对农民工身份的形成产生制度性影响。塑造农民身份的制度有计划经济体制、户籍制度、人民公社制度、统购统销制度、就业制度等等，这些制度构成了中国社会的制度网络和制度环境。改革开放以前，中国制度环境的特点就是政治主导一切的非市场环境。在这样的环境中，制度网络的均衡状态需要借助于政府的力量来实现。

改革开放以后，市场经济体制的建立、人民公社制度的废除等制度变迁带来了中国制度环境的改变和制度网络不均衡的出现，这一方面从经济上重新塑造了农民的工人身份，另一方面，由于制度变迁路径依赖的存在，使这些制度残余和制度网络中的其他制度（比如户籍制度、就业制度）仍然在发挥作用，使农民无法彻底转变为城镇工人，在“工人”身份前加上“农民”的定语，以“农民工人”的身份出现。所以，从这个角度来说，“农民工”身份又是国家制度性安排的结果，并且是源自农民身份的制度性安排。

从社会功能角度来说，“农民工”身份的制度性安排延续了当年农民身份制度性安排的效果。它表现在两个方面：

（1）正功能，即稳定的作用。当年农民身份制的确立，将社会上一部分人屏蔽在分享城市资源之外，身份制度的核心是为人与人之间以及人与资源之间的关系建立秩序。它降低了政府管理的成本，保证了国家对社会资源的集中控制和使用，为中国的工业化争取了时间和资金，维护了国家和社会的稳定。同样，改

---

① ［南］斯韦托扎尔·平桥维奇：《产权经济学——一种关于比较体制的理论》，经济科学出版社1999年版，第5页。

② 林毅夫：《关于制度变迁的经济学理论：诱致性变迁与强制性变迁》，来自R. 科斯等、L. E. 戴维斯和D. C. 诺斯：《财产权利与制度变迁——产权学派与新制度学派译文集》，上海三联书店1994年版，第274页。

③ 路径依赖最早用在新技术的采用上，当一种技术由于偶然的原因被选定时，随后的技术选择就被锁定在一定的开发路径上，而这条路径未必是最佳路径。制度变迁的路径依赖基于两个原因：制度的收益递增和网络外部性；经济和社会中存在着显著的交易成本。这是诺斯在《制度、经济绩效和制度变迁》中表达的思想。

革开放后农民工身份制度的形成，依然是通过“身份”这样一道屏障把流入城市寻找新的发展空间的农民工挡在分享城市资源之外，在农民工和城镇居民之间确立了另一种分裂的经济社会联系。政府无需为农民工的就业、社会保障等承担责任，减轻了国家的财政负担。

（2）负功能，即冲突的功能。改革开放以后，中国社会发生了转型。在转型过程中，农民身份的正功能逐渐消失，负功能渐渐显现：农民身份制度降低了国家资源宏观配置效率，产生了庞大的农村隐性失业人口，阻碍了中国城市化的进程；农民身份权利的缺失和对相对剥夺感的认同，增加了社会冲突的潜在因素。社会学理论指出，利益被相对剥夺的群体可能对剥夺他们利益的群体产生敌视和仇恨心理。同样，当农民带着“错位”的身份离开土地进入城市以后，就拉近了农民—市民之间的公民资格权利反差，使这种反差以农民工—市民这样一种近距离的活生生的形态展现在面前，那种相对剥夺感和心理落差更加强烈，如果再找不到合适的归宿，就会使社会动荡的危险系数增大。

（三）农民工身份的特点

1. 过渡性

从农民工身份形成的经济、政治和社会因素来看，由于存在制度变迁的路径依赖，农民工身份的形成是计划经济时代制度网络在新的市场经济环境下继续发挥作用的体现。随着市场经济的进一步发展和完善，制度环境的变化就会带来计划经济制度网络的不均衡，而制度网络中人民公社制度、统购统销制度，包括户籍制度在80年代的缓慢变革，也会带来制度不均衡。无论是哪种原因造成的制度不均衡迟早都会引起制度变迁；而无论哪种制度变迁的发生或具体哪个制度发生变迁，都对进一步推进农民工身份从“农民身份”向现代市场经济所要求的新型“工人身份”转变。

同时，农民工身份形成的国家制度安排，就像计划经济时期农民身份形成一样，被深深地打上了“政治烙印”。这就使在我国，无论是农民还是农民工，其“身份”不是西方意义上的“职业身份”概念，而是“政治身份”概念。制度环境的变化和制度变迁的发生，都或多或少会冲淡附着于“身份”上的政治色彩，还“身份”以“职业身份”的中性面目。

另一方面，从农民工身份形成的经济因素来说，市场经济体制不仅是赋予农民“工人”身份的决定因素，而且，还将进一步吸引农民进入城镇，完成城市化和工业化的过程，使中国的农民工转变为真正意义上的“工人”，中国的农民从“小农”（peasants）转变为现代“农业生产者”（farmers）。届时，二元社会结构也趋于最终解体。无论是农民、农民工还是市民，都将在现代发达的工业社会中获得生活与发展的自由。

所以说，农民工身份具有过渡性的特点，是中国二元社会结构走向一元社会的过程中，市场经济的“身份抹平”效应与计划经济时代制度网络（特别是户籍制度）的“身份维持”功能相互博弈的一个结果。市场经济以其对资源配置的高效率和对社会生产力发展的绝对推动作用，事实上已经战胜计划经济体制取得了统治地位；下一步，将进一步涤荡计划经济体制时代制度网络的残余，为人的自由发展提供更广阔的空间。马克思早就讲过：“我们越往前追溯历史，个人……就越表现为不独立，从属于一个较大的整体”，而现代化则意味着“个人向完整的个人之发展”。如今人们已经公认，现代化无论姓社姓资，都意味着发达的市场经济与完善的民主政治，而这两者的共同基础就是个人不再“从属于一个较大的整体”而取得独立人格、自由个性与公民权利，从而成为“完整的个人”。[①] 届时，“农民”抑或“农民工”都成为一种单纯的职业身份；在政治身份上，不仅没有农民的身份，也不再有农民工的身份，而统一于“公民身份”。

2. 两栖性

改革开放的发展历程表明，城市发展市场经济的相当动力曾经来自于大规模的人口流动，其中，民工潮是其一大特色。如今，农民工的人数已经达到了2亿，占到总人口的15%，然而这一流动是以无数外来务工人员“两栖身份”的委曲求全为代价的。

上文已经分析过，农民工身份的形成是市场经济的“身份抹平”效应与计划经济时代制度网络（特别是户籍制度）的“身份维持”功能相互博弈的一个结果。既然是博弈，就必然会存在双方力量的此消彼长，当“身份维持”力量过于强大时，就倾向于将农民工拉回土地，重新成为农民；当“身份抹平”力量过于强大时，就倾向于将农民工留在城镇，成为工人。这就造成农民工在城镇与农村之间不停地漂移，身份也在城镇与农村之间不停转换，所以，有人就把农民工的迁移比喻为候鸟，一会儿栖息于农村的土地上，一会儿又栖息于城镇，从而具有一种“两栖性”的特点。

农民工身份的两栖性不仅体现为地点的迁移，而且体现为权利、地位的差异。建立市场经济体制，市场竞争以人自身的平等和机会的平等为基础，这在客观上要求取消先于那些由于先赋性因素所造成的身份差异，比如容貌、家庭背景、人际关系等，实现人力资源配置的市场化，从而把最优秀的人才配置到最适合的岗位上。而计划经济时代的制度网络，比如户籍制度、教育制度和社会福利

---

① 转引自秦晖．历史与现实中的中国农民问题［J/OL］．http://www.tecn.cn/data/detail.php?id=704.

制度，不仅造成人们地位的后天差异和人们身份的等级制，也造成了人的权利、利益和机会的不均等。进入城市的农民工在城市可以“立业”，但无法“安家”，城市不给他们“户口”，也就享受不到城市居民可以获得的一切福利待遇。

计划经济时代的制度网络对城市户口、农村户口的双重标准，使得农民工只能游离于体制之外。农民工离开农村土地，就意味着放弃了农民的一些公民资格权利，但是在城镇却不能相应获得市民的一些公民资格权利，在得到的同时也失去了许多。农民工的两栖性身份为中国的经济发展作出了很大的贡献。复旦大学社会发展与公共政策学院院长彭希哲教授在《中国农民工调查》中指出：“农民工之所以能够在城市中以比较低廉的价格从事经济活动，正在于他们的这种两栖身份。如果中国没有户籍制度，农民工就会希望拥有与城里人一样的生活方式、一样的收入、一样的劳动条件，但我现在觉得我是农民，我的家在农村，我到你这里来就是为了挣点儿钱而已，只要收入我认为可以，我就干了，这就是中国很低的劳动成本之所以能够存在的一个很重要的前提。”

第二节 2003年以前城市农民工公民资格权利状况

一、农民工的政治权利

从社会身份来说，农民工来自农民。所以，在政治共同体中，农民工依据农民公民资格分配社会资源和权利并依法享有之。也就是说，无论是在改革前还是改革后，只要是农民享有的法定权益农民工都依法享有。但是，农民工相对于农民来说，毕竟生活于一个与乡村生活模式完全不同的城镇中，工作于一个与农业生产完全不同的行业中，其生活交往与劳动交往都呈现出新的特点，这就使其享有权益的种类和具体内容与农民相比会有所差异；同样，也因为生活工作空间的改变和社会交往、劳动联系的改变，依据农民身份所享有的权益对农民工来说没有实际的意义。在这种情况下，农民工往往会放弃凭借农民身份所享有的相关权益。在第二种情况下，在市民权益之光没有普照到农民工身上的时候，那么，农民工就变成了赤裸裸的权益“隐身人”，在公民资格权利的各个方面都存在享有权益不足的问题。

就政治权利中的选举权而言，现有法律并没有否定农民工参与政治的权利。1983年3月，全国人民代表大会常务委员会制定颁布了《关于县级以下人民代表大会代表直接选举的若干规定》，在《规定》中对离开农村外出选民的选举权做了明确规定："选民在选举期间临时在外地劳动、工作或者居住，不能回原选区参加选举的，经原居住地的选举委员会认可，可以书面委托有选举权的亲属或者其他选民在原选区代为投票。"①"选民实际上已经迁居外地但是没有转出户口的，在取得原选区选民资格的证明后，可以在现居住地的选区参加选举"。②

但是事实上，农民工参与政治选举的比例是比较低的。根据徐增阳等人在武汉市对农民工政治参与状况所做的调查结果显示，在被调查的753名农民工中，仅有145人参加过家乡的最近一次村委会选举，仅占调查对象总数的19.3%，而没有参加过选举的则有599人，占79.5%。在参加选举的145人中，占52.4%的人是亲自回村参加选举的；有23人是请别人代投的，占15.9%；通过函投方式的有21人，占14.5%；通过其他方式投票的有17人，占11.7%。③外出农民工这种低政治参与度的原因主要有以下两点：

一是农民工远离家乡而且流动性比较大，家乡选举的消息无法及时准确地传送到农民工那里，这往往使农民工错失选举的机会，也有可能是信息传送到了，但是农民工为了保住在城市很不容易谋到的饭碗，不肯轻易请假回乡参加选举；

二是很多农民工出于选举成本与成效的考虑，对于每一个个体农民工来说，他们在参加选举时也会碰到奥尔森意义上的"无意义感"，觉得自己是否投出那一票对选举结果有没有实质影响，选不选无所谓，但是农民工回家乡参与选举的成本相比较于选举的成效来说就比较大了，这些成本包括交通食宿费用和误工费等等。所以，基于这些原因的考虑，农民工往往会放弃选举或者通过委托投票等方式参与选举。

从以上材料可知，导致农民工政治参与率低的原因不是农民工没有公民资格和政治权利，而是由于农民工生活工作空间的改变，无论是回乡参加选举还是在城镇参加选举，其行使选举权的成本变得高昂起来。在这种情况下，相当多的农民工往往会主动弃权。进一步说，在农民工仍保有法律规定上的政治参与权利时，如果其他相关制度设计没有充分考虑到农民工的实际参与困难，更加会使"纸上的权利流于形式"。

另外，从改革开放后农民人大代表选举数来看，实选人数远远低于应选人数，或多或少与农民工（抑或在政治参与中充满政治无力感的农民）主动放弃其选举权和被选举权相关，详见表4-3。

---

①② 《全国人民代表大会常务委员会关于县级以下人民代表大会代表直接选举的若干规定》，《人民日报》1983年3月8日。

③ 徐勇、徐增阳：《流动中的乡村治理——对农民流动的政治社会学分析》，中国社会科学出版社2003年版，第256～257页。

表4-3　改革开放以来历届全国人大中应选和实选农民代表一览表

	六届	七届	八届	九届	十届
全国人大代表总数	2978	2970	2978	2981	2985
应选农民代表	668	680	708	876	815
实选农民代表	348	321	280	240	251
实选占应选比例%	53.7	50.5	35.9	27.4	30.8

附注：人口数是根据《中国人口统计年鉴》选举年的上一年的人口数。第六、七、八届全国人大代表选举中，规定按照每120万农村人口选举1名全国人大代表；第九、十届则是按照每96万农村人口选举1名全国人大代表。

二、农民工的经济权利

1. 就业机会

从就业机会来说，各级政府为了减轻城市就业压力，为农民工就业设置了许多障碍，使农民工享受不到与城镇居民相同的就业机会。比如，1991年国务院发布《全民所有制企业临时用工管理暂行规定》，其中规定："企业需要临时工，原则上在城镇招用；确需从农村招用的，应报经设区的市或相当于设区的市一级的劳动行政部门批准。"同时，各大城市将工种分为A、B、C三类。A类可根据需要雇用外来劳动力；B类叫做可调剂工种，可适当使用外来劳动力；C类则严格禁止雇用外来劳动力。1997年南京市规定：

（1）可招用外来劳动力的工种：装卸工、搬运工、瓦木工、水手、冶炼工、铸造工、锻工、矿山井下工等。

（2）按比例控制招用外来劳动力的工种：水工、管道工、车工、冲压工、电焊工、清洁工、营销员、厨工等。

（3）禁止招用外来劳动力的工种：商店营业员、宾馆服务员、话务员、护士、门卫、保安、电梯操作工、驾驶员、会计、文秘人员等。①

国内各大城市的规定大同小异，这些规定自然把农民工挡在了一些工作岗位之外，从就业机会来说，农民工与当地市民相比，就业的机会少，可选择性小。

2. 劳动性质与强度

各大城市设置的农民工就业限制在一定程度上使其就业机会少，选择余地

① 转引自朱力：《中国民工潮》，福建人民出版社2002年版，第391页。

小。所以，农民工从事的工作一般都是城市人不愿意做的事，基本上是一些不会与市民产生竞争的行业和工种。这些工种共同的特点是支付性要素较大，多数是工作条件艰苦、环境脏乱、体力劳动强度重、福利待遇差，甚至具有某些风险的艰苦性岗位。据上海市劳动局对40个市属单位及6个县区的调查，单位用工中农民工从事本市招不到工的苦、脏、累、重、险、有毒有害、高温等工种的占64%，从事本地不容易招到工的占20%，从事本市能招到工的一般工种占16%。

此外，农民工在劳动过程中也遭遇不平等待遇。与城镇工人相比，农民工劳动时间长，强度大，保护差。据南京大学社会学系的调查，80%以上的人每天工作时间超过8小时，58.6%的人双休日仍要加班。每周工作40小时的占19.8%，工作60小时的占53.2%，工作80小时的占22.5%，工作100小时的占4.5%。[①]

3. 劳动报酬与休息休假权利

农民工的工作时间一般大于城镇职工的法定工作时间，那么报酬又如何呢？据南京大学社会学系的调查，农民工的时平均收入大致如下：每周工作时间不超过40个小时的进城农民工，时平均收入为3.94元；每周工作时间大于40小时但不超过60小时的，时平均收入为3.03元；每周工作时间大于60小时但小于80小时的，时平均收入为2.47元；每周工作时间大于80小时的，时平均收入为2.07元。[②] 由此可见，随着工作时间的延长，进城农民工的月平均收入在上升，时平均收入却在下降，不仅说明农民工的劳动报酬低，不能和城镇职工一样同工同酬，而且从另一个方面说明农民工的劳动强度比较大。

另据对四川、安徽两地农民工在上海工作时间与报酬的调查，月工作时间为26天，时工资约在2元；而城镇普通职工月平均工作时间为26天，时工资多在2.70元以上。[③] 农民工的时平均收入只有城市职工的74%。这样的计算还不包括职工工资以外的收入，比如补贴、奖金、过节费等以货币形式发放的额外收入，另外还有实物支付的福利、劳保用品、住房等，再加上带薪休假、集体旅行等“无形收入”，农民工的实际劳动报酬大概只相当于城镇职工的1/4。[④]

除了在工作时间和收入上农民工与城镇职工存在差距以外，在休息休假上，也存在差距。一般来说，城镇职工基本都享有正常的双休日或者调休，而且，在春节等重大节日的时候，还享有一定的国家法定节假日。但是对于农民工来说，由于采用计时工资或计件工资的方式，这些节假日由于主观和客观的原因事实上

---

① 转引自朱力：《中国民工潮》，福建人民出版社2002年版，第170页。
② 同上书，第172页。
③ 侯风云. 农村劳动力流动的人力效应分析 [N]. 光明日报，2000-2-25.
④ 朱力：《中国民工潮》，福建人民出版社2002年版，第173页。

是不能享受到或不能完全享受到。

此外，农民工的劳动报酬权还受到侵害。尽管自2003年12月温家宝总理在三峡库区为农民熊德明夫妇追讨工钱后，全国各地掀起了清欠农民工工资的热潮，但欠薪现象依然严重。据全国总工会的不完全统计，至2004年初，全国进城务工的农民工被拖欠的工资总额高达千亿元，许多农民工工作数月，甚至一年、数年，却拿不到工资，雇主克扣农民工工资的现象也普遍存在。[①]

三、农民工的社会权利

1. 失业与养老保险

对于城镇职工的养老保险问题，从20世纪80年代开始，在近30年的时间中，中央政府出台了一系列文件、进行了一系列的制度创新来加以解决与保障。不管这些文件和制度创新的实际效果如何，但都表达了政府对城镇职工生活的关心和对其未来生活的一个美好规划。

相比较而言，在农村，对于农民和农民工来说，养老保险的阳光并没有普照到他们身上。在人民公社制度解体以后，依托集体经济组织的社会养老保险也随之消失。其实，无论人民公社解体与否，在农村基本都是沿袭传统的家庭养老模式，农村集体经济组织也只负责对无后老人的赡养。

到了1991年，国务院决定由民政部负责农村社会养老保险。在深入调查研究和总结经验的基础上，制订了《农村社会养老保险基本方案》，并在山东等地组织了较大规模的试点，有条件的地区在试点的基础上逐步推开。截至1995年，已有30个省、自治区、直辖市的1400多个县（市、区、旗）开展了这项工作，其中山东省有1600多万农村人口参加社会养老保险，积累保险基金13亿元；上海市有85万农村人口参加社会养老保险，占应参加保险对象的65%，积累基金2.3亿元。[②] 在这之后，关于农民的社会养老，其实都还停留在文件的原则规定水平上，具体实施从来都没有推广开来。

如果说，农民自新中国成立以来都是以土地养老作为资金来源、家庭养老作为主要模式的话，那么，对于事实上已经离开土地的农民工来说，其养老保险基金该从何而来呢？其流动性又该如何实现缴存账户的地区间转移呢？据一项调查显示，全国农民工在养老、失业、医疗、工伤、生育五方面的参保率分别只有33.7%、10.3%、21.6%、31.8%、5.5%，企业补充保险、职工互助合作保险、

---

① 徐增阳，王洪江．弱者的权利：农民工的权益保护问题［J］．调研世界，2003（2）．

② 民政部．关于进一步做好农村社会养老保险工作意见［Z］．国务院1995年10月19日转发．

商业保险的参保率分别只有2.9%、3.1%和5.6%。①

而对于城镇下岗职工来说，2000年2月，国务院办公厅发出《关于继续做好确保国有企业下岗职工基本生活和企业离退休人员养老金发放工作的通知》和《关于进一步做好国有企业下岗职工基本生活保障和企业离退休人员养老金发放工作有关问题的通知》，提出做好下岗职工基本生活保障、失业保险和城镇居民最低生活保障三条社会保障线的衔接工作，确保下岗职工基本生活费和城镇居民最低生活保障金按时足额发放；下岗职工通过企业再就业服务中心保障其基本生活，最长时间为3年；期满后仍未就业的，按规定领取失业保险金，最长时间为2年；享受失业保险2年后仍未就业的，按规定享受城市居民最低生活保障。

2. 工伤与医疗保险

对于城镇职工，国家在改革开放以后出台了一系列政策措施保障其工伤和医疗保险权益的实现。1996年，劳动部颁布了《企业职工工伤保险试行办法》，要求把城镇职工的工伤保险全部纳入社会保障范畴。为此，朱镕基总理专门做出了“下半年出台一个全国医疗制度改革方案，来保证人民群众的基本福利”的指示，医疗保险改革将在全国范围内全面推进。但是2000年前，各地从事工伤保险工作的人员太少，与工伤保险改革的需求不相适应，这在大城市更为突出。在医疗保险方面，国家也是出台了一系列政策法规给予保障。② 城镇职工在工伤和医疗保险方面的改革在2000年前还仅仅处在改革的启动阶段，对于在城镇工作的农民工，以上这些文件根本无力涉及。

笔者在学术期刊网上以“农民工、医疗、工伤”为关键词进行搜索，没有搜到一篇相关文章，这就说明，2000年前，农民工的工伤医疗保险无论在理论上还是在实践中都没有进入启动阶段。直到2003年《工伤保险条例》扩大工伤保险的适用范围，才把农民工包括在内。

在城市进行一系列改革的同时，在农村，国家也推行了合作医疗和社会养老制度的改革。1979年12月，卫生部发出了《农村合作医疗章程（试行草案）》，提出农村合作医疗是人民公社社员依靠集体力量，在自愿互助的基础上建立起来的医疗制度，是社员群众的集体福利事业。合作医疗基金由参加合作医疗的个人和集体筹集，各筹多少应根据需要和可能，经社员群众讨论决定，筹集的合作医疗基金，主要用于社员的医疗费。人民公社解体之后，这项规定当然随之消失。

改革开放之后的1997年1月，中共中央、国务院发布《关于卫生改革与发

① 邓宗鹏，王涛生．中国民工短缺的制度分析［J］．经济学动态，2005（5）．

② 这些文件以1984年国务院有关部门联合发出的《关于进一步加强公费医疗管理的通知》和1993年10月劳动部发出的《关于职工医疗保险制度改革试点意见的通知》为代表。

展的决定》，指出积极稳妥地发展和完善农村合作医疗制度，力争到2000年在农村多数地区建立起各种形式的合作医疗制度，并逐步提高社会化程度。同年5月，国务院批准卫生部等部门在《关于发展和完善农村合作医疗若干意见的通知》中指出：农村合作医疗制度是适合我国国情的农民医疗保障制度；我国农村人口多，经济还不发达，解决农民的基本医疗保障问题，不可能由国家和集体包下来，也不能完全靠农村个人自费医疗，只能走互助共济的合作医疗道路；举办农村合作医疗，要坚持民办公助、自愿量力、因地制宜的原则；筹资实行以个人为主、集体扶持、政府适当支持的方式，农民个人缴纳的费用是农村合作医疗资金的主要来源。农村合作医疗资金，要专户储存，专款专用，取之于民，用之于民，使农民真正受益。

可以说，对后人民公社时期农村的合作医疗，在2000年之前也只停留在文件宣传上，国家并没有强大的资金支持，地方政府在分税制体制下也难以拿出相应的配套资金。而且，农民工在事实上已经大部分时间不住在农村，在城镇发生工伤事故或者生病，几乎不会回农村看病，享受农村的“纸上合作医疗”。而且，在2000年之前，农村的合作医疗也不可能转移到城镇医疗机构。所以，对于农民工来说，城镇的工伤、医疗保险只覆盖大部分城镇职工，而农村的合作医疗由于其已经离开农村，事实上不可能享受到，那么，农民工其实是没有得到城乡任何一方的保障。

3．培训与教育

虽然在1997年6月，劳动部就下发了《关于贯彻〈关于实施社区“千校百万”外来务工青年培训计划的意见〉的通知》，但是，笔者以“农民工培训”为关键词在1990—2000年时间跨度内进行学术期刊文章搜索，没有搜到一篇相关文章。可以据此推测，在20世纪末期，对于农民工的培训已经进入国家政策思考的范围，但是仅仅是有一个想法，各地还没有付诸实施。而整个90年代是中国城镇劳动力失业的一个高峰期，各级政府和社会都在密切关注城镇下岗工人的生活、就业、培训以及再就业问题，对于农民工培训，还无暇顾及。

就农民工子女接受教育问题而言，据北京市流动人口调查表明，在流动人口当中，有大概9.9%是14岁以下的儿童，其中有10%以上是农民工带出来的未成年子女，其失学率高于1/3。[①] 据另一项关于城市流动人口抽样调查显示，按2%～3%推算，在20世纪90年代中期，全国流动人口中有200万人左右是适龄少年儿童。[②] 进城农民工子女只有通过两种途径才能上学，一种是借读，但一般

---

① 商俊峰．加强流动人口的宏观调控，充分发挥流动人口在城市化中的作用［N］．经济研究参考，1996-1-2.

② 转引自朱力：《中国民工潮》，福建人民出版社2002年版，第244页。

要缴纳昂贵的借读费，对于努力谋生赚钱的农民工来说无法承受；另一种是自办农民工子弟学校。但是，自办学校不仅资金不足、软硬件条件差，而且，城市教育部门还认定为非法教学点要予以取缔。《南方周末》曾就一所叫“兴乐”的农民工子弟小学被取缔的事件刊发了长篇报道，并且对城镇排斥农民工子弟接受教育进行了辛辣的评论：“……在由计划经济向市场经济转轨的社会转型时期，一些人在流动，在冒市场经济的风险，而一部分人却在固守，在吮吸计划经济即将抽走的奶头——福利体系（就业、教育、医疗等），并对外来工说‘不’。……但显然，在解决流动人口子女受教育的问题上，广州还有一段艰难的路要走。”①

从义务教育的属性上来说，它是一种典型的公共产品，社会从个体受教育中获得的收益，远远超过了个体和家庭的收益，这是典型的成本内部化，而收益外部化。因此，出资义务教育是对一种特殊耐用消费品的投资。不仅如此，义务教育具有培育公民资格的基础性功能，即培育民主社会需要的基本文化素质和共同的价值观念；而基本的文化知识和共同的价值观念是社会合作体系得以维系的基本条件。公民接受义务教育化解了潜在的社会风险和社会冲突，使社会基本的道德和价值观念不至于发生根本性的冲突。因此，政府没有理由排斥其治下的任何一个公民接受义务教育的权利。②

那么，由政府提供的义务教育就具有了非竞争性和供给连带性的特征。一个适龄孩子接受义务教育并不排斥其他孩子接受义务教育的机会。因此，政府应该为她的全体国民承担义务教育的费用，所有这个国家治理下的公民都具有接受由政府出资的义务教育的权利，任何以支付能力、户籍身份、阶层、民族和种族等作为理由拒绝供给义务教育的做法都不具有公正性。在王春光的调查中我们发现，法国政府不仅仅将基本的教育权利给予了本国公民，而且也给予了非本国公民的外国移民孩子，不论是否获得法国的合法居留权，未满 16 岁的孩子都能在法国享受到基本的义务教育，这样做的理由是这些孩子是无辜的，他们不能因为父母的身份不合法而失去受教育这一最基本的人权。③ 而对于中国农民工子女接受教育这个问题，中国还有一段更长的路要走。

4. 住房

改革开放之后，国家就开始酝酿城镇住房分配制度改革。从允许城镇职工自建、出售公房、提高租金等改革措施到最后实施住房公积金制度、进行住房商品化改革，城市住宅市场依然存在着多重分割，政府和单位在城市住宅分配中有很

---

① 转引自朱力：《中国民工潮》，福建人民出版社 2002 年版，第 246～247 页。

② ［美］弗里德曼：《资本主义与自由》，商务印书馆 2004 年版，第 93 页。

③ 王春光. 农民工的国民待遇与社会公正问题［J］. 郑州大学学报（哲学社会科学版），2004（1）.

重要的作用，城市居民依然享受着诸多住房福利。[①] 一是以低价购买到原有租住公房的产权；二是可以享受住房公积金福利，特别是国有单位普遍建立了住房公积金制度，在购买住房时可以获得公积金补贴和贷款；三是城市中低收入家庭可以低于市场价格购买经济适用房；四是城市中低收入家庭可以享受廉租房福利，以低于市场租金得到由政府财政补贴的廉租房；五是通过单位购买商品房，并获得单位的补贴。[②]

而农民工在购买住房时，一是没有公积金的补贴，二是由于工作流动性比较大，即使是商业性的贷款也比较难办。买房大部分靠自己多年的积蓄和亲朋好友的帮助，而住房条件就更差了。2000 年北京市居住半年以上的外来人口家庭户有 49.5 万户，其中 68.5% 居住的是平房，平均每户间数为 1.4 间，仅及全市平均水平的一半；人均住房面积 10.7 平方米，比全市平均水平少 10.3 平方米。农民工家庭户中 59.4% 住房内无厨房，82.3% 无洗澡设备，66.8% 无厕所。[③]

从以上对农民工和城镇职工在公民资格权利各方面的比较来看，改革开放以来，相对于传统二元社会结构条件下，城镇职工的各项权益虽然有所减少。但是，农民工与城镇职工相比，其所能享受到的各项权益仍然太少。这在二元社会结构松动的情况下又在城市当中制造了新的二元社会结构，一边是改革开放后的城镇职工，另一边是农民工。“政治上，农民工干了工人的活，但没有得到工人的身份”，“经济上，农民工和正式工人同工不能同酬，同工不能同时，同工不能同权”，更不合理的是“农村把青壮年劳力输送到城市，而城市却把劳动后伤残病弱者退到农村，把抚育子女、赡养老人等社会负担都抛给农村，这是一种城乡不等价、不合理的交换形式，是城乡差距日益扩大的重要原因之一”。[④]

---

① 1988 年 2 月，国务院住房制度改革领导小组发出了《关于在全国城镇分期分批推行住房制度改革的实施方案》，提出从改革公房低租金制度着手，将现在的住房实物分配逐步改变为货币分配。具体办法是改变资金分配体制，将住房消费基金逐步纳入正常渠道，使目前实际用于职工建房、修房的资金大量由暗补转化为明补，并逐步纳入职工工资。

② 苏志霞. 中国户籍制度城乡福利分配职能辨析 [J]. 经济问题探索，2006 (3).

③ 转引自张子珩. 中国流动人口居住问题研究 [J]. 人口学刊，2005 (2).

④ 陆学艺. 农民工问题要从根本上治理 [J]. 特区理论与实践，2003 (7).

第三节 二元公民资格的复制

一、双二元社会结构

英国学者艾力·曼德尼波（AliMadanipour）等人认为："结构过程通过一些方式制造障碍来影响整个社会，这种障碍阻止了特定的社会群体与其他社会群体形成对于全面实现其个人潜能所必需的各种各样的社会关系。这并不是一些社会群体对其他社会群体的排斥，但是，影响整个社会的这种过程意味着在某些群体中存在一些界线，这些界线构成了阻止这些群体全面参与他们所生存社会的经济、政治和文化生活的障碍。"① 不同类型国家的社会结构可能存在不同的形态，在第三章当中我们分析过的城乡二元社会结构就是其中之一。在二元社会结构中，利用身份在国民群体中间划出了一条界线，界线两边的农民和市民同为国民，却不具有相同的公民资格，由此带来了很多严重的社会问题。不仅仅造成了城市对农村的剥夺，并使农民的公民资格权利无法得到平等保障，造成了不同人群发展机遇的不平等，甚至可以说在改革开放过程中相当大程度上延缓了中国的城市化进程。

改革开放以来，随着经济体制改革的推进，中国重新启动了城市化进程，我国二元化的经济社会结构也开始发生变化。那么，在新的时期，出现了什么样的新特点呢？那就是在新的社会资源配置格局下形成了双重二元经济社会结构。对双重二元结构的划分，说法不一。陈婴婴从社会发展与社会分化角度，以工业化为技术变量，以市场化为制度变量将整个社会经济结构区分为四种类型：Ⅰ高工业化水平和低市场化水平的现代计划经济部门；Ⅱ低工业化水平和低市场化水平的传统自然经济部门；Ⅲ低工业化水平和高市场化水平的高度成熟的前现代经济；Ⅳ高工业化水平和高市场化水平的现代市场经济部门，见图4－1。

改革开放前我国的二元结构是由部门Ⅰ和部门Ⅱ构成的。部门Ⅰ是被纳入严格国家计划体系的城市国营部门；部门Ⅱ以自给自足的农村自然经济为主体。而在向市场经济转轨过程中，部门Ⅲ和部门Ⅳ形成，其突出特点是生产以市场为导向。部门Ⅲ虽也属传统部门，但其生产目的是市场交换，主要指手工业生产的城

---

① AliMadanipour. SocialExclusion in European Cities: Processes, Experiences andResponses [M]. London: JessicaKingsley, 1999, p. 17.

乡民营工商业；部门Ⅳ以现代民营产业为主体。[1] 这样，如图 4－1 所示，在我国当前社会经济结构中，就形成了部门Ⅰ—部门Ⅱ与部门Ⅲ—部门Ⅳ并存的双二元结构。

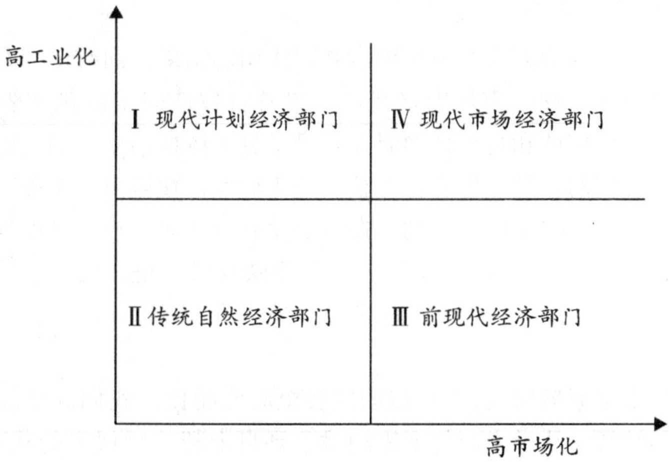

图 4－1

在新时期“双二元”社会结构条件下，从劳动力资源流动的角度来说，大量农民工在没有转变农民身份的前提下转换了职业，到城市谋生存、求发展。其生存状态、生活方式、各项权益以及发展前景呈现出与农民并不完全相同的特点，具有不完全相同的内容。从第一、二节关于城市农民工公民资格权益状况描述中，我们已经发现了这些不同的内容和特点。与农民公民资格具有不同的内容与特点并不意味着与市民就相同，这不是非此即彼的归类。恰恰相反，农民工与市民的公民资格同样存在着差异与差距。

可以说，在双二元社会结构的背景下，数量庞大的农民工进入城市工作、生活和发展，在城乡旧二元社会结构的基础上形成了城市新二元社会结构，城市农民工与市民在农民—市民二元公民资格的基础上非自觉构建了农民工—市民二元公民资格，从而形成了转型期中国特有的双二元公民资格结构。这是传统农民—市民二元公民资格“功能”在新时期的延伸。“传统从来都是一种现实的力量，它既纪录在历代典籍之中，也活在人们的观念、习俗与行为方式之中，并直接影响着各项制度的实际运作过程，不管这些制度是用什么样的现代名称”。[2]

① 参见陈婴婴：《职业结构与流动》，东方出版社 1995 年版。

② 钟真真：《中国农民问题的实质及其法律对策》，载中国（海南）改革发展研究院编：《中国农民权益保护》，中国经济出版社 2004 年版，第 438～439 页。

二、农民工—市民二元公民资格

1. 农民工—市民二元身份

农民工身份是政治因素和市场因素共同作用的结果。而政治因素往往代表着先赋性因素的现实表现，市场因素往往代表着自致性因素的现实表现。这就是说，身份形成的先赋性和自致性同时在农民工身上体现出来。当我们谈到农民工的时候，我们想到的就是一群衣衫不整、蓬头垢面，在城市从事脏、重、险、差的工作，没有国家负担任何保障的，在城市没有合法居留权、试图挣脱户籍制度束缚而四处流动的农民。“农民工”不仅仅反映在脏、重、险、差的职业上，而且更是特指一种身份，一种社会等级，一种生存状态，甚至是一种社会组织方式。

英国法律史学家梅恩说：“同以前的各个时代相比，我们的全部进步在于从身份到契约的转变，从过去流传下来的状态到自由契约所规定的状态。”其核心思想是：“迄今为止，一切进步性的社会运动，都是一场‘从身份到契约的’运动”。[①]“在运动发展的过程中，其特点是家族依附的逐步消灭以及代之而起的个人义务的增长，‘个人’不断的代替了‘家族’，成为民事法律所考虑的单位，前进是以不同的速度完成的，有些社会在表面上是停滞不前，只有经过缜密研究这些社会所提供的各种现象，就可以看到其中的古代组织是在崩溃。……我们也不难看到：用以逐步代替源自‘家族’各种权利义务上那种相互关系形式的……关系就是‘契约’。在以前，‘人’的一切关系都是被概括在‘家族’关系中的，把这种社会状态作为历史上的一个起点。从这个起点开始，我们似乎是在不断地向着这种新的社会秩序状态转移，在这种新的社会秩序中，所有这些关系都是因‘个人’的自由合意而产生的”。[②]“旧的法律是在人出生时就不可改变地确定了一个人的社会地位，现代法律则允许他用协议的方法来为其自己创设社会地位”。[③]

在梅因看来，在“身份社会”里，人们的权利、义务和社会地位是预先给定的；在“契约社会”里，个人则可以通过签约为自己创设权利、义务和社会地位。在契约社会里，传统社会中靠身份获得的权力与利益完全由契约来赋予，身份的不可选择被集体理性所约定的自由选择所代替，人们摆脱了血缘的依附，进入个体自觉的理性时代，身份的家族色彩日益消失，个人的自由和权利日益增

---

① ［英］梅恩：《古代法》，商务印书馆1996年版，第97页。
② 同上书，第96页。
③ 同上书，第171页。

加。“身份是指生而有之的东西，可以成为获得财富和地位的依据而契约是指依据利益关系和理性原则所订立的必须遵守的协议。用契约取代身份的实质是人的解放，是用法治取代人治，用自由流动取代身份约束，用后天的奋斗取代对先赋资格的崇拜”。[①]“从身份到契约”是从“身份治理”到“契约治理”过渡的过程，对于个人来说，则意味着摆脱身份的束缚，进入契约的整合与约束之中。[②]

更确切地说，“从身份到契约”的理念使人们不再受制于先天的血缘身份或者后天的某种带有歧视性的“身份标签”，而是由主体通过自身的理性的法律行为，自由地选择职业，自由地设定某种契约法律关系，主体在这种契约法律关系中获得平等的法律地位，从而得以平等的参与市场竞争。

与原初意义上的那种先在的、不可改变的对家庭、宗族、国家的依附不同，此处的身份首先就是一种自由选择的结果，是个人为了一种更大的自由而自愿地让渡自己的一部分自由给该群体。这是一种更类似于建立在一个“社会契约”意义上的人身依赖。[③] 可以说，这里的身份是契约关系中的身份，是一种自由选择的平等身份，即契约身份。契约身份建立在个人意志自由的契约基础上，与古代法上的身份存在本质的区别。“这种地位和利益必须处于某种法律关系之中，离开这种法律关系，不存在身份”。[④] 即契约身份排斥了原本的特权因素，注入自由、平等的概念，变狭义的特权为普遍的权利，是“从身份到契约”过程的必然结果，是一种进步的身份利益。

可见，身份社会存在身份，但这种身份是建立在血缘或等级基础之上的；进入契约社会以后，身份并不因国家的契约性质而由此消除，国家通过契约确定人的身份，这种身份建立在个人意志自由的契约基础上，通过契约形式完成，形成了契约身份时代。因此可以说，身份社会的身份是等级的，而契约社会的身份是通过契约表现出来的，所以我们说契约社会的身份是“契约”的。

农民工从农民阶层中分化出来，成为一个独立的社会阶层，获得了“农民工的身份”。“农民工身份”是“先赋性身份”和“自致性身份”的结合，反映了中国农民不屈服于命运安排在转型社会的艰难追求。刘怀廉认为，“农民工”是一个“身份+契约”的称谓，是农民在现代化过程中经历的独特的“身份+契约”阶段。在这样一个阶段，由于户籍制度的隔离效应，“农民工”旧的农民身份挥之不去，新的工人身份不易获得。[⑤]

---

① 朱光磊：《当代中国社会各阶层分析》，天津人民出版社1998年版，第40页。

② 刘颖．从身份到契约与从契约到身份——中国社会进步的一种模式探讨［J］．天津社会科学，2005（4）．

③ 刘军宁：《自由与社群》，知识·读书·认知三联书店1998年版，第48页。

④ 柳经纬、邓小荣：《从契约到身份——现代民法之重要课题》，载《民商法纵论》，中国法制出版社2002年版，第23页。

⑤ 刘怀廉：《中国农民工问题》，人民出版社2005年版，第126页。

一种身份的获得意味着获得了分配社会资源的资格。“农民工身份”的获得意味着一方面可以依据农民的身份渊源，在农村分到一部分社会资源，主要是承包的土地；另一方面又根据其在城市从事的具体非农工作获得工资收入。这样看来，农民工在社会资源的分配中自有优势。但是实际情况却是，农民工基本上脱离了农业生产，土地除了在法律上是农民分到的社会资源以外，现实中并不能为农民工带来收入。即使候鸟式农民工在农忙时节也会返乡耕作，但农业的实际收益相当低，农民工并不能从土地资源中获得收益。在城市，农民工因其身份限制或由其身份带来的弱势竞争地位，并不能获得与市民相同的资源分配。所以，改革开放以后的城市，抛开既已存在的所有制身份差别、人事编制身份差别，由于农民工的出现，又产生了一类新的身份差别，即农民工—市民身份差别，形成了农民工—市民二元身份系列。

2. 农民工—市民二元公民资格

美国社会学家帕金认为，任何社会都会建立一套程序或规范体系，使得资源和机会为社会上某些人享有而排斥其他人。这种排斥主要有两种方式：一种是“集体排他”的方式，例如以种族、民族、宗教为区分标准，而将某些社会群体排斥在资源享有之外；另一种是“个体排他”的方式，例如通过考试来选取人才，这样被选取者或被淘汰者都是以个体形式出现的，并没有一个身份群体被整体排斥，现代社会的基本趋势是从集体排他向个体排他转变。①

据此分析，我国目前对于农民工采取的是集体排他策略。这意味着农民工因其身份差异，在城市工作和生活中，并不能像市民一样享受同等的政治、经济、社会权利，以至于沦为城市的“二等公民”。在农民工—市民二元身份的基础上，形成了农民工—市民二元公民资格。

（1）从政治权利上说，由于农民工大部分时间已经离开了农村，作为一个农民所享有的各种政治参与的权利不得不放弃；进入城市以后，由于工作的流动性使农民工往往居无定所，也无法参与到城市公共事务的管理中，即使是起码的参政权和社区管理也无法实现。主观和客观的因素，使农民工在事实上不享有无论是农民还是市民的政治权利。

（2）从经济权利上说，农民工因其身份限制，在经济权利享有上也处于弱势。下面主要通过农民工的就业资本作重点分析。

就业资本，指的是农民工在进入城市劳动力市场时可以用来获取工作，可以用来交换货币的各种条件与资源。② 从获取方式可以把就业资本划分为个人资本和社会资本。“社会资本，是既定社会的成员在建立新群体、社团时有助于相互

---

① 转引自刘怀廉：《中国农民工问题》，人民出版社2005年版，第129页。

② 朱力：《中国民工潮》，福建人民出版社2002年版，第395页。

信任、相互合作的人文资本的组成部分”。[①] 布尔迪厄认为，社会资本是以某一团体的成员资格为基础，它将参与其中的个人结成网络，这种网络会给其成员带来保障或好处。[②] 个人资本，是个人拥有的先赋或自致的内在因素，如身份、家庭背景、文化程度、技能、经验、资金等。[③]

无论是社会资本还是个人资本，如果过多地运用其中某些资本，对个人职业生涯的连续性、劳动力市场的发育成熟会起到阻碍的作用，那么这类资本就是非竞争性资本。与此相对的就是竞争性资本。最典型的非竞争性资本是社会关系和身份。竞争性资本则包括文化程度、技能、特殊才能、资金、培训经历、经验等。

对于进城的农民工来说，无论是社会资本还是个人资本，在其职业甚至生活中都会发挥作用。但是与市民相比，农民工的社会资本和个人资本都相对较少。造成农民工就业资本比较少的原因有很多，但其中一个重要的原因在于其脱胎于农民的农民工特殊身份。身份作为一种非竞争性资本可以直接造成农民工在劳动力市场中的弱竞争性；而且，就业资本中的其他各种资本也或多或少与农民工、市民的身份特殊性联系在一起，也就是说，身份的不同也可以造成其他资本质与量的差异从而间接造成农民工的弱竞争性。身份差异造成农民工与市民在劳动力市场中的竞争性差异。

农民工由于身份的限制，在进入城市劳动力市场的时候，往往最先也只能进入次要劳动力市场。“次要劳动力市场的工作，往往工资福利低，工作条件差，劳动力流动性大，晋升机会少，往往受到专横任性的监督，在职训练的机会少或没有，受供给与需求的力量支配，工资倾向于均衡水平。次要劳动力市场是一般的竞争市场”。[④] 相对而言，市民由于其先天身份优势，以及身份优势带来的其他种类就业资本的优势，往往占据主要劳动力市场的良好工种和工作岗位。

身份差异使农民工和市民进入不同等级的劳动力市场，两者的工资收入、职务升迁乃至奖惩标准不是完全依据各自的劳动贡献或个人素质，而是更多地依赖于身份等先赋条件，这使得农民工的被剥夺感和城镇职工的优越感在同步增长，差距也越来越大。企业中的农民工已经成为事实上的工人阶级，而城市政府和市民却并没有用“市民身份”去对待他们，使这一支新生的工人阶级难以融入市民生活。在农民工—市民新的二元社会结构中，农民工又沦落为新的弱势群体。

在身份差异造成上述两点差异以外，我们还应该看到同时存在的另一种奇怪的现象。那就是对于农民工来说，身份既是弱竞争性和不完全经济权益的始作俑

---

① 转引自李路路．私营企业主的个人背景与企业成功［J］．中国社会科学，1997（2）．

② 转引自福山．社会资本与全球经济［J］．现代外国哲学社会科学文摘，1996（5）．

③ 朱力：《中国民工潮》，福建人民出版社2002年版，第397页。

④ ［美］萨尔．D. 霍夫曼：《劳动力市场经济学》，上海三联书店1989年版，第216页。

者，也是农民工的竞争优势所在。只要是农民工能够胜任的工作，在国家没有强制规定不准雇用农民工的前提下，企业从节省成本出发，都倾向于雇用农民工。从而在某种程度上造成了农民工对市民的竞争替代。农民工的就业优势与就业歧视奇妙地在身份上“合而为一”。[①] 进一步来说，农民工基于身份的就业优势，其实是以基于身份的低待遇和不完全的经济权益为代价的，不值得欣喜。恰从另一方面“戏剧般地勾画出农民工的二等公民身份”。

（3）从社会权利上说，在农村集体社会保障已经解体的情况下，农民工也不可能享有人民公社时期的农村社会保障，改革开放后在农村实行的一些保障措施由于农民工离开农村，实际上也享受不到。同时，进入城市以后，在城镇居民的社会保障目前尚不能完全保障的情况下，对于外来者的农民工要想获得保障是何等艰难!

综上所述，农民工与市民在政治、经济和社会权益等方面存在着程度不同的不平等，各个方面的不平等之间也会相互影响和促进，恰如一学者所言：经济不平等和社会不平等“这两种不平等变得非常严重的时候，它们就会倾向于支持政治的不平等。……这种权力容许一小部分人依靠他们对国家机器的控制，来制定使他们在经济中占有统治地位的法律制度和财产制度。就这种统治在人们的生活经历中是一件坏事而言，比如使许多人的生活变得更不好，而在另外的情况下他们也许会过得很好”。[②]

所以，城市中的二元公民资格事实上造成了对农民工的社会剥夺，社会管理者没有对剥夺提出疑问，还可以理解，为什么作为被剥夺者的农民工，也要漠视自己被剥夺的事实呢？管理者和被管理者都接受了这种违法的剥夺现象，李强认为，深层原因是中国人的身份不平等观念。[③] “严重的经济不平等和社会不平等通常与社会地位的不平等是连结在一起的，而这种社会地位的不平等鼓励地位更低的人们将自己看做是下等人，也鼓励别人将他们看作是下等人”。[④] 身份平等是一件大事情，正如托克维尔所说：身份平等是一件根本大事，“它赋予舆论以一定的方向，法律以一定的方针，执政者以新的箴言，被统治者以特有的习惯”。[⑤]

改变农民工被剥夺的地位，消解城市二元公民资格，关键是转变农民工身份；而转变农民工身份，关键在于制度建设，学者们从不同的角度提出了自己的

---

① 朱力：《中国民工潮》，福建人民出版社 2002 年版，第 400 页。

② 转引自吴忠民. 形成社会阶层之间的良性互动 J/OL]. http://theory. people. com. cn/GB/41038/4162551. html.

③ 李强. 社会学的“剥夺”理论与我国农民工问题［J］. 学术界，2004（4）.

④ 转引自吴忠民. 形成社会阶层之间的良性互动［J/OL］. http://theory. people. com. cn/GB/41038/4162551. html.

⑤ ［法］托克维尔：《论美国的民主》，商务印书馆 1997 年版，第 4 页。

看法，比较有代表性的观点有：“将户口审批制度改为迁徙登记制度，实现迁徙自由、居住自由，这样才能够使农民工获得一定身份，享受一定待遇，解决一些问题。”[①] 还有学者认为：“实现农民工的身份转变需要一个过程，为此为农民工的国民待遇制定了一个‘路线图’，强调从教育、农民工权益保护、社会保障等几个方面逐渐转变农民工的身份。”[②] 这个问题留待后文详细分析。

① 转引自王新勇. 以准入制度代替户籍制度——农民工身份转变的新探索［J］. 甘肃农业，2006(11).

② 谢建社：《新产业工人阶层——社会转型中的农民工》，社会科学文献出版社 2005 年版，第 189 页。

第五章

松动：诉求与认同（上）

第一节　身份政治视角下的农民工诉求

一、身份政治

（一）西方社会运动简介

本书从身份政治角度研究农民工公民资格及其发展问题，受到了西方“身份政治”的启发。所以，有必要先介绍自从20世纪60年代以来席卷西方各主要国家的女性主义、男女同性恋、宗教复兴、少数族裔等少数群体争取权利的运动。“这场运动不同于以往的在民族国家框架内的以阶级利益和公民资格为核心的政治斗争，而是围绕着特殊的群体和个人展开的，所以，不少学者认为当代西方世界的政治图景的主要特点是各种文化群体要求政治承认和对他们各自身份的认可”。①

西方学者对这场政治运动有诸种定义：

第一，查尔斯·泰勒和福山将这场运动视为个人或者群体以自身的特殊身份和文化来争取平等认可的运动；

第二，布朗特认为认同政治（Identity Politics）是一场围绕着性、性别和种族等组织起来的运动，其目的是将“个人的就是政治的（Personal is Political）”付诸政治实践；

---

① 转引自潘建雷：《“身份认同政治”：研究回顾与思考》，载张静：《身份认同研究——观念、态度、理据》，上海人民出版社2006年版。

第三，贝斯特和凯尔纳视之为后现代政治运动，它聚集在认同政治和差异政治两面旗帜之下：认同政治是试图通过政治斗争和政治信仰来建立新的政治与文化认同，以此作为政治动员的基础的政治运动，差异政治通过被现代政治所忽略的范畴（如种族、性别和性偏好等）来建立新的政治团体；

第四，邦迪将“认同政治”定义为对已经存在的身份的发现或再发现，是对多重身份的解构与建构，以此抵抗和削弱旨在维护特定权力关系的意识神话；

第五，吉登斯认为这场运动是一场“生活政治”，是在后传统秩序中追问“我们应该怎样生活”；

第六，泽睿特斯凯侧重于从特征层面来定义认同政治：认同政治强调差异而不是共性，强调地方性或者特殊的身份共同体而不是共性。①

西方这场运动在后现代的理论背景中出现，要求剥离社会科学研究中“价值中立”的伪装，使特殊群体的独特性被“政治地承认”。所以，这场运动所体现的价值追求是“同一与差异”并存。在运动的第一个时期，强调的是“同一”这个特征。这个时期的运动是个人力求在政治国家的领域中去实现自我作为一个公民、同时也作为一个私人的规定性。参与运动的特殊群体本身是接受西方民主政治的信条的，并且谋求成为民主政治的内在成员。从这个角度来看，以集体斗争的方式试图取得国家公民资格和权利的黑人民权、妇女解放和其他少数族裔的争权运动都可以在这个框架中得到解释。

第二个阶段强调“差异”。泰勒和福山等人认为，这场运动依然在启蒙确立的基本框架内进行，它与之前政治运动的目的都是人追求平等的承认。不过之前的政治运动以一种普遍的标准框定每个人，推行一种无差异的普遍主义政治；而现在这场运动则是一种差异政治，它否认普遍政治，批评民主政治整齐划一的模式是一种带有霸权性质的政治。②

西方这场政治运动的显著特色是“同一与差异并存”，前期强调“政治同一性”，后期在“政治同一性”的基础上强调“政治差异性”，这是身份政治的核心所在。西方各种少数群体争取公民资格权利是以争取国家承认自己身份为前提，即自己的身份“被政治地承认”。特别是美国历史上黑人为争取公民资格和权利的运动，给我们诸多启示：黑人的身份决定了他们能享有的权利范围，争取公民资格和权利就要争取身份被国家正式承认，要求国家的正式制度中不能出现对黑人的非公正对待条款。

从“身份政治”角度来考察解释中国农民工问题，其实也包含两个步骤：第一个步骤是争取国家和市民等社会群体对农民工公民身份及其权利的承认，这既是一个赋权的制度过程，也是一个认同的心理过程；第二个步骤是在第一个步

①② 转引自潘建雷：《“身份认同政治”：研究回顾与思考》，载张静：《身份认同研究——观念、态度、理据》，上海人民出版社2006年版，第46页。

骤的基础上，不仅承认农民工作为公民所应当具有的身份的“同一性”和权利的“同一性”，不仅在制度赋权上对农民工要一视同仁；而且为了改变农民工既已形成的社会弱势地位，不得不采取“差异”的策略，认识到农民工“身份”历史发展过程的特殊性，并且在制度设计上也要适度向农民工群体倾斜。从这个角度来说，解决农民工问题，实质上是浓缩了西方社会运动前后两个时期的价值诉求和政治实践。

（二）身份政治的正义原则：同一—差异原则

1. 同一原则

同一原则意味着（获得）平等对待，这是正义的首要原则，是获得平等权利的前提。

平等观念可以追溯到古希腊时期亚里士多德的平等正义观，他说：“政治学上的善就是正义，正义以公共利益为依归。按照一般的认识，正义是某种事物的‘平等’观念。”① 斯多噶学派提出的“整个宇宙有一个巨大的共同体纽带，一切人不管奴隶、野蛮人都是神的儿子，互相都是兄弟。神赋予每个人相同的理性，所以人彼此是平等的”。② 这些平等的观念对后世人类思想产生了巨大影响。

近代平等观念可追溯到霍布斯和洛克的哲学观点，他们都是斯多噶学派自然法思想的继承者，都相信在自然状态下人人平等，所有的人都享有同样的自由，因此所有的人都被赋予了同样的自然权利。洛克认为：“……理性，也就是自然法，教导着有意遵从理性的全人类。人们既然都是平等和独立的，任何人就不得侵害他人的生命、健康、自由或财产。”③ 可见，洛克将平等作为其他权利存在的源泉和根据。

马克思恩格斯也谈论平等，但是他们否认离开社会生产力来谈论权利平等的意义。因为他们认为：“权利决不能超出社会的经济结构以及由经济结构制约的社会的文化发展。”④ 平等权利获得的实质是一定历史条件下物质资料占有方式在制度上的体现，最终要取决于社会生产力的发展水平。脱离生产力的发展水平来谈论权利的获得与扩大没有任何实质意义，通过此途径所谓的对权利以及权利平等追求只能获得“镜中花”、“水中月”的假象。

就公民资格而言，同一的公民资格意味着只要是这个政治共同体的成员：

---

① 亚里士多德：《政治学》，吴寿彭译，商务印书馆1981年版，第148页。

② 转引自何勤华：《西方法学史》，中国政法大学出版社1996年版，第25页。

③ ［英］洛克：《政府论》（下篇），叶启芳、瞿菊农译，商务印书馆1964年版，第4页。

④ 《马克思恩格斯选集》第3卷，人民出版社1972年版，第741页。

（1）就应该获得国家对其身份的政治承认，“一切人，作为人来说，都有某些共同点，在这些共同点所及的范围内，他们是平等的，这样的观念自然是非常古老的。但是现代的平等要求是与此完全不同的；这种平等要求更应该是，从人的这种共同特征中，从人就他们是人而言的这种平等中，引申出这样的要求：一切人，至少是一个国家的一切公民，或一个社会的一切成员，都应该有平等的政治地位和社会地位”。[①] 公民政治身份的平等是一个人之所以称为公民的最基本权利。

（2）同一（sameness）公民资格意味着公民获得同等的公民资格权利，要求国家对其治下的公民给予“平等的关心与尊重”（euqal concern and respect）。[②] 在德沃金看来，“平等的关心和尊重”至少包含以下两个平等的价值原则：第一，政府“千万不要根据某个公民的某一集团的良好生活的概念更高尚或高于另一个公民的同样概念而限制自由权”。[③] 根据这个原则，他认为一个尊重公民平等权利的政府所能用来限制自由的方式应该是很少的。[④] 第二，政府不得“根据由于某些人值得更多的关心从而授予其更多的权利这一理由而不平等地分配利益和机会”，[⑤] 更不能为了一部分人利益的实现而使另一部分人处于更加不利的地位。

如果“被视为平等来对待”这一权利中不得不蕴含不平等分配的“好处”和“机会”，那么这种不平等必须符合以下两点：首先，必须符合公正原则，即不得有悖于“被视为平等来对待的权利”和“平等的关心与尊重的权利”，真正做到一视同仁；其次，必须依据市场机制来进行资源分配，也就是说，“被视为平等来对待的权利”中所不得不蕴含的不平等分配不得与市场分配功能相抵触，在这个前提下，政府有义务和责任对市场机制做些修正，比如实行福利政策，以确保作为个人利益“护身符”的个人权利最终得到实现。

（3）对政府来说，一个宣布对所有公民享有统治权力、并承认“法律面前人人平等”和“社会中的每个成员都享有一种作为同类而受到最低限度尊重的权利”的政府，如果想充分展示其正当性与公正性，就需要具有一种“政治整

---

① 《马克思恩格斯全集》第 20 卷，人民出版社 1960 年版，第 113 页。

② ［美］罗纳德·德沃金：《认真对待权利》，信春鹰、吴玉章译，中国大百科全书出版社 1998 年版，第 135 页。

③ 同上书，第 357 页。

④ 德沃金认为存在三种方式：首先，政府可以用原则性论证对自由做出一些限制，所谓原则性论证就是指为了保障某些人的权利不受到伤害而做出的限制；其次，政府有时可用理想性的政策论证对自由做出限制。所谓理想性的政策论证是指政府认为对某些自由做出限制会使这个社会趋向一个更理想的社会；再次，政府有时还可用功利主义的政策论证来对自由做出某些限制。所谓功利主义的政策论证是指政府为了增加整体的或平均的利益而对某些自由做出限制。

⑤ ［美］罗纳德·德沃金：《认真对待权利》，信春鹰、吴玉章译，中国大百科全书出版社 1998 年版，第 357 页。

体性的美德”，而这种“美德”（virtue）要求主权者必须对其治下的所有公民给予“平等的关心与尊重”（euqal concern and respect）。① 而“一个宣称对全体公民拥有统治权并要求他们忠诚的政府，如果它对于他们的命运没有表现出平等的关切，它也不可能是个合法的政府，平等的关切是政治社会至上的美德”。②

人作为万物之灵长，与动物的本质差别在于人具有尊严、价值和理性。就其固有的尊严和价值来说，每个人与所有其他人都是平等的。当主权者宣布每个人都有平等的、不可剥夺的权利时，即意味着政府在确认一个重要的平等原则。既然我们承认他和我们一样是组成人类社会的一个基本分子，我们就得以一致的方式对待他，如果人为地将他们简单分类，并在相对较弱的群体身上刻上“身份”的烙印是极为不正义的。

2. 差异原则

同一原则强调平等，而平等包含两层含义：同等的人受到相同的对待，不同的人受到不同的对待。所以，同一原则并不必然排斥“不同的对待”，即同一原则并不必然排斥差异原则。相反，差异原则是同一原则的重要补充，有了差异原则，同一原则才能够更真实地实现。差异原则的目的在于弥补平等原则对不同情况、不同的人不作区别对待可能造成的事实上的不平等。

关于差异原则的表述来自罗尔斯正义原则第二原则的启发。“社会和经济的不平等应这样安排，使它们：①在与正义的储存原则一致的情况下，适合于最少受惠者的最大利益；并且，②依系于在机会公平平等的条件下职务和地位向所有人开放”。③

为什么对不同的人给予不同对待符合社会正义呢？

第一，人天生存在差异，这些差异体现在外貌、才能、思维方式、地位、出身等等。如果任由这些先赋性差异发展，结果就必然是不平等，就会使一些人失去作为人的基本尊严。所以，用差异原则来熨平先赋性差异，使大家处于相同的起跑线上，这不能不说符合正义的原则。罗尔斯认为，公民出身和天赋方面的能力差异不是一种道德应得，用罗尔斯本人的话说：“由于出身和天赋的不平等是不应得的，这些不平等就多少应给予某种补偿。”④

第二，后天环境的差异会使不平等进一步扩大。后天环境既包括个人的机会，也包括个人所处的社会关系网络以及国家、社会制度安排。后天环境的差异

---

① ［美］罗纳德·德沃金：《认真对待权利》，信春鹰、吴玉章译，中国大百科全书出版社 1998 年版，第 135 页。

② ［美］罗纳德·德沃金：《至上的美德——平等的理论与实践》，冯克利译，江苏人民出版社 2003 年版，第 1 页。

③ ［美］罗尔斯：《正义论》，何怀宏译，中国社会科学出版社 1988 年版，第 302 页。

④ 同上书，第 101 页。

不仅仅可以使不同者的结果更加不平等，产生“马太效应”，而且即使是相同的人也可能面临不平等的结果。所以，差异原则的实行一方面可以避免“马太效应”，另一方面可以纠正偏差，使相同的人获得相同的结果。卢梭说过，环境的力量始终倾向于破坏平等，惟其如此法律的力量就应始终倾向于维护平等。要想造成不平等，我们只须听任事情的自然发展即可。不过只要我们追求平等，那就决不能有丝毫松懈。“不平等易，因为它只需要随波逐流；平等难，因为这需要逆流而动”。[①] 不平等可归因于天意，而平等只能是人类行为的结果。卢梭所谓的“法律的力量”也要贯彻差异原则。

差异原则的应用，并不必然排斥结果的差异。人们在理念的层次上渴望平等，在行动的层次上则需要差别作为激励的力量（或叫机制）。差别是不可避免的，但是差别的形成要具有可接受性，也就是说，差别的形成，或社会的阶层分化，应当基于每一个社会成员自身的能力和努力，而不是基于某些前定的社会结构或某些特殊的制度化和非制度化安排。

在应用差异原则的时候，应避免反向歧视的发生。反向歧视这个概念相对于法学这个古老的学科来说，是一个在20世纪60年代才出现的新鲜名词。在此之前所说的歧视全部是指占有优势资源者欺负资源贫乏者，或者是白肤色的欺负黑肤色的，高的欺负矮的，大的欺负小的，总之就是以强欺凌弱。而反向歧视则颠倒过来了，由于对弱者一方的过度保护，对强者利益过分限制，使得反歧视走向另一个极端，原来的强者成了现在被歧视的对象，这种对弱对强不同的做法就是反向歧视。

我们运用法律在对农民工相关权利进行差别的保护的同时，需要注意这种倾向性的差别对待不应该超出一定的限度，这种特别的优惠措施不应造成对其他阶层新的过多的权利剥夺。在一个特定的时间段里，优惠措施对于纠正不平等的偏差不会构成“反向歧视”，但当采取这一措施的前提条件消失或者其设计的目的达到之后，再实施这样的差别对待就是不正当的了。例如美国进行的“肯定性行动”中为保证各种族的学生都有机会接受教育，在一个特定的时间段里，规定黑人学生的名额不得低于30%，这是一个根据黑人总人数在全国人口中的比重，特别是黑人学龄青少年在全国学龄青少年中的比重而科学计算出来的，因而这是正当的，是正常的平权措施。但如果说目前黑人大学生总人数仍远远少于白人学生，因此就要将黑人学生的录取名额增加到90%，这时的这项政策就已经超过了优惠程度的合理范围，构成了反向歧视。[②]

在对待农民工问题上，农民工基于身份差异，相对于市民来说处于一种不利的境地，是不公正的政治制度和市场机制自发调节的结果。所以，在解决农民工

---

① 参见［美］乔·萨托利：《民主新论》，冯克利、阎克文译，东方出版社1993年版，第338页。

② 张爱民. 美国“肯定性行动计划”述评［J］. 南开大学学报（哲学社会科学版），2000（3）.

问题时应该适用差异原则，以弥补过去政治安排所造成的农民工当下的困境。“一旦我们判定就某些相应特征而言，特定群体受到了轻视，那么为了消除这种不平等，受轻视的就应得到加倍的重视”。①

对于市场因素来说，市场化可能缩小了计划经济体制下再分配权力对农民工造成的不平等，但同时它将无情地扩大所有基于能力、机遇和禀赋性外部条件差异的不平等。在这种情况下，适当的政府再分配权力又可能恰恰是市场化不平等的解毒剂。所以，政府力量曾经发挥了负面的作用，但是在新的历史时期，它也可以有效熨平既往的不公正和当下市场造成的不公正。差异原则对于农民工的保护也应该注意限度和适当性，以免走向反向歧视。

用西方身份政治中的正义原则（同一差异原则）来解决中国的农民工问题，其适用性如何？“我们不能假设适合于一种文化的所有东西都适合于或应该适合于所有的文化……每一个政治社会都有权利决定自己的政治文化和道德发展”。②一个成熟的、独立的政治社会可以为自己量身定制适合自身的发展方略，我们把这种自主称为“自决原则”，“自决原则并不禁止所有的外来思想进入新的文化”。③

二、国内农民工研究视角的转向：从“生存—经济”模式到“身份—政治”模式④

根据学者王小章的观点，当代中国对于“农民工”问题的研究，存在着两种主要的研究视角，即生存论预设下的“生存—经济”叙事模式和公民权视野下的“身份—政治”叙事模式。世纪之交农民工研究的一个动向，就是从前一种模式向后一种模式的转换。因为“随着时间的推移，随着新生代农民工的出现，这种模式的解释力正在减弱，从发展和前瞻的角度，从研究对于研究对象和围绕研究对象的社会实践所具有的建构意义着眼，这种模式的局限和欠缺是明显的”。⑤

在国际学术界，较早从公民资格（citizenship）角度系统考察、解释中国农民工问题的学者是美国的苏黛瑞（Dorothy J. Solinger）。在其所著的 *Contesting Citizenship in Urban China：PeasantMigrants，the State，and the Logic of the Market* 一书中，苏黛瑞采用布莱恩·特纳（Bryan S. Turner）的观点，认为现代公民资格问题由两个方面构成：第一是社会成员资格或身份问题，即归属于某个政治共

---

① ［美］乔·萨托利：《民主新论》，冯克利、阎克文译，东方出版社 1993 年版，第 356 页。

②③ ［美］罗纳德·德沃金：《认真对待权利》，信春鹰、吴玉章译，中国大百科全书出版社 1998 年版，第 5 页。

④⑤ 王小章. 从“生存”到“承认”：公民权视野下的农民工问题［J］. 社会学研究，2009（1）.

同体的问题；第二是问题关涉资源的分配。从这个角度来看，公民资格就不是为了消除差异，它的根本特征在于排斥，在于将权利和特权仅仅赋予共同体内的成员。①

在这种公民资格概念下，苏黛瑞联系中国改革开放前计划经济时代的制度遗产——户籍制度和城市公共物品供给制度等，立足于农民工、国家和市场三者之间的关系来考察分析农民工问题。她认为，对于那些从农村进入城市的农民工来说，问题的关键不是他们缺乏由国家提供的维持日常生活所必需的资源和机会；而在于他们不拥有城市户口，因此也就没有"资格"（ineligible）享有城市中的一切资源。在中国，只有那些拥有城市户口的居民才是国家承认的城市社会共同体的正式成员，而那些没有城市户口的农民在自己国家的城市中的身份，就像是其他地方的外国移民，是"非公民"（noncitizens）。因此，对于进入城市中的农民工来说，根本问题不在于直接去争取维持生计的收入、福利、服务等，而是争取获得这些待遇和机会的"资格"，也就是争取"公民资格"（Contesting Citizenship）。②

在国内，从公民资格角度对农民工进行研究的首推陈映芳。③ 她从"市民权"概念入手，考察了从农村地区流入城市的迁移者在城市中的身份和权利问题，探讨了这些乡—城迁移人员成为"非市民"的制度背景和身份建构机制。

她认为，对现存户籍制度的政府需要是户籍制度及作为一种社会身份和作为一种制度的"农民工"长期被维持的基本背景；在这种户籍制度面临巨大变革压力的情况下，中央政府在解决农民工问题上采取了放权放责的办法，在国家不废除户籍制度的前提下，敦促地方、城市政府自行解决农民工问题，"保障农民工权益"；相应地，给予地方、城市政府以一定的改革现有户籍制度的自主权；但是，由于地方、城市政府的自利自保倾向，其有限的户籍制度改革总是从自身的利益需要出发，因而不可能使"农民工权益问题"得到真正的解决；与此同时，作为中国社会中的第三种身份，"农民工"被建构并被广泛认同，既构成了现有"农民工"制度的合法性基础，也影响了乡城迁移者的权利意识和利益表达行动。陈映芳的最后结论是："只有把问题视作乡—城迁移者如何获得市民权的问题，而不是视作'农民工'的权利问题时，'农民工'的问题才可能获得真正解决。"④

苏黛瑞和陈映芳的研究是关于农民工研究视角转向的前奏。农民工外出需要破除计划经济时期强加于身上的种种限制，其中之一就是二元户籍制度所决定的

---

① Solinger, Dorothy J. Contesting Citizenship in Urban China: Peasant Migrants, the State, and the Logic of the Market [M]. Berkeley: University of California Press, 1999, p6.

② 同上书，p3 ~ 7.

③ 在陈文中，她把"citizenship"译为"市民权"，这相当于本书中的"公民资格"。

④ 陈映芳."农民工"：制度安排与身份认同［J］. 社会学研究，2005（3）.

身份属性。在二元身份制度的基础上，形成了农民工与市民完全不同的公民资格及其权利。所以，发展农民工公民资格的根本途径是实现农民工身份的转变。

从本书第三、四章的描述中可知的确存在基于身份差异的公民资格差异。但仅仅废除二元户籍制度以及另外14种计划经济时期的社会制度安排，并不能自然地从根本上转变农民工身份和发展农民工公民资格。其原因有：在渐进式改革模式中，旧制度的废除需要时间，而确保发展农民工公民资格的新制度的建立也需要一个成熟期；农民工身份转变从而获得实质完整的公民资格，这本身也需要一个认同的过程，即农民工自身、市民和国家的认同。制度改革进程和认同的程度决定了农民工公民资格发展的状况。从农民工历史发展的角度来说，目前，相对于制度改革，认同问题可能更能从深层次上发展农民工公民资格。这种认识带来了农民工研究视角的转向，将一个被化约为经济的、技术的问题转换成身份政治的问题。实际上，“身份—政治”叙事模式实际上既包容了“生存—经济”叙事模式的关怀，同时又避免了生存论预设对于“农民工”本身的矮化和对于“农民工问题”的窄化。①

所以，在本书前半部分大花笔墨来描述基于身份差异的公民资格权利差异。而公民资格的内涵不仅包括身份与权利，而且包括一种资格（或身份）的认同。制度改革固然可以纠正权利（社会资源）分配的不公正，但离开了对农民工公民身份的认同，公民资格的发展也只是徒有其名。

所以就农民工问题的研究深度来说，在生存—经济叙事模式中，农民工公民资格的发展依赖于公民资格权利的发展与实现；然而农民工公民资格的发展不仅仅局限于权利的发展，在权利发展的基础上，还包括社会、政府、市民群体、甚至农民工自身对自己作为一个共同体正式成员（公民）身份的认同。在向现代社会转型过程中，在西方后现代思潮的影响下，身份认同是公民资格权利发展的心理前提和助推器。在没有身份认同的情况下，即使政治共同体（国家）拆除了身份屏障，进行了相关制度的变迁，也不能保证农民工可以获得实质公民资格。所以说，身份认同在当前关于农民工公民资格发展的研究中占有独特的不可替代的地位。在本章以下内容中，将在描述农民工自我认同和市民认同的基础上，进一步探讨农民工与市民构建的社会关系如何影响农民工公民资格的发展。

---

① 王小章. 从“生存”到“承认”：公民权视野下的农民工问题［J］. 社会学研究，2009（1）.

第二节 农民工自我认同

一、第一代农民工的自我认同

1. 第一代农民工自我认同状况

身份认同是有关个人在情感和价值意义上把自己当作某个群体成员以及隶属某个群体的认知，而这种认知最终需要通过个体的自我心理认同来完成。身份认同包括内在与外在两个方面：内在方面指群体成员在主观上所具有的群体归属感，即“我们”是谁；外在方面是指社会分类，即社会对某一群体的归类和划分，即“他们”是谁。正如社会学家R·简金斯（Jenkins）指出的：“认同概念的现代功能事实上包含人际关系中的两个基本因素，即基于人们同一性的关系和基于差异性的关系。简要地说，即意味着一方面认同概念揭示了‘我们’是谁的问题；另一方面，又区分了‘他们’是谁。”①

美国社会学家库利的“镜中我”（looking - glass self）概念认为，一个人的自我观念是在与其他人的交往中形成的，一个人对自己的认识是其他人关于自己看法的反应。人们总是在想象别人对自己的评价之中形成了自我的观念。因此自我人格的出现与发展经历三个阶段：首先，我们想象的我们在别人面前的形象，这是感觉阶段。第二，我们所想象的别人对我们这种形象的评价，这是解释或定义阶段，即我们想象的他人的判断。第三，由上述想象中产生的某种自我感觉，这是自我反应的阶段。②

当20世纪80年代初农民工进城以后，就发现自己沧桑的面容、落伍的装扮、独特的乡音、不甚文明的言行举止和生活习惯与市民存在较大的差异，这是农民工的自我感觉阶段；与此同时，市民也发现了自身与这群迁移者的多方面差异，并且表现出某种鄙视与敬而远之的神情，农民工在与市民的社会联系中敏感地体察到了这种情绪，懂得了自己在市民心目中的地位以及形象，这是农民工的自我定义阶段；市民对农民工的各种反应对农民工的心理影响巨大，在此基础上农民工区分了“我们”（从农村来的迁移者群体）和“他们”（在城市具有永久居住权的市民群体），在心理和现实的层面都感觉到差异的存在，并把自身定位

---

① 转引自周明宝. 城市滞留型青年农民工的文化适应与身份认同［J］. 社会，2004（5）.

② 戴维·波普诺：《社会学》，李强等译，中国人民大学出版社1999年版，第148页。

为“城市的过客”。这样一种身份自我认同在第一代农民工身上获得最充分体现。

据北京大学“东莞民工课题组”对东莞民工问卷调查发现：对“我也算是城里人了”这句话的看法时，回答“同意”的占8.7%，“不同意”的占60.6%，“说不清”的占30.6%；对“我没变，我还是农村人”这一说法，回答“同意”的占61.6%，“不同意”的占13.2%，“说不清”的占25.2%；对“进城后我变了许多”这一说法，表示“同意”的占42.6%，“不同意”的占31.3%，“说不清”的占26.1%。[①] 据南京大学社会学系调查显示，尽管有40%的农民工把自己定位为“农村人”，3%的进城农民工把自己定位为“城里人”，可还是有多达37%的人“说不上”自己的身份定位，另外有20%的人只能把自己划归为“半个城里人”。[②]

从这组数据可以看出，大多数农民工对自身的定位仍在农村一边，同时也可以感受到他们复杂的边缘人心态，对身份认同是不确定的。虽然大多数进城农民工仍然将自己定位在农民这个角色上，但从一些农民工模糊的闪烁其词中可以感到他们普遍不愿意再认同农民的角色，绝大多数人不愿意再回到农村去当农民。但是客观现实却又逼迫他们不得不认同原先的农民身份。

2. 影响农民工市民身份认同的因素

影响农民工认同“市民身份”的因素很多，概括来说主要有社会心理文化因素和制度因素。具体来说，主要有以下几点：

（1）都市生活经验影响农民工对市民身份的认同。这种影响主要表现在两个层面：

第一，农民工在城市社会交往中所获得的相对剥夺感、自卑感和人生的沧桑感。这些心理体验直接导致了农民工对身份认同的模糊性和无奈；心理感受的相同性又很容易把进城农民工凝聚在一起，形成自己的生活方式和生活网络，并进而形成一个相对独立的、封闭的和临时性的社区。这些社区一般在城市的边缘或城乡结合部，成为“都市里的村庄”，如北京的“河南村”、“浙江村”、“新疆村”，南京的“河南村”、“苏北村”等。这些自发形成的、主要建立在血缘、同乡关系基础上的农民工社区，是农民工身份认同的体现，固化了农民工的群体认同。

第二，这些独立社区的形成，反过来进一步隔离了农民工与市民的社会交往距离，除了工作中的接触之外，很难有进一步的社会交往和情感交流，不利于农民工在城市建立和发展新的社会关系网。正如曹子玮所揭示的，农民工究竟有没

---

① 转引自朱力：《中国民工潮》，福建人民出版社2002年版，第305页。

② 同上书，第306页。

有在城市中有意识地培育和发展新的社会关系，或者在与城里人交往过程中有没有不断调整和重新建构自己的社会关系网，这对他们身份意识的形成很重要。①

（2）农民工对乡土文化的眷恋与回忆。法国社会学家莫里斯·哈布瓦奇认为，记忆是一种集体社会行为，现实的社会群体都有其对应的社会记忆。积淀于身体内部的记忆能被不断激活或提取，从而持续地影响着人们的观念和行为。②进城农民工在农村度过了人生最为重要的童年和青少年时期，这些重要阶段的生活经历是其美好回忆的最重要构成部分。他们在农村的生活时间越长、经历越丰富，对农村传统、乡土风习和各种规则的认同就越强。这些记忆进一步固化了农民工的农民身份，并进一步削弱了农民工对“市民身份”的认同。

农民工这一群体在城市社会中属于弱势人群，在难以融入城市主流社会、遭到主流社会排斥甚至是歧视的时候，他们就更容易表现出对故土依恋的感情，更倾向于在心理和情感上依托血缘、地缘关系结成的农民工群体，导致其对“农民工”这一身份的认同。

（3）制度安排。城乡二元分割的户籍制度以及城乡有别的资源分配方式，是农民工身份自我认同模糊状态的根本原因。本书认为，制度性身份是一种宏观的建构，自我认同则是一种微观层面的个人身份定位。制度作为一种规则的实践具有一种所谓的“结构二重性”特征。这意味着制度不仅仅是外在的制约结构，而且内在于个人行动之中，是制度实践过程中各方参与行动的“结构化”产物。对农民工身份而言，农民工的自我身份认同不仅仅是在宏观身份建构（特指二元户籍制度）的大背景中完成的，而且也是在参与户籍制度和其他资源分配制度的运行中完成自我身份认同的。

除此之外，年龄、婚姻状况、打工时间、收入水平和消费状况也会间接影响到农民工身份的自我认同。

二、新生代农民工的自我认同

1. 新生代农民工自我认同状况

王春光曾界定：20世纪80年代初次外出打工的农民工为第一代农民工，90年代初次外出打工的农民工为新生代农民工，并进一步指出，新生代农民工大多数是直接外出打工的，基本上没有从事过农业劳动，连基本的务农常识也没

---

① 曹子玮．农民工的再建构社会关系网与网内资源流向［J］．社会学研究，2003（3）．

② 转引自彭远春．时空情境变换与农民工身份认同［J/OL］．http://www.hnshx.com/Article_Show.asp?ArticleID=1769．2008-2-5．

有。[①] 国务院农民工问题调研课题组数据表明，到2004年，新生代农民工已占农民工总数的61%。[②] 但是他们对于自身的身份认同，却还处在一个矛盾的境地。

身份作为社会建构的产物，对身份的自我认同产生于与相关社会群体比较的状况。与农民工相关的社会群体主要为市民和农民，在邹英的调查中，当把农民工与乡下伙伴的地位进行比较时，得到的数据为：认为自己比他们地位高的占47.9%，认为自己比他们地位低的仅占6.8%；这说明新生代农民工由于在城市生活、工作的时间比较长，他们对自己是“城市人”的认同感也随之增强。同样在这次调查中，当把农民工与市民的地位进行比较时可以发现：仍然有36.8%的农民工认为自己的地位比市民低，有30.8%的农民工认为身份地位相同但经济地位较低，而认为自己的地位与市民一样的农民工只占32.4%。[③] 这组数据显示当把农民工与市民比较时，其态度的分化可谓“三分天下有其一”。

对以上两组数据进行比较可知，新生代农民工对自己的身份认同陷入了一种矛盾困惑的境地：与农民相比，他们更倾向于认同自己的“市民”身份，而与市民相比，他们又显示出非常的不自信和自卑感。这说明新生代农民工的身份认同在很大程度上还处于一种模糊不定的状态。

在新生代农民工身上我们发现，虽然其自我身份认同处于一种比较混乱的状态，但是，相对于老一代农民工来说，他们在价值观上更接近于城市市民，在生活方式上更加向往城市生活和文明。他们往往通过塑造时尚的外表，表明自己对城市社会生活的渴求。为了谋求城市人的形象，他们首先改变自己的服饰言行。新生代农民工语言与服饰等外在言行的积极转变符合社会学家戈夫曼提出“印象管理”策略：如何在他人心目中塑造一个自己所希望的印象。[④] 对新生代农民工来说，就是想在市民眼中塑造自己的市民形象，这不仅是对市民身份认同的努力，也是希望被别人认同为市民的体现。

2. 新生代农民工身份认同状况的原因分析

（1）心理文化因素。

第一，农民工对生活目标的设定、他们在城市中所遵循的生活原则以及所采取的生活方式，基本上都是以农村、农民为参照。[⑤] 他们往往把自己与拥有城市户口的人进行自我区别，称他们为“城里人”，而称自己为“外地人”，这说明

---

① 王春光. 新生代农民工的社会认同与城乡融合之间的关系 [J]. 社会学研究，2001 (3).

② 国务院研究室课题组：《中国农民工调研报告》，中国言实出版社2006年版，第11页。

③ 邹英. 新生代农民工自我身份认同困境的社会学分析——以长春市为例 [D]. 吉林大学，2007：23.

④ 宋林飞：《西方社会学理论》，南京大学出版社1997年版，第9页。

⑤ 陈映芳：《移民上海——52人的口述实录》，学林出版社2004年版，第132页。

他们对自己“局外人”的社会身份有比较清醒的认识和较普遍的认同。

新生代农民工受父辈的影响，同样以此为参照来建构自我身份认同。所以，他们也会在不同程度地接受了自身在城市所处的权利状况和生活状况。由于新生代农民工对自身身份的这种主观建构，导致他们在社会层面和心理层面的城市适应发生困难，产生一种社会距离。笔者认为，这是新生代农民工身份自我认同困境产生的直接原因。

第二，农民工在与市民的交往中对人际关系的评价和在此过程中形成的心理感受也是影响农民工认同市民身份的重要因素。在邹英的调查中，新生代农民工对城市里人际关系的评价显示：认为城市“人际关系很融洽，很好”的有23.6%，认为“相互不热情，不太好”的占30.4%，认为“人与人很冷漠，不适应”的占16.9%，回答“说不清”的占29.1%。[①] 可见，只有略高于1/5的人认为关系融洽。与市民的距离感从另一个角度表现了农民工对市民身份的认同程度，距离感越大，认同度越低。

在邹英的调查中，新生代农民工“不觉得”有距离的占7.5%，觉得“有点，不大”的占18.3%，回答“是有距离，毕竟是外地人”的占52.8%，认为“无所谓，都一样生活”的有15.1%，“说不清”的有6.2%，[②] 对社会距离的高度认知显示出“外地人”这个标签所具有的社会区别功能仍然很强大，对“外地人”身份的认知也显示出新生代农民工自我认同的尴尬和困境。

第三，城乡文明反差造成的心理自卑感也影响农民工的市民身份认同。同样是在邹英的调查中，感觉“很自卑”的农民工有6.4%，“偶尔有自卑感”的占36.7%，“不自卑，人都是平等的”占48.1%，回答“说不清”的有8.8%。[③] 通过数据比较发现，自卑的感觉随着年龄的降低而减弱，年轻人更多选择不自卑，从中可以看出新一代农民工与第一代农民工相比，自我认同感有所加强。

（2）社会因素。

第一，社会交往的“本土化”程度是衡量新生代农民工自我身份定位的重要指标。农民工流入城市，即使已经工作生活了几十年，但很多学者认为农民工的聚居区和市民的聚居区之间是“两个社区的叠加”，农民工难以融入城市上层社会，同时又与底层市民在生活、工作机会等方面形成了事实上的竞争关系。这种“两不靠”的局面已经阻碍了农民工的“本土化”，不利于农民工进行自我身份定位。

第二，对社区事务的参与度是衡量新生代农民工自我身份定位的又一重要指标。农民工对所在社区公共事务的参与也在某种程度上反映了农民工对城市社会

①② 邹英．新生代农民工自我身份认同困境的社会学分析——以长春市为例［D］．吉林大学，2007：30.

③ 同上，2007：31.

的融入程度和对城市的归属感。王春光认为，农民工是否参与所在社区的各种集体活动可以直接反映出对该社区的认同情况。因为社区认同实质是一种很重要的集体认同，有了集体的合作和活动，才可能有集体内部的密切互动和交流，才可能形成对集体社区的认同，才能在认同中重构自己的市民身份。[①] 邹英对农民工参与社区活动情况进行了调查，参加过社区文体活动的农民工占 4.8%，没有参加过的占 92.6%，记不清的占 2.6%。这组数据反映出农民工对社区活动的参与度还是非常低的。[②]

第三，传媒强势群体对“农民工”身份建构的话语控制是导致自我认同困境的重要原因。传媒强势群体主要指拥有文化资源、掌握话语权的社会精英。在话语生产活动中，他们并不直接掌握媒介资源，但却是不同时期媒介传播内容和传播形式的“主要制造者”，依据社会主导意识形态和其他具有决定性力量的需求和传播欲望生产出既符合国家意志又适合不同阶层的信息产品。有研究认为，除了制度安排以外，知识分子及大众媒体等知识、文化的生产者也参与了对“农民工”身份类别的建构。[③]

改革开放之初出现城乡人口流动的时候，“流动人口”、“外来人口”等人口学的学科概念便开始流行，不断扩展、普及，1984 年《社会学通讯》第一次提出“农民工”的概念，社会科学类的知识分子便不断地参与建构“农民工”的身份类别。在这种建构的过程中，或多或少体现出知识分子对流动人员“民”的社会属性的某种轻视，同时也表现出政府和相关学者对农民工群体中普遍存在的迁移事实和定居倾向的忽视和否定。[④] 对第一代农民工如此，对新生代农民工亦如此。

3. 经济因素

新生代农民工往往不能获得公共就业服务。一些城市以优先保障市民就业为理由，在招工程序、招工比例、务工领域、行业工种等方面设置门槛和壁垒，使他们遭受就业歧视。一些企业主为降低人工成本，恶意逃避责任，滥用试用期，把农民工当作廉价的临时工试用，不愿意与他们签订劳动合同。这往往是新生代农民工初次外出时的首次剥夺经验。首次剥夺经验对农民工市民身份认同的影响就像心理学中的“首因效应”一样，想改变是比较困难的，而这也是影响新生代农民工市民身份认同的现实障碍。

---

① 王春光. 新生代农村流动人口的社会认同与社会融合的关系 [J]. 社会学研究，2001 (3).

② 邹英. 新生代农民工自我身份认同困境的社会学分析——以长春市为例 [D]. 吉林大学，2007: 28.

③④ 陈映芳. “农民工”：制度安排与身份认同 [J]. 社会学研究，2005 (3).

三、农民工身份认同对公民资格发展的影响

1. 农民工身份认同分析

社会身份系统从主观和客观两个方面获得建构。所谓客观建构，就在于正式制度，包括法律规则、习惯民俗，怎样在不同的社会成员之间分配权利、义务和责任，从而通过强制的制度达成秩序；所谓主观建构，就是社会成员的主动选择，是社会成员对于自我身份的期待、接受和认同。无论是主观建构还是客观建构，每一次建构与认同，都意味着社会资源的重新政治配置安排。在现代社会中，最基本的身份类型是公民身份，获得公民身份也就成为某个共同体的正式成员。这个过程是享受公民权利、建构公民认同（citi－zen identity）并培育公民德行（citizen virtue）的过程。

伊辛和特纳把成为政治共同体成员的过程概括为相互关联的三个基本问题：第一是如何确定一个政治体内部的成员资格的边界以及政治体之间的边界，亦即“外延”问题；第二是如何分配安排成员的权益和义务，亦即“内涵”问题；第三是如何理解和调适成员之公民认同的强度，亦即“深度”问题。[①] 获得公民身份，不仅需要法律制度界定公民资格的外延和内涵，还需要调适成员对公民身份的认同强度。这里的认同，不仅包括自我认同，即“我们是谁”，还包括他人对“我们是谁”的认同。

就农民工的身份认同而言，包含着两个相互缠绕、相互影响的认同问题：即对特殊的农民工身份的认同和对无差异的普遍公民身份的认同。对于这并存的身份认同，很难对孰优孰劣做个高下对比。在不同的活动场域中，公民身份认同和农民工身份认同所发挥的社会效应不完全相同，各有利弊。下面就做一个具体的分析。

2. 身份认同对公民资格实践的影响

身份认同的政治学（the politics of identity）有一个基本的口号：“因为我是谁，所以我行动”（I act because of who I am）。这也就是说，对自我身份的认同为行为主体的行动提供了一个合法的意义解释框架。

从前文关于农民工身份认同的实证研究来看，相当一部分农民工仍然认同自己是“农民”，另外相当一部分人认同自己是“农民工”，一种特殊的有别于“农民”和“市民”的第三种社会身份。无论农民工认同“农民”身份还是认

---

① 伊辛、特纳：《公民权研究：导论》，载伊辛、特纳主编：《公民权研究手册》，王小章译，浙江人民出版社2007年版，第6页。

同“农民工”身份，两者都是对“非市民”身份的一种认同，这直接影响了他们作为现实中的城市居住者的权利意识。所以，围绕自己的权利，他们倾向于认同既定的现实而采取不行动的策略。这种状况一方面构成了农民工对现有身份制度和其他社会资源分配制度的合法性认同，另一方面也成为这些制度维持的重要机制。

农民工生活工作在城市中，其对公民身份的认同实际上存在一个参照群体，即市民。也就是说，农民工对公民身份认同以及基于公民身份所“应得”的有一个具体的参照物——市民。那么，农民工对公民身份的认同可以进一步具体化为农民工对其“市民身份”的认同，对其“应得”的预期基于客观上与市民“所得”的对比。农民工对市民身份的认同，代表了农民工自我意识的一种发展和进步。这种发展的自我意识又会反过来推进农民工对与自我意识相应的权利与地位的追求与奋争。也就是霍耐特所说的，如果主体体验到蔑视而意识到没有被承认或被错误承认就会致力于为承认而斗争。①

但是从前文的实证研究来看，只有相当少的农民工承认自己是“城里人”，也就是说，只有很小比例的农民工认同自己的“市民身份”。在这种身份认同状况下，农民工很难在城市中作为一个“公民”行动起来，主动去争取公民身份的被认同和基于公民身份的权利被保障。因为“因为我是谁，所以我行动”。所以，这也同样能够解释，在生存论模式中，对农民工权益的维护大多是政界和学界的呼声与行动，来自农民工群体自身的集体行动还比较鲜见。这一方面固然跟中国传统政治文化有关联，但不可否认，这跟农民工自身公民身份认同有更大的联系。

也许有人会有这样的猜想与设问：“农民工对差异的‘农民’或‘农民工’身份的认同是否削弱了对普遍的‘公民’身份的认同？”对于这个问题的回答不是简单的“是”或“否”。从直觉来看，如果农民工过分沉溺于对旧身份的认同（农民或农民工身份）而全然没有“公民身份”的认同，那么，对于发展农民工公民资格来说当然十分不利。

但是，如果农民工是在认同普遍的“公民身份”的基础上（这是一个必不可少的前提）意识到“农民工身份”的差异性，并对这种差异性有一定的认同，那么，这就不会影响到普遍的“公民身份”的认同。因为，“农民工身份”作为普遍的“公民身份”的差异存在，可以把农民工整合进相应的群体和社会行动中，从而能够更好地争取“差异身份”的“差异权利”。这种“差异权利”不是制造了一种新的社会不公，而是对原先就已经存在的社会不公的一种“矫正”。所以，对农民工身份的“差异认同”不会损害公民身份的“普遍认同”。

---

① 霍耐特：《为承认而斗争》，胡继华译，上海世纪出版集团2005年版，第72～74页。

四、推进农民工市民身份认同的措施

1. 增加农民工与市民之间的交往

哈贝马斯的交往理论认为，人与人之间的交往是互为主体性的交往。人类之所以能够沟通，主要是每一个人都拥有、而且是在一定程度上共同拥有一组庞大而并不明确的背景资料和知识作为人类沟通的指引。人类透过生活世界所达至的沟通，不单使得人类相互间的交往成为可能，而且进一步发展、改进和更换自身在社会中的角色和对自我的认同。①

农民工和市民曾经生活于两个不同的世界，各自形成了具有自身群体特色的文化氛围、思维方式和知识结构，从而使两个群体天然地具有一定的差异性。但是我们也要同时看到，作为同一个民族的组成人员，受着比较一致的传统文化的熏染，与群体差异共存的是大致相似的民族心理和传统文化积淀。这种相似性是增加市民与农民工群体之间交往的基础。正如美国社会学家沃思所说的："城市与乡村在当代文明中代表着对立的两极。城与乡各有其特有的利益、兴趣、社会组织和人性。它们形成一个相互对立、又互为补充的世界。"②

通过农民工与市民之间的沟通与交往，减少他们之间在心理上和文化上的冲突，协调彼此间不同的意见，化解可能发生冲突的社会行为，增加彼此间的认同，使农民工能够更快地融入城市社会并产生一种归属感。这一过程将在很大程度上促使农民工更换其在社会中的农民角色和削减对农民身份的认同。③

2. 让农民工、市民共享城市文明成果

农民工曾长期生活在农村，过着与市民非常不一样的生活。他们进入城市，不仅仅是生活、工作场域的变换，同时也是社会角色和社会心理的转变。如果我们的城市对农民工有更多的包容和宽容，如果我们的城市一切资源和设施不再人为地隔绝于农民工；如果市民不再天然地把农民工作为城市的"他者"来对待，如果我们的城市一切现代化的城市文明成果都能让农民工分享，那么，这对于顺利转变农民工社会角色和社会心理将具有无法估量的作用。在这种情况下，农民工也不会再把自己作为"城市的过客"或者"城市的边缘群体"，他们就能更加积极主动地认同市民身份，积极谋求转变身份的心理条件和制度条件。

---

① 哈贝马斯：《交往行动理论》，重庆出版社 1994 年版。

② 帕克等：《城市社会学》，华夏出版社 1987 年版，第 275 页。转引自周晓虹．改革开放以来中国社会心态的变迁［J］．中国社会科学辑刊，2009 年夏季卷．

③ 许传新．新生代农民工的身份认同及影响因素分析［J］．学术探索，2007（6）．

3. 农民工要积极提高自身素质

从社会建构论的视角看，主体自身的建构是通过“顺应”过程实现的。当主体在利用原有的认知结构同化外界时，常常会遇到不符合自身认知结构的新特性，此时，主体就会利用自我调节功能对自身的结构进行调节，改变原结构，创造新结构，进而去同化外界，这个过程就是“顺应”。主体的认知结构正是在主体顺应外界的过程中不断积淀和发展的。因而，顺应的过程，就是主体调节自身结构以适应外界的过程，也是主体实现自身建构的过程。①

农民工要走出身份认同困境，就必须对自身的结构进行调节，改变原结构，创造新结构，进而去同化外界，达到“顺应”。首先，重视和切实加强对农民工的教育和培训，不断提高他们的科学文化水平，切实加强对农民工的职业技术教育，普及科学文化知识，引导和组织农民工接受就业和创业培训，提高农民工科学技术文化水平和就业创业能力；其次，对他们开展职业道德教育，引导他们爱岗敬业、诚实守信，成为既熟练掌握职业技能，又具备良好职业道德的合格的产业工人；再次，开展精神文明创建活动，培养农民工过一种科学、文明、健康的生活。大力弘扬体现时代精神的行为规范和高尚品质，培养科学文明健康的生活方式。遵守城市公共秩序和管理规定，适应城市工作、生活的新要求，努力在社会上做一个好公民，在工作中做一个好建设者。②

4. 创造宽松的社会环境

建构过程不仅仅是一个心理过程，而且是一个社会过程，其中包括合作、沟通、协商、争论、妥协、折中和共识等。③ 所以农民工自我身份认同的建构也必然需要“集体智慧的结晶”，需要一个良好的、宽松的社会环境。为此，城市政府要转变城市管理中的本位观念，放弃以户籍为依据的管理制度，采取以常居地为依据的管理方式，清理和清除针对于农民工的各种歧视性规定，让农民工与城市居民一样享有包括政治待遇在内的各种待遇。

在改善管理的同时，城市政府要利用政府资源的优势，加强对农民工的教育，引导他们调整心态、转变思想观念。城市居民要消除对农民工的偏见与歧视，以平等的心态宽容地接纳农民工，加强与他们的交流与互动，在交流与互动中增进感情，促进融合，从而使农民工在思想观念、行为方式、文明素养等方面受到潜移默化的影响。新闻媒体和公众舆论要改变过去对农民工不足之处过分宣传的片面做法，发挥正确的导向作用，对农民工群体中健康、积极的方面多加报

---

① 宋惠芳. 皮亚杰建构理论的启示 [J]. 马克思主义研究，2000 (4).

② 国务院研究室课题组：《中国农民工调研报告》，中国言实出版社2006年版，第32页。

③ 安维复. 社会建构主义评介 [J]. 教学与研究，2003 (4).

道与宣传。通过城市政府、社会和居民的共同努力，为农民工综合素质的提高提供良好的社会环境，从而为农民工走出身份认同的困境提供良好的社会环境和舆论基础。

5. 积极参与社区活动

亚里士多德曾说“人天生是一个政治的动物”，他的话点明了人类所共同具有的公共意识和参与政治的热情。美国哲学家汉娜·阿伦特指出：公民的政治活动，处于人的劳动、工作和行动的这三种等级行为中的最高层次，它赋予了人生以自我验证的道德意义。公民通过参与政治行动，为自己获取了存在的意义。在共同的参与实践中催发了个体的公共意识，继而使公共意识所重视的基本价值，诸如社群福祉、团结、承诺和归属根植于每一个人的内心深处，并内化为全民共享的生活本质。社会所有成员借由共同的参与行动而共享着同一的社会本质，在此基础上产生共生感和一致认同感。

农民工和市民对共同的城市生活的参与，在互动中融合了两个“亚生活世界”的文化，进而培育出一种既包容市民、又包容农民工的新型文化和基本价值体系。所以，农民工参加社区组织，不仅仅是他们自身认同城市社区的一种标志，同时也意味着他们在某种程度上被城市社会所接纳。所以可以认为，越来越多的农民工参加当地的社区组织，会加速他们市民化的进程，从而更加摒弃农民身份。

6. 加强农民工公民教育

加强对农民工的公民教育，目的在于培养农民工的公民意识。公民意识是社会意识形态的形式之一，它是公民对自身政治、法律地位，应履行权利和应承担义务的自我认识，是一个国家的公民关于自身权利、义务的自我意识和自我认同的总称。作为社会政治文化的重要组成部分，公民意识集中体现了公民对于社会政治系统以及各种政治问题的态度、倾向、情感和价值观，其作用在于指导和规范公民依法行使自身权利，维护个体利益，履行应尽的义务，积极地进行政治参与，主动监督国家立法、司法、行政机关及其工作人员行使职权的情况。一国的国民只有具备了完整的公民意识，才能成为合格的公民。

当前我国农民工公民意识比较淡漠，主要体现为公民身份意识、权利义务意识、法律意识、维权意识和民主平等意识的缺乏。公民身份意识是公民意识的核心，公民意识源于公民对独立个体的认识，更源于公民对自己“公民身份”的认识，只有公民身份意识才能激发起公民观念，产生相应的公民行为。

对农民工进行公民教育，培养其公民意识，就要培养其公民身份意识、权利义务意识、法律维权意识等等。通过这些意识的培养，不仅可以增强农民工对公民身份的认同，而且可以鼓励农民工主动进行公民实践活动，包括主动承担公民责任、积极追求正当的公民权益。可以说，当前我国农民工公民意识缺乏，成为除体制与制度之外制约其公民资格发展的最最重要的因素。所以，加强农民工公民教育，培养其公民意识，是除制度建设以外的发展农民工公民资格的重大工程。

第三节 市民对农民工身份的认同

爱德华.W. 赛义德（Said）指出：身份决非静止的东西，而在很大程度上是一种人为建构的历史、社会、学术和政治过程。[①] 身份必须由互动所产生的结构建构起来，它依赖于自我与他者在互动中的共同作用。身份的自我认同仅仅是身份磋商中的第一步，他者对自我身份的认可对于身份的形成更为重要。按照赛义德的看法，身份作为被建构的过程，它取决于与其相区别、相竞争的他者的关系，只有他者认可了自我身份，自我身份最终才能得到社会承认，成为社会身份，并由此获得相应的权利和利益。

那么对于农民工来说，无论其作为公民身份存在，还是作为农民工身份存在，仅靠农民工单方面的身份认同还不足以建构其身份。“一个社会群体首先包括通过与他人之间的密切关系来彼此认同，而且通过它，别人也可以来辨别各自的身份……许多群体的定义来自外界，由其他群体所标志或者刻板地划分”。[②] 农民工身份或公民身份的建构还有赖于农民工的城市“他者”——市民对农民工的态度：认同、排斥或冷漠。只有市民对农民工身份有了积极认同[③]之后，农民工在城市的权利和利益才有可能实现或维护。市民对农民工身份的认同情况，主要通过农民工与市民之间的交往情况以及市民对农民工的态度体现出来。

一、市民与农民工的交往情况

1. 工作交往

考察农民工与市民之间的交往，主要采用交往、交往基础上的接纳和冲突三

---

① ［美］爱德华.W. 赛义德：《东方学》，王宇根译，生活·读书·新知三联书店 1999 年版，第 93 页。

② 艾利斯·马瑞恩·杨：《政治与群体差异——对普适性公民观的批评》，载许纪霖主编：《共和、社群与公民》，江苏人民出版社 2004 年版，第 288 页。

③ 所谓积极认同，是指市民无论把农民工作为农民工身份的社会存在，还是作为公民身份的社会存在，都认可其作为普遍公民的无差别公民资格和作为农民工身份特殊存在的差异公民资格。

个考察指标。据刘林平在广东所做的关于市民与农民工在工作和生活中的交往情况调查可以发现，在被调查的167个市民中，在工作中经常与农民工交往的有54人，占32.34%，偶尔交往的有58人，占34.73%，很少交往的有46人，占27.54%，从不交往的有9人，占5.39%。①

而在生活交往中，主要交往方式在于农民工为市民家庭提供生活服务，服务类别及比重分别为保姆1.6%，钟点工5.4%，上门送水、送牛奶、送煤气等占86.7%，其他占0.6%。② 而当市民被问及是否与农民工共同参加过社区活动时，有87.9%的人回答没有，只有10.1%的人回答有。由此可见，市民与农民工的交往以工作交往为主要形式，无论是对于市民的工作还是对于农民工的工作来说，而朋友式的交往与交流还是非常低的。

2. 接纳

刘林平的调查还就市民对农民工的接纳程度进行了测量。③ 结果如下（表5-1）：

表5-1　市民对农民工的接纳程度

关系类型	回答结果		
	是	否	很难说
同事	76.2%	9.3%	14.5%
老板	62.1%	15.1%	22.8%
邻居	65.9%	21.6%	12.5%
私人朋友	57.9%	22.4%	19.8%
家庭成员	29.0%	41.7%	20.9%

从表中可以看出，超过七成的市民可以接受农民工为自己的同事，超过或接近六成的市民愿意农民工成为自己的老板、邻居或私人朋友。但是对于关系更为紧密的家庭成员，只有不到三成的人愿意接纳。

3. 市民与农民工的冲突

亨廷顿曾指出：在一个高度传统化的社会或一个已经实现了现代化的社会中，其社会运行都是稳定而有序的；而在一个社会急剧变动、社会体制发生转轨

①②③ 刘林平．交往与态度：城市居民眼中的农民工——对广州市民的问卷调查［J］．中山大学学报（社会科学版），2008（2）．

的现代化之中的社会里，往往充满着各种社会冲突和动荡。[①] 这种动荡在一个方面表现为："一系列新的社会身份以及新的政治单位出现，它们在性质上全然不同于以往我们所见的旧社会身份和社会单位。随之而来的，是新与旧、不同社会身份间的关系发生激烈变化甚至冲突，它们的整合过程充满困难"。[②]

当农民进城以农民工的身份出现于城市的大街小巷、工厂车间，城市农民工和市民之间的冲突就不可避免。农民工与市民之间的冲突，既是文化冲突的外在表现，也是农民工对剥夺感与市民危机感相互交融的产物，更是"生存与秩序"两种价值取向冲突的表现；其实质是对城市中物质利益和非物质利益资源如地位、权力、尊严等的争夺。

4. 交往对发展农民工公民资格的影响

市民与农民工之间的交往按照其类型来划分，可以分为生活交往和工作交往；从交往的态度来看，可以分为接纳或冲突（或排斥）两个极端。从前文的交往描述中，我们不难发现，现在市民和农民工已经形成了比较广泛的生活和工作交往；对农民工的排斥虽然存在，但是，除了家庭成员一项的接纳度比较低以外，在其他几类社会关系中，市民对农民工的接纳程度都比较高；虽然市民和农民工之间会存在一些冲突，但是，这些冲突从规模上来说还比较小，大规模的市民—农民工群体冲突在媒体报道中还不曾发现，而且冲突一般都是以口角、小摩擦的形式出现。

总的来说，市民和农民工虽分属两个不同的社会群体，但是他们在城市中共同的生活世界为他们之间的沟通和交往提供了前提条件；而且，他们透过生活世界所达至的沟通，不单使得相互间的交往成为可能，而且进一步发展、改进和更换其在社会中的角色和自我认同，有利于削减市民和农民工之间在心灵上、文化上、人格上的冲突，自觉调节不同意见和社会行为，并且会促进市民群体对农民工公民身份的认同以及对农民工公民权利的保护。所以，市民群体对农民工的交往程度和接纳程度直接影响农民工的公民资格实践。

二、市民对农民工的复杂态度

市民与农民工的生活、工作交往促进了市民群体对农民工一定程度的接纳，也造成了前文所分析的一定程度和范围内的冲突。除此之外，在学者们的社会调研中也发现并感受到市民对农民工的复杂情感与态度。

---

① ［美］亨廷顿：《变化社会中的政治秩序》，王冠华等译，上海三联书店 1989 年版，第 40 ～ 41 页。

② 张静：《身份认同研究》，上海人民出版社 2006 年版，第 6 ～ 7 页。

1. 一般态度

据刘林平对广州农民工的调查，在生活服务、发展市场、工作环境的影响等十个问题上，市民对农民工形成了不同等级的评价，详见下表（表5－2）。

表5－2　市民对农民工的评价情况①

选　项	非常不同意	不太同意	一般	比较同意	非常同意	很难说
1. 农民工为市民生活提供便利	0.6%	12.9%	23.4%	50.8%	6.3%	6.0%
2. 农民工提供廉价服务，降低了市民生活成本	0.6%	17.9%	30.2%	39.3%	4.2%	7.7%
3. 农民工增加消费，繁荣了市场	2.2%	18.5%	32.9%	37.5%	2.4%	6.5%
4. 广州的经济发展离不开农民工	0.4%	11.3%	22.4%	51.6%	8.1%	5.6%
5. 农民工干了城里人不愿干的脏活、重活、危险活	0.2%	6.0%	9.9%	60.3%	22.0%	1.0%
6. 农民工导致违法犯罪现象的增加	0.6%	17.3%	17.1%	41.9%	15.1%	7.9%
7. 农民工影响城市卫生环境、市容	0.8%	13.7%	17.3%	47.4%	14.9%	5.8%
8. 农民工与城里人争饭碗，减少城市人就业机会	0.8%	19.6%	16.5%	42.3%	17.7%	3.0%
9. 农民工造成城市交通拥挤	0.8%	20.8%	25.2%	37.5%	7.5%	7.3%
10. 农民工乱摆乱卖，贩卖假冒伪劣产品，扰乱市场秩序	1.0%	17.1%	27.8%	35.3%	7.7%	11.1%
11. 农民工败坏城市社会风气	1.8%	26.2%	31.3%	21.4%	3.6%	15.7%

从表中我们可以总体上分析市民对农民工的评价等级，总的来说，市民对农民工的评价总体不高。在这种评价中我们可以发现一些更为详细的信息，比如，市民对农民工的总体评价虽然不高，但是他们对农民工工作的承认度比较高，有超过八成的人认同这一点；而对于广州经济发展和广州居民个人家庭生活离不开农民工这个问题，有超过六成的人也是赞同的。这是对农民工自身作用的肯定，可以看做是对农民工的积极评价。但是同时我们也要看到，市民对农民工的负面评价也同样存在。比如，超过六成的市民认为农民工影响了广州的市容市貌、影响了广州居民的就业，还有接近六成的人认为农民工应该为广州的治安状况

① 刘林平. 交往与态度：城市居民眼中的农民工——对广州市民的问卷调查［J］. 中山大学学报（社会科学版），2008（2）.

负责。

与前文的数据分析比较可知，即使到了新世纪，市民对农民工的态度依然是比较复杂的，一方面看到了农民工所做的贡献和不可替代的作用，另一方面也的确存在很多农民身上固有的劣根性，给城市生活提供便利的同时也带来了不便。

2. 污名化

污名，在古希腊语的古老含义中意指在脸上所烙的印记。把污名当做一个核心概念引入社会科学中的人是戈夫曼，并且他开创了对污名资格的研究，划分出三种类型的污名：可传递的部族性的污名、令人不快的身体和个人品格的污点。[①] 林克等人进一步考察了污名背后相互纠缠的四种成分：先是辨析并标定差异，并把差异和消极特质相关联，然后区分出“他们”和“我们”，最后是作为结果的地位缺失和歧视，亦即社会排斥。[②] 污名化过程对施污者而言，是对社会资源、机会和权力的垄断，以及优势地位或权势地位的建构、维持和再生产。[③] 但对受污者而言，不仅使他们丧失了作为共同体成员所应当得到的权益、福利和生活机会，也会对他们的社会心理生活产生致命的伤害，其核心是认同威胁[④]和自我耗竭。[⑤]

农民工自从在城市出现的第一天起，“盲流”这个称谓的出现即是“污名化”的开始。而其后出现的“打工仔”、“打工妹”，甚至是“农民工”这个称谓，无不存有“污名化”的痕迹。新世纪以后，对外出务工的农民有了统一合法的称谓“农民工”，在党的文献中也出现了“新工人阶级”的称谓，在有的城市甚至出现“新市民”的称呼。这些称呼虽然比“盲流”更加文明与文雅，但是不能否认我们曾经对农民工污名化的历史，也不能完全摒除当下市民以及政府对农民工的歧视以及偏见。

对农民工污名化的过程，体现了施污者——部分市民甚至是政府对社会资源、机会和权力的垄断，体现了市民对自身优势地位的构建和维持；同时，在这

---

① Goffman E. Stigma：*Notes on the Management of Spoiled Identity*. N. J.：Prentice – Hall，1963：4. 转引自方文. 群体资格：社会认同事件的新路径［J］. 中国农业大学学报（社会科学版），2008（1）.

② Link B G，Phelan J C. Conceptualizing Stigma. *Annual Review of Sociology*，2001，27：363 ～85. 转引自方文. 群体资格：社会认同事件的新路径［J］. 中国农业大学学报（社会科学版），2008（1）.

③ Crocker J，et al. Social Stigma. *The Handbook of Social Psychology*，1998，2：53 ～504. 转引自方文. 群体资格：社会认同事件的新路径［J］. 中国农业大学学报（社会科学版），2008（1）.

④ Major B. The Social Psychology of Stigma. *Annual Review of Psychology*，2005，56：393 ～421. 转引自方文. 群体资格：社会认同事件的新路径［J］. 中国农业大学学报（社会科学版），2008（1）.

⑤ Inzlicht M. Stigma as Ego Depletion：How being the Target of Prejudice Affects Self – Control. *Psychological Sci – ence*，2006，17（3）：262 ～269. 转引自方文. 群体资格：社会认同事件的新路径［J］. 中国农业大学学报（社会科学版），2008（1）.

的 1/7。[①]

这是继 1989 年短暂回落之后出现的迅速反弹，从某种程度上反映了农村劳动力就业的严峻形势。于是从 90 年代开始，国家加大了对农村剩余劳动力安置的力度。其中的一个突出变化，就是以前片面地抓城镇就业工作的政府劳动部门，这时已积极介入到农村劳动力的就业安置中来。

在这一个时期，国家出台了一系列有利于农村劳动力流动、就业的政策措施。比如，1993 年 12 月劳动部制定了《关于建立社会主义市场经济体制时期劳动体制改革总体设想》，为城乡劳动力市场建设做出了具体规划。1997 年 6 月，劳动部下发了《关于贯彻〈关于实施社区“千校百万”外来务工青年培训计划的意见〉的通知》，通知要求各地劳动部门要组织和指导那些已取得就业证并有稳定岗位的城市外来务工青年有计划地参加培训活动。2000 年 1 月 17 日，劳动保障部在《关于印发做好农村富余劳动力流动就业工作意见的通知》中提出要建立流动就业信息预测预报制度；提高流动就业农村劳动力职业技能；加强区域劳务协作；保障流动就业农村劳动力合法权益。半年以后，劳动保障部等 7 部门联合发布《关于进一步开展农村劳动力开发就业试点工作的通知》：制定建立统一劳动力市场总体规划；逐步建立统一的就业制度；探索建立劳动力一体化管理的制度和政策；大力组织转移培训；鼓励扶持返乡创业；等等。

户籍制度在此时期也进行了有利于农民（工）的改革，1997 年 6 月 10 日，国务院批转公安部《关于小城镇户籍管理制度改革试点方案》和《关于完善农村户籍管理制度意见的通知》，通知规定了在小城镇办理城镇常住户口的条件；在小城镇落户的人员可享受当地原有居民同等待遇；对在小城镇落户的人员不得收取或者变相收取城镇增容费。

从这一时期政策内容的延续性看，国家出台各项政策措施积极促进农村剩余劳动力就业、积极培训外来务工青年以及为农民（工）就业提供尽可能多的服务，这表明政策在向着一个有利于外来务工人员的方向发展，对于这一时期农民工公民资格的发展无疑具有积极意义。

但是我们也要看到，这一时期大量农村劳动力涌入城市引发了一系列社会问题，为消除农村劳动力外出的消极影响，中央在“有序化”[②] 管理目标的基础上进一步加强了对农民工的管理。主要表现在：

第一，“证卡合一”制度。继 1994 年 11 月颁布的《农村劳动力跨省流动就业管理暂行规定》明确提出“证卡合一”制度以后，劳动部于 1995—1996 年又

---

① 转引自宋洪远：《改革以来中国农业和农村经济政策的演变》，中国经济出版社 2000 年版，第 369 页。

② 《劳动部关于印发〈再就业工程〉和〈农村劳动力跨地区流动有序化——“城乡协调就业计划”第一期工程〉的通知》，1993 年 11 月 3 日。“有序化”的具体内容包括：输出有组织；输入有管理；流动有服务；调控有手段；应急有措施。

先后发布通知，要求各地劳动部门抓紧做好“外来人员就业证”和“外出人员就业登记卡”的发放和管理工作。

第二，春运期间的用工限制。从1996年起，国家规定，在春节后一个月内，输出地区劳动部门停止向新民工发放外出人员就业登记卡，用人单位暂停招收外地新民工。

第三，外来人口暂住政策。1995年6月2日，公安部公布了《暂住证申领办法》，规定离开常住户口所在地、拟在居住地居住一个月以上的年满16周岁人员，在申报暂住户口登记的同时，应当申领暂住证。暂住证为一人一证，有效期限最长为一年。

5. 2003年以来：保障权益和促进公平流动

党的十六大召开以来，随着构建“社会主义和谐社会”理念的普及，公平正义成为社会发展的主旨。1.3亿跨区域流动的农民工成为中国社会经济发展中的一个突出现象，是任何政府都无法忽视的一个群体。农民工从混饭吃的“盲流”，逐渐成为城市社会稳定和发展不可或缺的组成部分。这个时期，中央的农民工政策逐渐增多、细化，从管理、限制向着保障权益、提供服务的方向发展。

2003年1月5日，国务院办公厅出台的《关于做好农民进城务工就业管理和服务工作的通知》（国办发［2003］1号）是政策转向的标志性文件。这份文件要求提高对农民进城务工就业管理和服务工作的认识；取消对农民进城务工就业的不合理限制；解决拖欠和克扣农民工工资问题，用人单位必须依法与农民工签订劳动合同；改善农民工的生产生活条件；做好农民工培训工作；多渠道安排农民工子女就学。

2003年1号文件颁布实施以后，我国农民工工作发生了全面的转向。2003年4月，国务院公布了《工伤保险条例》，扩大了工伤保险的适用范围，把农民工纳入其中，并享受和城市企业职工一样的工伤保险；2003年9月17日，国务院办公厅转发了教育部等七部委的《关于进一步做好进城务工就业农民子女义务教育工作的意见》，将进城务工就业农民子女义务教育工作纳入当地普及九年义务教育工作范畴；[①] 2003年9月18日，国务院办公厅转发《2003—2010年全国农民工培训规划的通知》：开展“阳光工程”，分两阶段对不同规模农村劳动

① 这份文件的具体规定包括：将进城务工就业农民子女义务教育纳入城市社会事业发展计划和城市基础设施建设规划，安排保障经费，合理核定教职工编制；发挥公办中小学的接收主渠道作用，“加强对以接收进城务工就业农民子女为主的社会力量所办学校的扶持和管理”，建立农民工子女接受义务教育的经费筹措保障机制，减轻农民工子女教育费用的负担。

力开展转移就业前的引导性培训、职业技能培训和岗位培训；[①] 2003 年 10 月 14 日，中共中央在《关于完善社会主义市场经济体制若干问题的决定》中规定：改善农村富余劳动力转移就业的环境，取消对农民进城就业的限制性规定，逐步统一城乡劳动力市场，形成城乡劳动者平等就业的制度，在城市有稳定职业和住所的农业人口，可按当地规定在就业地或居住地登记户籍，并依法享有当地居民应有的权利，承担应尽的义务；2004 年 2 月 8 日，中共中央、国务院在《关于促进农民增加收入若干政策意见》（中发［2004］1 号）中提出要保障进城就业农民的合法权益；加强对农村劳动力的职业技能培训，提高培训资金的使用效率和培训效果；在国发办［2004］92 号文中取消了专为农民工设置的登记项目，实行暂住证一证管理；城市各级公共职业介绍机构要免费向农民工开放；进一步解决拖欠农民工工资问题。[②]

2006 年 3 月 27 日，国务院颁布了《关于解决农民工问题的若干意见》（国发［2006］5 号）。这个文件在 2003 年 1 号文的基础上表明中央政府的农民工工作不仅在认识上更进一步，在行动上又上了一个新台阶。文中提出要解决农民工工资偏低和拖欠问题；依法规范农民工劳动管理；搞好农民工就业服务和培训；积极稳妥地解决农民工社会保障问题；切实为农民工提供相关公共服务；健全维护农民工权益的保障机制；促进农村劳动力就地就近转移就业；加强和改进对农民工工作的领导；逐步建立城乡统一的劳动力市场和公平竞争的就业制度，建立保障农民工合法权益的政策体系和执法监督机制，建立惠及农民工的城乡公共服务体制和制度。

由此可见，中央对农民工问题的解决已经进入一个全面解决各种问题的新阶级。在这个纲领性文件的指导下，2006 年以后农民工获得了进一步的政策认同与扶持。比如，2007 年 1 月 29 日，中共中央发布《关于积极发展现代农业扎实推进社会主义新农村建设的若干意见》（中发［2007］1 号），其中指出要加强农民转移就业培训和权益保护，……做好农民工就业的公共服务工作，加快解决农民工的子女上学、工伤、医疗和养老保障等问题，切实提高农民工的生活质量和社会地位；2008 年 1 月 1 日颁布实施的《中华人民共和国就业促进法》规定农村劳动者进城就业享有与城镇劳动者平等的劳动权利，不得对农村劳动者进城就业设置歧视性限制。2008 年 1 月 30 日，在中共中央、国务院发布的《关于切

---

① 2004—2005 年，重点支持粮食主产区、劳动力主要输出地区、贫困地区和革命老区开展短期职业技能培训，探索培训工作机制，为大规模开展培训奠定基础，培训农村劳动力 500 万人，年培训 250 万人；2006—2010 年，在全国大规模开展职业技能培训，争取建立健全农村劳动力转移培训机制，加大农村人力资源开发力度，培训农村劳动力 3000 万人，年培训 600 万人；2010 年以后，按照城乡经济社会协调发展的要求，把农村劳动力培训纳入国民教育体系，扩大培训规模，提高培训层次，使农村劳动力的科技文化素质总体上与中国现代化发展水平相适应。

② 2004 年 12 月 27 日颁发的《国务院办公厅关于进一步做好改善农民进城就业环境工作的通知》。

实加强农业基础建设进一步促进农业发展农民增收的若干意见》（中发［2008］1号）中提出要探索把城镇有稳定职业和固定住所的农民登记为城市居民的办法；采取强有力的措施，建立农民工工资正常增长和支付保障机制；健全农民工社会保障制度，加快制订低费率、广覆盖、可转移、与现行制度相衔接的农民工养老保险办法，扩大工伤、医疗保险覆盖范围；鼓励有条件的地方和企业通过多种形式，提供符合农民工特点的低租金房屋，改善农民工居住条件。

二、对中央政府农民工政策的分析

（一）政策分析的文本学方法

文本分析方法是马克思主义哲学家张一兵标注的一种新经典著作研究方法，是马克思主义哲学发展史上的“五大解读模式”① 之一。从最宽泛的意义上说，文本学的文本指一切可以解读的对象，包括有形的文字和无形的语言。

政策文本根据制定主体的权威可以分为如下效力层级：一是中央制定的效力文本，包括中共中央、全国人大及其常委会、国务院及其各部委制定的政策文本，效力依据先后顺序递减；二是省级与较大市制定的政策文本，与中央制定的政策层次类似、效力类似；三是地级市与县乡政府制定的政策文本，这个效力层级的政府所在地的人大不能制定法规；四是基层自治组织落实政府决策制定的政策执行文本。

根据其类型又可以分为这样五种：一是政策原文本，是政府开始处理某一类政策问题时形成的最初政策文本；二是政策执行文本，是对第一类文本执行而生成的文本类型，在权威性上略低于第一种，包括各种法规形式解释形成的文件，也包括对政策执行中出现问题进行批复形成的各种具体指示，还有各种实施上层法规形成的各种名目的政府文件，以及政策过程中官方评价或总结形成的文件；三是政府宣传文本；四是政策分析文本；五是政策阅读文本。

在国内，对农民工政策的研究非常薄弱。据刘小年的研究，以华中师大徐勇为首的学术团队在乡村政治研究的基础上做出了一定的研究，发表了少量的专著和论文，专门与系统的研究还没有，而刘小年的博士论文《农民工的行为研究：政策过程的视角》，可以认为是系统研究的一个成果。

在农民工政策的文本解读中，胡鞍钢的解读堪称代表。他认为：中国农民工政策可分为红灯、黄灯、绿灯三个阶段。红灯阶段是从20世纪50年代中期到

① 其他模式包括：西方马克思学模式、西方马克思主义人本学模式、阿尔都塞模式、前苏东学者的模式。

1983年底，基本是不允许农村人口进入城市；黄灯阶段是从1984年到20世纪末，允许农民自带口粮进城，但农民进城还有违反当地政府就业、居住等规则的问题；进入21世纪后，中国在第十个五年规划中首次明确要促进农业劳动力大规模转移，并提出每年800万的目标，中国农民工政策由此步入绿灯阶段。

胡鞍钢认为，农民工问题的本质是“一国两制”问题，即中国于20世纪50年代建立的城乡两种不同居民身份的制度安排，让农民工处于一种“既不着（农）村，也不着城（市）”的环境里，使农民工个人收入转移支付、个人及家庭的公共服务形成一个巨大缺口。虽然目前中国农民工政策处于绿灯阶段，但并没有从本质上解决“一国两制”问题，在新的执政理念镜像中，农民工问题反而日益凸显。他认为，今后中国农民工政策发展的方向是彻底解决“一国两制”问题。具体来说，……解决农民工问题的最终目的，或者说中国农民工政策的目标，就是使农民工成为市民、成为真正意义上的公民，它将成为继土地改革、“大包干”之后中国农民的“第三次解放”，对构建中国社会主义和谐社会具有重大意义。①

现有的少量的对农民工政策的解读，形成了以下几点共识：一是中国农民工政策对农民流动就业的价值取向有一个从禁止到开放的过程，虽然中间有曲折；二是中国农民工政策反映了一种长期以来重管理、轻服务的态度；三是认为中国的农民工政策存在很大的执行效率问题；四是新世纪以后的农民工政策在“以人为本”思想指导下逐步向公平正义的方向转变，比以前更加注重解决农民工问题，维护农民工利益。

（二）对中央政府农民工政策进行文本分析的结论

本书对中央政府农民工政策的文本分析，虽然也认同以往分析所得到的一些结论，也会采用以往分析的角度，但是，本书分析的重点在于中央政府政策对于农民工公民资格的认同与权利保障。

1. 从时段特征来说，本书基本认同胡鞍钢的分析

从改革开放至今，虽然有1989年政策的反复，但总的来说，中央政府对农民工流动政策是逐步放宽的：从改革开放之初沿袭传统做法的严格限制到八九十年代的有限制流动再到新世纪的鼓励流动。农民工越来越像这个国家的主人，在自己家园里的行动越来越自由了。他可以像市民一样，只要经济条件允许，只要主观愿意，他可以随意选择自己的生活方式。按照目前的发展态势，使我们有理

---

① 参阅孙自法．中国存在“四农”问题，农民工问题是核心［J］．农村、农业、农民（B版），2005（10）．

由相信，只要假以时日，政策对农民工的包容度将会越来越大。从公民资格所内含的关于公民权利的界定来说，中央政策对农民工公民自由流动权利是逐步加以认可的。从纵向的时间跨度来看，至少在公民自由流动权利方面，农民工的公民资格是逐步发展的。

2. 从政策内容来说，存在从单一到多元的发展过程

在早期，关于农民工的政策内容侧重于逐步允许农民流动外出和逐步取消对农民工就业的限制。这主要体现在以下政策文件中：1984 年 10 月 13 日，国务院下发的《关于农民进入集镇落户问题的通知》；1984 年 2 月 25 日出台的《国务院关于合作商业和个人贩运农副产品若干问题的规定》；1985 年 1 月 1 日出台的《中共中央、国务院关于进一步活跃农村经济的十项政策》中允许农民进城开店设坊，兴办服务业，提供各种劳务；1986 年 7 月 12 日，国务院发布的《国营企业招用工人暂行规定》中允许国有企业招收农村工人；劳动部、国务院在 1988 年 7 月 15 日特别出台的《贫困地区经济开发领导小组关于加强贫困地区劳动力资源开发工作的通知》；等等。

中期经过 1989 年的政策反复之后，在 1992 年邓小平南巡讲话的鼓励下，农民工外出流动的限制进一步放宽，而且走上了“有序化”流动与管理的轨道。比如劳动部等部委在 1991 年 1 月 26 日发布的《关于建立并实施中国农村劳动力开发就业试点项目的通知》和劳动部 1993 年 11 月 3 日颁布的《关于印发〈再就业工程〉和〈农村劳动力跨地区流动有序化——“城乡协调就业计划”第一期工程〉的通知》中都对农民工有序流动提出了具体的要求。这个时期相对于早期来说，在农民工就业安置上，经历了从早期取消农民工就业限制到中期积极拓宽和促进农民工就业的变化。此时期也是政府出台农村劳动力就业政策较多的一个时期。① 由此可见，从取消就业限制到积极促进就业再到增加培训与服务，这样一个变化体现了中央政策对农民工问题关注面的扩大。

新世纪特别是党的十六大召开以来，中央政策对农民工的关注面大大超越了早中期的关注范围，即从流动、就业向更深、更广的领域延展。2003 年 1 月 5 日，国务院发布的《关于做好农民进城务工就业管理和服务工作的通知》（国办发［2003］1 号）在中国农民工政策史上是一个里程碑意义的文件。在这个文件中，中央提出要提高对做好农民进城务工就业管理和服务工作的认识。②

在这个文件的总体指导下，中央针对农民工工作的某个方面又专门制定了政策：比如，《工伤保险条例》扩大了工伤保险的适用范围，使农民工和城市企业职工在工伤保险面前不再有差别；《关于进一步做好进城务工就业农民子女义务

---

① 具体内容详见本节第二部分。

② 具体内容见前文。

教育工作的意见》将进城务工就业农民子女义务教育工作纳入当地普及九年义务教育工作范畴；《2003—2010年全国农民工培训规划的通知》分两阶段对不同规模农村劳动力开展转移就业前的引导性培训、职业技能培训和岗位培训；《关于进一步做好改善农民进城就业环境工作的通知》取消专为农民工设置的登记项目，实行暂住证一证管理，城市各级公共职业介绍机构要免费向农民工开放，进一步解决拖欠农民工工资问题；《关于解决农民工问题的若干意见》要解决农民工工资偏低和拖欠问题，搞好农民工就业服务和培训，积极稳妥地解决农民工社会保障问题；《中华人民共和国就业促进法》使农村劳动者进城就业享有与城镇劳动者平等的劳动权利；《关于切实加强农业基础建设进一步促进农业发展农民增收的若干意见》中要求建立农民工工资正常增长和支付保障机制，健全农民工社会保障制度，扩大工伤、医疗保险覆盖范围，改善农民工居住条件；等等。

分析三个时期农民工政策的内容可知，各个时期政策内容的侧重点各不相同。早期侧重于放开流动和取消就业限制，中期侧重于有序流动和促进农民工就业，而新时期则在前两个时期的基础上侧重于保障农民工各项经济、社会权益。从公民资格所内含的权利内容来说，如果说权利保障越全面，公民资格越充分，那么，中央政策对农民工的权益保障范围在一定程度上体现了农民工公民资格的发展程度，也在一定程度上体现了中央对农民工公民资格的认同程度。

如果以上推理能够成立的话，反观改革开放以后中央农民工政策的变化可知：在早期，中央政策对农民工公民资格的认同仅局限于自由流动和允许并促进就业。虽然在政策文件中多次提到要对农民工的流动和就业提供服务，但缺少具体规定。相对于公民资格权利的丰富内容来说，仅对这两项内容的认同并不能算是对农民工公民资格的完全认可。但在中后期，特别是党的十六大以来，中央政策对农民工公民资格的认同就远远突破了农民工流动和就业，而是向经济与社会权利的各个方面拓展。[①] 农民工经济、社会权利在政策规定中的拓展，反映了中央政府对农民工公民资格的认同度在提升，这为农民工公民资格的发展提供了客观的制度保障。

3. 从权利均衡性来看，农民工政治、经济、社会权利的认同与保障具有费孝通意义上的“差序格局”

中央对农民工权益的认可与保障首先是从经济权利着手，继而发展到对社会权利的认可与保障，而对农民工政治权利的认同与保障在中央文件中鲜有涉及，只是最近三年的事情。

---

① 在政治权利上，目前虽然中央有文件规定要求各地积极探索农民工参与流入地公共事务管理、参政议政的规定，也要求各地积极探索城乡不同的政治参与方式和途径的衔接办法，但是，实际效果不尽如人意，这也是目前农民工政治权利不充分的客观限制因素。

2003年1号文是国务院第一次就农民工问题专门发文。在这份具有里程碑意义的文件中，其中心是做好“农民进城务工就业管理和服务”的工作。如果从农民工公民资格权利角度解读文件内容，可知中央对农民工公民资格权利的认识在此时大多停留在经济权利的认同与保障上。

而2004年国办发的92号文①在2003年1号文的基础上，继续强调了进一步做好农民进城就业管理和服务工作的重要性，在维护保障农民工劳动权益的同时做好服务和培训工作，并且提出要加强劳动合同管理和劳动保障监察执法、及时处理农民工劳动争议案件、支持工会组织依法维护农民工权益、做好农民工工伤保险工作；等等。在认同和保障农民工经济权利的同时，首次提出做好农民工工伤保险工作。从中央政策的演进来看，中央政府对农民工公民资格权利问题的认识已经从经济领域向社会权利领域拓展。但是重点仍然在经济权利的保障上，为农民工追讨工资仍然是2004年前后最重要的工作。②

2005年12月，温家宝总理在《中央农村工作会议上的讲话》中提到了“关于当前农业和农村工作的几个问题”。在对经济权利进行一如既往的强调以后，还提到了积极稳妥地解决农民工社会保障问题，优先解决工伤保险和大病医疗保障问题；保障农民工子女平等接受义务教育；健全维护农民工权益的保障机制，加大维护农民工权益的执法力度等。温家宝总理的这次讲话，虽然不是针对农民工问题的专门讲话，但是，在讲话中我们发现，中央已开始直面农民工社会保障问题，在2004年92号文的基础上，对农民工的社会权利保障从强调“工伤保障”到“积极稳妥地解决农民工社会保障问题，优先解决工伤保险和大病医疗保障问题”，仅就农民工社会权利来说，这不能不说是一个进步，表明中央对农民工社会权利认同与保障问题进一步重视。

2006年国务院又一次就农民工问题专门发文。③ 2006年5号文是继2003年1号文的另一个具有里程碑意义的文件。这份文件在继承前期农民工工作重点的基础上，第一次全面阐述了国家对农民工工作的认识与部署，并且第一次涉及了农民工政治权利问题。在第25条中明确提出：“保障农民工依法享有的民主政治权利。招用农民工的单位，职工代表大会要有农民工代表，保障农民工参与企业民主管理权利。农民工户籍所在地的村民委员会，在组织换届选举或决定涉及农民工权益的重大事务时，应及时通知农民工，并通过适当方式行使民主权利。”

这份文件对农民工公民资格的政治权利认同与保障只是一种原则性的规定，

---

① 指国务院办公厅发布的《关于进一步做好改善农民进城就业环境工作的通知》。

② 为此，国务院办公厅转发建设部等部门《关于进一步解决建设领域拖欠工程款问题意见的通知》（国办发［2004］78号）中专门就解决农民工工资问题进行了全面部署，并且落实了责任对象。

③ 指《关于解决农民工问题的若干意见》（国发〔2006〕5号）。

对于如何对接城乡不同的参政议政渠道、如何保障农民工在城市社会的参政议政权利等问题并没有可操作性的制度设计与规划。即使如此，在中央文件中已经涉及到农民工的政治权利，不能不说是一种进步。不管制度设计是否周全，至少到 2006 年，农民工在中央政策视域中已经基本具备了公民资格的三大权利。

2007 年 3 月 16 日，第十届全国人民代表大会第五次会议通过了《关于第十一届全国人民代表大会代表名额和选举问题的决定》，其中第九条规定："第十一届全国人民代表大会代表中，来自一线的工人和农民代表人数应高于上一届。在农民工比较集中的省、直辖市，应有农民工代表。"于是，在 2008 年的全国"两会"上，"农民工代表"成为"两会"的热点之一；之后，越来越多的农民工进入了人大代表的行列，成为了不少地方人大换届选举的一个新亮点。有媒体评论说，"农民工代表"的隆重登场，成为我国社会主义民主政治建设中一个具有里程碑意义的标志性事件。这也意味着农民工政治权利从文本走向了实践。

从以上分析内容来看，中央政府对农民工公民资格权利的认同与保障经历了一个从经济权利、社会权利到政治权利的逐步拓展过程。对于农民工来说，其公民资格权利的发展也经历了一个从经济权利、社会权利到政治权利的逐步拓展过程，其被认同、落实保障经历了一个费孝通意义上的"差序格局"。现在，虽然中央文件中也曾涉及农民工参政议政、参与公共事务管理的问题，但是，其实施可能还需要假以时日。目前的一个突破点是在从全国到地方的人大代表中，我们已经发现了农民工代表的参政议政的身影。而对于城乡参政渠道的拓展与对接还需要进一步的制度创新。可以认为，农民工政治权利是农民工权利之树上新抽出的一条嫩枝。

4. 从管理本位到服务本位的变化

综观改革开放以来中央对农民工政策的价值取向可以发现，其经历了一个从"管理本位"到"服务本位"的政策转型。

在 2003 年之前，关于农民工的中央政策体现出"管理"和"放松管理"的价值取向，总的来说还是"管理本位"。比如，1983 年前，严格控制农村劳动力流动，严格控制城市各部门从农村招工；1989 年在 1984—1988 年放松管理的基础上再一次加强了对农村劳动力流动的管理，控制盲目流动；1992—2002 年间，在 1989 年放松管理的基础上加强对农民工有序流动的管理，从而使这个阶段对农民工的管理进入规范化阶段，流动就业证和暂住证的使用是其突出表现。[①] 在规范管理的同时，中央也出台政策取消对农民工的不合理管理办法与事项，这是规范管理的一个必然步骤。比如，2001 年国家计委、财政部在 10 月份联合发出了《关于全面清理整顿外出或外来务工人员收费的通知》。《通知》要求"全面

① 具体内容见 1994 年 11 月，原劳动部公布的《农村劳动力跨省流动就业管理暂行规定》。

清理主要面向外出或外来务工人员的各种收费，包括行政事业性收费和经营服务性收费”。①

以2003年1号文为标志，中央对农民工政策发生了根本的转向，从“管理本位”转向“服务本位”。在这个文件思想的指导下，一方面继续大力清理了原先政策中对农民工的不合理限制，比如，2003年《国务院关于取消第一批行政审批项目的决定》中要求，各地区、各有关部门要取消对企业使用农民工的行政审批，取消对农民进城务工就业的职业工种限制；2004年底的《关于进一步做好改善农民就业环境工作的通知》要求各级地方政府特别是城市政府要清理和取消针对农民进城就业等方面的歧视性规定及不合理限制，取消对农民进城就业的职业工种限制，完善对农民进城就业的职业介绍服务、加强针对农民进城就业的培训工作等。

另一方面，中央政府开始积极为农民工工作、生活、发展等方面提供服务。比如，2003年《关于进一步做好进城务工就业农民子女义务教育工作的意见》中其中规定将进城务工就业农民子女义务教育工作纳入当地普及九年义务教育工作范畴；《2003—2010年全国农民工培训规划的通知》分两阶段对不同规模农村劳动力开展转移就业前的引导性培训、职业技能培训和岗位培训；《国务院办公厅关于进一步做好改善农民进城就业环境工作的通知》中取消专为农民工设置的登记项目，实行暂住证一证管理，城市各级公共职业介绍机构要免费向农民工开放，进一步解决拖欠农民工工资问题；《关于解决农民工问题的若干意见》中要建立惠及农民工的城乡公共服务体制和制度；《关于积极发展现代农业扎实推进社会主义新农村建设的若干意见》中也提出要做好农民工就业的公共服务工作，加快解决农民工的子女上学、工伤、医疗和养老保障等问题，切实提高农民工的生活质量和社会地位；等等。

5. 中央农民工政策对农民工身份的认同过程

新中国成立以来，对农村外出人员的称谓和作用随着历史的发展也出现了不同的变化与认识：从“盲流”转变为“产业工人”。在20世纪50～70年代，为了保证城镇人口就业、保障城镇居民粮食供给等目的，连续出台了多个文件，劝

---

① 农民工进城向往平等［N］. 瞭望新闻周刊，2002-2-25.

导、限制、禁止农村人口流入城市。[1]“各单位一律不得私自从农村中招工和私自录用盲目流入城市的农民”，“招用临时工必须尽量在当地城市中招用，不足的时候，才可以从农村中招用”，[2] 不得让流入城市的农民取得城市户口。[3]

在“大跃进”和“文化大革命”期间，政策出现了一些反复，但这个时期的政策主流是限制农民外出，不承认农民在城市的合法居留权。而对于违反国家政策法规规定强行进入城市的农村人口，则被称为“盲流”，他们在城市只能增加城市就业压力，加重城镇口粮供应的困难。这表明此时期国家在对农民身份认同上仍然坚持农民的“身份”认同，对其作用的认识也基本是否定的。改革开放的头几年，基本延续了这一政策。

1984 年，国务院颁发了《关于农民进入集镇落户的通知》，允许长期在城镇务工、经商、有固定职业和住所的农民，在自理口粮的情况下迁入城镇落户。《通知》的出台，成为“允许农村劳动力流动”的一个标志。到了 90 年代，国家从法律上肯定了农民工的地位。1995 年执行的《中华人民共和国劳动法》规定，只要是企业用工，统称为“职工”，打破了区域、身份和户口二元结构的限制。农民工第一次被国家给予“职工”的身份认同。

2004 年 2 月 9 日，中共中央、国务院正式发布了《中共中央国务院关于促进农民增加收入若干政策的意见》中明确指出：“进城就业的农民工已经成为产业工人的重要组成部分，为城市创造了财富、提供了税收。城市政府要切实把进城农民工的职业培训、子女教育、劳动保障及其他服务和管理经费，纳入正常的财政预算，已经落实的要完善政策，没有落实的要加快落实。”

在中央对农民工给予“产业工人”的身份认同之后，一方面，我们看到中央各项政策已开始全面保障农民工的各项权益。比如，2006 年 1 号文中要求建立城乡统一、公平竞争的劳动力市场，搞好农民工的就业服务和培训；解决农民工的社会保障问题，将农民工纳入工伤保险范围，优先解决大病医疗保障问题，逐步解决养老保障；切实为农民工提供子女义务教育、居住条件改善等公共服务；保障农民工享受民主政治权利、土地承包权益等。这标志着解决农民工问题已经在“产业工人”的身份认同下到了系统操作和全面启动阶段。

另一方面，全国部分地方或城市已经把农民工当做“新市民”，比如西安、

---

① 这些文件主要有：1952 年 7 月，政务院全国就业会议通过的《关于就业问题的决定》；1953 年 4 月 17 日，政务院发布的《关于劝阻农民盲目流入城市的指示》；1954 年 3 月，内务部和劳动部发出的《关于继续贯彻〈劝止农民盲目流入城市〉的指示》；1955 年 4 月 12 日，中共中央发布的《关于第二次全国省、市计划会议总结报告》；1956 年 12 月 30 日，国务院发布的《关于防止农村人口盲目外流的指示》；1957 年 3 月 2 日，国务院发布的《关于防止农村人口盲目外流的补充指示》，9 月 14 日发布的《关于防止农民盲目流入城市的通知》，1957 年 12 月 18 日，中共中央和国务院联合发布的《关于制止农村人口盲目外流的指示》；等。

② 参见国务院 1957 年 12 月 13 日发布的《关于各单位从农村中招收临时工的暂行规定》。

③ 详见中共中央和国务院联合发布的《关于制止农村人口盲目外流的指示》。

上海浦东等地，农民工问题已经成为地方、城市政府工作的一个重点。农民工的新市民身份在一定程度上得到了城市政府的认同，这对于农民工公民资格来说既是一个发展的标志，也是政府为推动农民工公民资格发展而发出的一个积极信号。

三、国家认同对农民工公民资格发展的意义

国家认同对农民工来说具有非同寻常的意义。因为国家及其现实代表——政府是社会公共权威机关，对社会资源有权威性的分配权力，而身份是分配社会资源的重要依据之一。也就是说，中央和地方政府是否认同农民工的市民身份，对其制定政策分配社会资源、农民工群体能否更加公平地享受到这些社会资源具有决定意义。同时，国家认同对巩固政府合法性基础、整合社会、发展经济也具有积极意义。历史已经证明，无论从国际还是从国内来说，劳动力自由流动正像商品和资本的自由流动一样，有利于增加经济总产出，提高资源配置的效率和社会的福利水平。数量近2亿的农民工群体已经成为中国社会一支重要力量，其发展稳定与否直接关乎中国社会整体稳定和经济建设的顺利进行。

但是，自由流动并非一个帕累托改进，因为“尽管有净收益，但人们的利益分配却发生了重大变化，一些人因此受到损害”。[①]“完全允许自由移民在政治上是不受欢迎的，因为那些受惠于国际移民最多的人群即移民者几乎没有政治上的发言权。[②] 利益分殊与冲突、政治上的沉默是埋藏于社会机体的炸弹，对这些“炸弹”的摘除需要国家进行积极的身份认同。汤因比曾说：“当人民无法为自己获取一种对于社会来说是至关重要的东西时……政府就应当进行干预，并且为人民提供这种东西。”[③] 对于农民工群体来说，市民身份对于其公民资格的发展具有至关重大的意义，政府应该为其提供合法的市民身份。“公民资格指个人同国家之间的关系，这种关系是个人应对国家保持忠诚，并因而享有受国家保护的权利。……一般地说，完全的政治权利，包括选举权和担任公职权，是根据公民资格获得的。公民资格通常应负的责任有忠诚、纳税和服兵役”。[④] 公民资格是一种关系，公民与国家分立在两端，中间维系这种关系的东西从政治心理上来说就是“公民的归属感”和“国家的认同感”。如果公民对自己的国家没有产生一种归属感，那么，他的政治忠诚就会令人怀疑；同样的，如果一个国家没有对其治下的公民产生一种认同感，那保护其公民权利的政治诚意也会令人怀疑。归属

---

① ［美］克鲁格曼：《国际经济学》，中国人民大学出版社1998年版，第154页。

② ［美］托马斯．A. 普格尔等：《国际经济学》，经济科学出版社2001年版，第439页。

③ 转引自顾俊礼主编：《福利国家论析——以欧洲为背景的比较研究》，经济管理出版社2002年版，第73页。

④ 《不列颠百科全书》第4卷，中国大百科全书出版社1999年版，第236页。

感和认同感的上升抑或下降，是公民与国家关系紧密抑或疏远的晴雨表，也是公民资格发展与否的显示器。

所以说，公民资格的发展是国家与公民双方共同努力的结果。当公民对某个特定的政治国家产生了归属感以后，他才能有动力在国家和社会公共事务中实践自己的公民美德，承担责任、奉献忠诚；当政治国家认同某个或某类公民的公民资格以后，才能在具体的政治行动中保护其作为国家成员的权利，履行政治国家对其国民的政治义务。

公民资格的发展从政治心理上来说，是“两厢情愿”的事情。但是这并不意味着处于关系两端的国家与公民处于完全等同的权重位置。前文的分析可以说是高度抽象的，忽略了不同的国家类型和不同的公民文化类型在公民资格问题上的差异性。这也就是说，不同的国家类型与不同的公民文化类型之间不同的组合方式，就会产生不同的公民资格类型，在不同的公民资格类型中，国家与公民在公民资格发展中的作用权重也不相同。国家类型姑且分为民主型和专制型、“守夜人”国家与“全能型”国家；公民文化按照阿尔蒙德的分析分为五类：以意大利为代表的疏远型政治文化、以墨西哥为代表的疏远与希望并存、以德国为代表的政治超然和臣民能力的结合、以美国为代表的参与型公民文化和以英国为代表的驯顺型公民文化。[①] 对于国家类型与公民文化类型的组合在这里就不一一列举了。为了论述的需要，只挑选几个有代表性的组合，借此考察公民资格发展的双方权重。

在民主国家和参与型公民文化组合中，一套完整的、运转良好的民主机制为公民通过社会运动创造了制度空间，而参与型公民文化所熏陶的公民又具有政治参与的热情与能力，这种组合以美国为代表。在这种组合中，公民资格的发展更大程度上来源于社会群体的积极争取。公民资格发展的保证来源于社会群体自下而上的制度创新。在“全能”国家与“驯顺型”公民文化的组合中，国家倾向于包办公民的一切事务，而公民在驯顺型公民文化的熏陶下也乐享其成。在这种组合中，公民资格的发展更大程度上来源于国家对社会群体公民资格的认同。公民资格发展的保证来源于国家自上而下的制度创新。

在以上列举的两种类型中，中国的情况似乎更接近后一种，全能型国家遭遇驯顺型公民文化。从计划经济时代走出来的中国政府，在现代化转型中也在积极进行政府职能的转变。但是，在计划经济时代所形成的“父爱全能型”的特征并没有完全消失。关于中国的政治文化，在古今中外思想的影响下呈现出非常复杂的特征。但从总体上呈现出两个特点，一是冷漠，二是驯顺。这两个特点从政治心理上来寻找原因，都可以归结为中国公民的政治无力感。不相信依靠自己的

---

① ［美］G. A. 阿尔蒙德、S. 维尔巴：《公民文化——五国的政治态度和民主》，浙江人民出版社1989年版。

力量能够改变自己的政治命运和国家的政治前途。所以，新中国成立以后的制度创新基本上以自上而下的制度创新模式为主，也就是所谓的强制性制度变迁模式。即使是自下而上的制度创新，在没有国家正式承认之前只能处于地下状态，它的合法性依然需要国家的认同。

在“父爱全能型”国家背景中，秉承冷漠而又驯顺的公民文化，中国农民工公民资格发展的关键在哪里呢？答案不言而喻。其实，不仅仅针对农民工这个群体而言是如此，即使是对公民意识更强的社会群体来说，其公民资格的现状和发展前景也依赖于政治国家的认同与政治制度创新。

那么，国家认同对农民工公民资格发展的意义何在？

首先，从最一般的意义上来说，公民资格代表国家与公民之间的一种关系。关系的强弱亲疏是双方共同努力的结果。国家对农民工公民资格的认同与农民工对国家的政治归属构成公民资格的两个必要条件，缺一不可。

其次，中国政府是一个“父爱全能型”的政府，国家意志对公民个体影响甚大。农民工是否能够和市民一样享有基本相同的公民权利，在思想认识上取决于农民工公民资格能否得到国家的认同。只有在国家认识到农民工与市民的二元公民资格，认识到农民工的“二等公民”身份对农民工来说是一种社会不公正的时候，它才会进一步思考如何通过制度创新来整合新的社会身份，从而切实进行制度创新来应对农民工对公民资格的诉求。自上而下的制度创新是农民工公民资格发展的制度保证。

最后，如果没有国家的积极认同，在冷漠而又驯顺的公民文化熏陶下，不仅是中国农民工阶层，即使是公民意识更加自觉的知识分子阶层，也很难通过集体行动积极追求公民资格的发展。农民工只是“沉默的公民”，他们对公民资格发展的诉求只能是“潜在的诉求”。“潜在的诉求”要想被社会所知，需要国家打开声音传递的通道。

中央政府农民工政策演变历史反映了国家对农民工公民资格承认的过程，国家的承认对农民工公民资格的发展具有重大意义，就像上文分析的那样。但是，中央政府对农民工公民资格的认同并不意味着农民工公民资格的实际发展，因为以下两个原因：

第一，从前文政策文本分析中我们也发现，中央政府对农民工公民资格的承认本身有一个过程。一方面，对农民工公民身份的认可目前还停留在“新产业工人”阶段，并没有明确承认农民工是“新市民”，虽然我们也可以进行推导，产业工人就是生活于城市的市民，承认农民工是产业工人，其实间接承认了农民工的市民身份。但是情况并不完全如此。中央政策对农民工产业工人的身份定位，仅仅是从职业身份出发，而市民身份定位却是一个全方位的定位，不仅仅包括职业身份，还包括政治角色、社会角色、政治心理等方面的内容。另一方面，对农民工公民资格权利的承认侧重于经济权利和社会权利，而对于政治权利涉及甚少。所以说，中央政府对农民工公民资格的承认本身还有一个很大的发展空间。

第二个原因，中央政府农民工政策更具有一种宏观性，其具体实施者是各地方政府。这样，地方政府对中央农民工政策的贯彻执行力度直接决定了中央政策的效果，继而影响到农民工公民资格的发展状况。所以，中央政府对农民工公民资格的认同是必要的，同时，也不能忽视地方政府的作用。本章所要讨论的农民工公民资格的国家认同，其实包括两个方面，一是中央政府认同对农民工公民资格的发展影响，另一个是地方政府在农民工公民资格发展中扮演的角色和起到的作用。

第二节　城市政府对农民工市民身份的认同

一、1978—2003 年城市政府对农民工的态度变化与管理创新①

中央政府对农民工公民资格的认同是农民工公民资格认同的一个维度。具体执行政策的国家官僚机构和地方政府在农民工公民资格认同问题上也起到举足轻重的作用。在这一节当中，我们将考察城市政府对农民工公民资格的认同过程。这个过程包括三个方面，每一个方面都牵涉到政府机构对农民工的逐步接纳和自身对从计划经济向市场经济转型的适应。但是，即使有国家政策的引导，直到 90 年代中期，对于农民工来说，还没有更多的机会获得城镇居民的公民资格。

（一）80 年代城市政府部门对农民工态度的分歧

美国学者苏黛瑞在 20 世纪 80 至 90 年代多次到中国调研农民工问题。她先后行走于北京、上海、南京、西安、广州等十多个城市，访谈了数百的农民工和地方政府各部门的工作人员；搜集了国内重要报刊关于农民工的报道以及所发表的中央领导人的言论。从而对城市政府及其各个职能部门关于农民工态度的变化进行了细致的分析，并且随着这种态度的变化以及社会、经济形势发展，内外因素的共同作用使城市政府对农民工的管理方式也发生着缓慢但明显的变化。

---

① 参见 Dorothy J. Solinger. Contesting Citizenship in Urban China［M］. California：University of California Press，1999.

在整个80年代，改革开放带来的新发展动力增加了城市对劳动力的需求，虽然在户籍、雇佣制度、粮食供应、水电、住房等社会管理和社会服务方面没有进行大的改革，但是这些都没能阻止农民工进入城市，就像苏黛瑞在书中描述的那样："计划经济再也不能有效阻止城市中的人口流动。"① 80年代，这些在没有法律明确许可的情况下进入城市的农民工，其身份依然是农民。在国家的再分配体制中，国家承诺给他们的那部分社会福利与资源依然通过家乡的基层政府来负担，所以虽然他们来到城市，却被拒之于城市的再分配之外。粮食供应、福利分房、社会保障等方面的责任城市政府并不承担，这说明，农民工在这个时期承担了城市发展的责任，做出了贡献，却并没有享受到权利与发展的成果。

这是一个矛盾，也是社会对农民工的不公正对待。这一切都源于农民工不是城市常住人口，不具有城市市民身份使然。不是常住人口，不具备市民身份，却可以在城市工作，这与城市政府的经济发展任务以及把促进经济发展作为自己主要职责的城市政府职能部门的"发展偏好"密切相关，他们也是农民工能够立足于城市的支持者，虽然这群支持者有很重的私心，并不是出于公义。

当城市政府的各职能部门对农民工进行管理时发现，它们的职能存在交叉与重叠，而且农民工流动性强、职业变换快，使他们管理起来非常困难。同时，政府各部门追求部门利益的本性以及不愿服从其他平行部门的特性，导致政府各部门之间在管理农民工这个问题上不能达成共识，各部门对待农民工的态度差异很大。有的部门把农民工作为宝贵的资源，有的部门将其视为垃圾，主张把他们赶出城市。其实，政府部门间最大的分歧主要在于有些部门主张"稳定压倒一切"，而另有一些部门主张"经济发展压倒一切"。这种分歧产生的根源在于政府各部门的内在职责，而且直接影响其对农民工的态度。

具有"发展偏好"的政府部门主要包括：企业管理局、外贸局、粮食局、工商局、劳动局、建委、税务局、交通局等。这几个部门虽然都对农民工进城持肯定态度，但是肯定程度有差异。

对于前四个部门来说，农民工群体并没有给这些部门的工作带来直接的压力，而且因为农民工的到来，市场供应和市场需求都扩大了。比如对于粮食部门来说，农民工的到来增加了城市人口，这给粮食供应带来了一定的压力。但是与形成的压力相比，农民工进城拓宽了粮食销售市场。工商管理部门也持赞同的态度。虽然他们知道农民工中有许多人是无证经营，对他们征税，是地方政府财政收入的重要来源之一。这类部门都把经济发展作为自己主要的目标，在这一点上，他们与农民工不会发生直接的冲突。为了促进经济发展，进而为了获得自身的利益，他们也很容易阻挠政府控制民工政策的执行。

---

① Dorothy J. Solinger. Contesting Citizenship in Urban China [M]. California: University of California Press, 1999: 60.

对于后四个部门来说，这些部门也比较赞同农民工进城。因为，随着市场改革的逐步推进，企业的自主性和逐利性逐渐增强；同时，市场经济也创造了许多新的轻松的工作岗位，使城市职工可以拒绝脏、累、苦的工作岗位。这样，有些城市人不愿做的工作只有依靠这些外来民工；企业为了完成生产任务，却不得不雇佣农民工，于是政府不得不同意企业雇佣农民工的行为，继而就不得不允许农民工进城。但是，城市政府也非常清楚，过多人口涌进城市不仅会造成一种压力，而且还影响了城镇居民的充分就业，影响了城市社会的稳定，所以，虽然有些政府部门支持经济发展，但是他们出于以上考虑也倾向于减少外来民工数量。这样一来，这些部门对农民工的支持态度也不能解决现实中稳定与发展经济之间、政府部门与企业之间的矛盾。

具有“稳定偏好”的政府部门主要有：公安局、民政、市容、房管局和计生委等。农民工进城为城市社会带来了不稳定因素，增加了城市公安局“维稳”的工作压力。对于发展不好的农民工，一旦沦落为“城市难民”，民政部门还要承担救助的责任，增加本就捉襟见肘的工作经费负担。一些农民工没有固定工作，有的甚至直接从事小商小贩等流动摊点的小本经营，挤占城市道路，乱摆乱放，破坏市容整洁，增加了市容管理部门的工作量。很多农民工在离乡进城之初，就把“超生”甚至“不生儿子不罢休”作为主要奋斗目标，由于其流动性强，没有单位代管，这给计生部门的工作带来了很大的压力。所以，这些具有“稳定偏好”的政府部门，对农民工进城的态度是否定的。

当然，也有一些例外的情况出现。因为政府部门的偏好并不是一成不变的，也许在某个特定情况下会发生变化，这样他们对农民工的态度就会变得复杂。还有一种例外情况是，当某些职能部门具有“罚款”的权力，并且这种权力能够为部门带来可观的经济收益的时候，也会改变原来的偏好。因为农民工进城所增加的“成本”是整个城市社会承担的，但是“罚款”的收益却是自己的。基于这样的成本—收益计算，他们的态度也会发生一百八十度的转弯。比如当公安机关向农民工罚款的时候，他们对待农民工的态度就变得暧昧起来，因为农民工是他们的收入来源。而像建委和劳动局，他们对农民工存有偏见，认为农民工扰乱了城市就业市场，低素质带来了工程质量问题；即便如此，他们仍然允许建筑企业非法使用外来工，谋求私利。对于税务部门来说，农民工具有传奇般的逃税本领，这让他们很头痛；但是，自从农民工出现之后，国家税收就多了一个很大的来源。对于城市交通（包括铁路）部门，尽管承受了农民工蜂拥而至的巨大压力，每年“春运潮”不断，但是，这些部门也完全可以以农民工为很好的理由，向国家申请更多的用于交通基础设施的资金。

不仅政府部门在对待农民工的态度上存在分歧和复杂的情绪。而且经济发展不同的省级政府之间、城市政府之间也存在分歧。总体而言，对于一些经济发达的省份，比如广东、江苏等地，他们对待农民工流入的态度是比较复杂的，一方面他们的经济发展和现代化进程需要廉价的农民工，另一方面，他们又希望能优先雇佣本行政辖区内的农民工，这样可以优先促进本辖区内的城镇化进程，加快农村劳动力转移和他们的市民化。而对于一些劳务输出大省，比如四川、湖南、云南、贵州等，由于本地的经济发展和城镇化进程受到历史因素、地理位置和国家发展战略等多种因素的制约，他们把劳务输出作为促进当地经济发展和增加农民收入的主要手段，他们比较倾向于支持农民外出。但是也许过了一段时间以后，当地经济和社会发展也会面临"空心化"现象，从而会更加支持农民工返乡。

（二）90 年代城市政府对农民工态度的转变与管理手段创新

当农民在 80 年代大量涌进城市的时候，现行体制开始做出回应，最初中央政府对农民工现象并没有做出统一的部署，于是地方政府各行其是。在不同的时期重点似乎也有所不同。到了 20 世纪 90 年代，城市政府已对农民工进行全面的管理，包括：劳动管理、公安、工商管理、民政、计划生育、税收、公共健康、住房、贸易、运输、食品供应等。这种全面管理是伴随着城市政府对农民工态度的转变而来的。这种态度转变与两个因素有关：一是流入地城市经济社会发展的需要；二是农民工流出地政府的积极努力。

这种态度转变首先在城市政府对待农民工政策的转变上得以直观体现出来。

90 年代中期，全国人大某委员会向各地各企业下发了一个指示：企业应该从生活贫困、劳动力过多的地方雇佣工人。在这个政策的号召下，一些城市纷纷行动起来。武汉市一份材料显示：武汉市政府已经选择湖北的几个地区建立劳务合作基地。① 除了明确的国家政策倡议之外，城市政府各部门也纷纷行动起来帮助农民工寻找工作。这些机构包括地方政府、地方劳动部门、妇联及其分支机构和国有企业等。据统计，到了 90 年代中期，从 10 个劳务大省转移出的劳动力总数有 1800 万，其中 1/3 都是在政府劳动部门的联合行动下实现就业的。在城市政府部门的努力下，特别是劳动部门在城乡劳动力转移中发挥了非常重要的作用：亲自去乡村政府洽谈，为城市居民招募保姆；建议乡村政府组建建筑队进城务工；等等。

当劳动力需求地区的政府机构及企业从劳动力富余地区招工的时候，这些富余地区的政府机构也做出了积极回应，组织起来推进劳动力输出。一旦中央政府放松对地区间劳动力的管制，城乡劳务合作就会发生。据一份资料显示，两年内，江苏省的乡村政府通过与其他地区政府签订劳务合同的方式输送了超过 100

---

① Dorothy J. Solinger. Contesting Citizenship in Urban China [M]. California: University of California Press, 1999: 178.

万劳动力。南通市劳动力丰富，地方领导积极开拓新的劳动力市场，使农民工的年收入从1978年的8000元上升到1987年的15400元。[①] 在许多农村地区，村党委在输出劳动力之前，还进行一定的挑选、培训，并签订合同。据报道，1996年四川省的一份报告显示：外出农民工中的3/5都经过政府的培训，并且是在政府的帮助下外出就业。1993年年底新华社一篇报道中说“大多数地方政府采取政策鼓励农民工外出”。[②] 而有的省政府则直接在广州设立办事处，最主要的工作就是协调富余地区劳动力输出与输入地劳动部门的关系。

城市政府的态度转变还在其管理手段创新上得以体现。

80年代，我国政府和社会对外出进城就业的广大农民称为“民工潮”，一个“潮”字无比传神，一方面形象地说明了民工数量之多，另一方面也入微地表达了城市政府面对蜂拥而至农民的时候那种无错。所以，在80年代末期，也许还因为当时北京发生了比较严重的社会乱象，政府不得不逆潮流而动，再一次收紧了农民工自由流动的政策口袋。这种政策反复体现的政策特点是“一刀切”，要么放丌，要么收紧。这种“一刀切”的政策传导了政府还不能灵活应对农民工的能力困境和政策窘境。但是，这种违背市场经济规律的做法与市场经济体制的改革方向是相悖的。于是，城市政府不得不一方面允许、甚至鼓励农民工自由流动，另一方面又不得不倚重市场的力量和手段，转变自身的角色和职能，积极寻找新的途径来更好地引导、管理农民工。

进入90年代以后，城市政府在全面管理农民工的基础上实现了政府职能分化，由此带来了管理性质的些许变化。1995年，北京市以法律的形式规定了对农民工的管理措施，7月15日正式实施了《北京市外地来京人员务工管理规定》。《规定》中要求企业主雇佣农民工不仅要有用工许可证，还要为农民工提供临时住所；同时明确规定了农民工享有的服务、权益，应该缴纳的费用以及触犯法律要承担的责任。在此基础上，1996年，北京市率先建立了全国第一个“农民工服务中心”，其职责是解决劳资纠纷，并帮助引导农民工再就业。[③]

从全国其他地方来看，对农民工态度转变最大的地区是广东。80年代末期，广东省曾向相邻省份派出高级代表团，劝说他们不要让当地农民离开管辖区。但是到了1991年年底，在中央政策的引导下，广东转变了态度，并且创建了“省际劳务合作计划”，设立劳务协调中心，为农民工外出开辟渠道并加以引导与协调，加强与邻近省份湖南、广西和四川等省区的劳务合作。在国务院各部委和相

---

① Dorothy J. Solinger. Contesting Citizenship in Urban China [M]. California: University of California Press, 1999: 182.

② 同上，180.

③ 参见同上。

关9省区的支持下，1995年春天，“华南地区劳动力需求信息交换中心”成立。[①]

从以上描述中我们可知，主要的农民工流入地政府在新的社会形势下都改变了对农民工的态度和工作方式，以适应社会主义市场经济发展的需要。这种转变主要还在于用一种不违背市场机制的方式来加强对农民工的管理，在管理的同时提供最低限度的、以达到促进当地经济社会发展为最终目的的公共服务，尽可能减少“民工潮”带来的负面影响，更好解决农民工问题。这种态度转变和管理创新，从主观上来说，并不是城市政府真心接纳农民工作为平等的一员，当然也没有赋予农民工市民公民资格。地方城市政府在分歧（地方政府间的分歧与政府部门间的分歧）与财政压力下，很难积极主动把农民工纳入城市公共服务系统，农民工的公民资格在现有体制下也很难得到认同与保障。

二、2003年以后城市政府态度的进一步变化

2003年国务院1号文件“关于做好农民进城务工就业管理和服务工作”的出台，把农民工问题提到了全社会关注的中心，并成为国家工作的重心之一。从前文分析来看，虽然90年代以来，中央政府和地方城市政府关于农民工的政策也在不断调整中，但是这一次以1号文件的形式出台，说明这次不仅仅是政策的调整，而且可以看做是中央农民工政策的重大转型。在这样的政治背景下，城市政府有何反应，其态度发生了怎样的转变呢？

（一）大城市对农民工态度的转变

特大城市的政策调整往往是中央政策转型的风向标，也是带动其他地方政府政策转型的火车头。所以，本书挑选东、南、西、北四个大城市作为考察的重点。

1. 北京市政府对农民工的态度

2003年以后，北京市政府对农民工的态度发生了比较大的转变，这种转变主要体现在以前不被承认的权利得到了承认和进一步的确认。在农民工子女教育问题上，不要说北京这样的大都市，即使是其他二线城市，由于城市教育资源约束，农民工子女的义务教育不能被纳入城市义务教育体系中。即使缴纳高额的赞助费或借读费，要想就读城市的学校也非常困难，不得不就读农民工子弟学校，甚至是辍学。

---

① 参见 Dorothy J. Solinger. Contesting Citizenship in Urban China [M]. California: University of California Press, 1999.

2003 年，北京市政府在 78 号文[①]的基础上发布了《进一步做好进城务工就业农民子女义务教育工作文件意见的通知》，要求各区县政府及教育教学单位要切实保障来京务工就业农民子女在京接受义务教育的权利，使他们享有与首都儿童少年同等的受教育条件和机会；对符合来京务工就业农民子女条件的借读生免收借读费，区县财政要按学校实际在校学生人数和定额标准划拨生均经费。政府各部分各司其责，共同做好农民工子女接受义务教育工作。通过政府各部门的通力协作，农民工子女可以和普通市民子女一样接受义务教育。

但是也应该看到，如果政府间财政关系不理顺，上级只许可，而没有相应的财政支持，那么，下级政府也很难贯彻执行上级的政策。据统计，2004 年时，北京市外来人口子女从 23 万增加到 32 万人，大约增加了 9 万人。这些孩子对北京市的公立中小学校是个不小的压力。[②] 所以，有些学者和官员的态度是审慎的。比如，市政协委员、怀柔区副区长彭彧华说，外来人口为北京做出了巨大的贡献，北京有责任承担这些孩子的义务教育。但北京的教育资源是有限的，无限接受外来人口子女入学就会挤占北京的教育资源，义务教育权和市民权发生冲突。除了资源紧张外，还会带来环保问题、社会问题等一系列问题，外来人口子女入学要适度解决。

虽然态度是审慎的，但是农民工子女的义务教育权至少已经得到政策支持。而对于农民工自身来说，其就业权、职业培训权和社会保障权益也逐步得到确认和实施。截至 2005 年，北京已经全部清理和取消了涉及来京务工人员的就业管理限制、收费和歧视性政策，特别是《北京市外地来京务工经商人员管理条例》的废除，表明城市政府对农民工就业歧视的进一步消除，这将使农民工平等地进入劳动力市场，消除就业市场上的不公和歧视，同时很有可能会在全国形成取消外来工就业门槛的趋势。就业门槛的拆除使农民工的就业权获得了保证，而且，农民工职业培训权也获得了确认和实施。

2009 年，北京市人力资源和社会保障局和财政局联合下发《关于实施外来农民工职业技能特别培训计划的通知》，要求在集中使用外来农民工数量较大的建筑行业和居民生活急需的家政、护理行业启动特别培训计划，免费为外来农民工提供职业技能培训服务，提高职业技能水平。培训后经考核合格应取得《北京市职业技能培训结业证书》和《国家职业资格证书》。这在事实上会增强农民工在劳动力市场上的竞争力，就业权得到进一步保证。除了就业权和培训权，农民工的社会保障权也获得了进一步确认。根据劳动保障部 2004 年 5 号文和 18 号

---

① 《国务院办公厅转发教育部等部门关于进一步做好进城务工就业农民子女义务教育工作意见的通知》（国办发［2003］78 号）。

② 李江涛．北京：谁来为外来务工人员子女义务教育埋单？［EB/OL］．http://www.wzer.net/view.asp?sID = 25242006 - 1 - 25.

文的要求，[1] 北京市政府发布了《关于印发〈北京市外地农民工参加工伤保险暂行办法〉和〈北京市外地农民工参加基本医疗保险暂行办法〉的通知》，旨在抓好外地农民工参加工伤保险和医疗保险工作，规定用人单位必须为招用的外地农民工缴纳工伤保险费和基本医疗保险费，外地农民工个人不缴费；未缴纳而致使外地农民工不能享受相应待遇的，外地农民工与用人单位因此发生的争议，可以向用人单位所在区县劳动争议仲裁委员会申请仲裁。

在相关权利得到确认和保障的基础上，农民工成为北京的“新市民”。北京市发改委副主任卢映川在某此新闻发布会上首次表示“外来农民工也是北京的市民”，政府会创造好的环境为他们提供更好的服务。[2] 他进一步具体表达了对农民工问题的认识：没有听说专门清理限制外来农民工的事情……对北京而言，将非户籍人员的户籍本地化，会加大本地失业人数，资源会更短缺等。其实，这是单方面的考虑。实际上，即使不解决他们的户籍与市民待遇问题，他们的孩子一样要上学，他们年老时也一样要养老，只是户籍门槛会在一定程度上加重其负担，而这会压抑其对这座城市的爱心与创造精神，使他们经常处在忧疑甚至焦虑状态，这对其自身与社会并无益处。

这一发言具有双重含义，在最基本的层面上，它表达了政府部门对农民工公民资格的承认，农民工是一个城市的“新市民”。这种承认更多是一种姿态，农民工要成为真正意义上的市民，还有许多具体的工作要做。而这些工作归根结底还是钱的问题。地方城市政府在中央或上级政府“姿态”的压力下，不得不做出“承认”的表态，但是，在财政分割体制下，中央或上级政府把关于农民工的“事权”下放给了城市政府，相应的“财权”没有下发，这使得地方城市政府“巧妇难为无米之炊”。这导致地方城市政府对农民工公民资格认同的滞后或者阳奉阴违。这都是财政分割体制所导致的，只要在更高层面进行财政的转移支付，减轻城市政府压力，城市政府和市民接纳他们就不会成为问题。

2. 上海市政府对农民工的态度

上海作为中国的经济中心，其地方保护主义非常强烈。而一个盛行地方保护主义的大都市，对农民工的认同与接纳更需要一个长期的过程。在民工潮的早期，上海是第一个颁布条令设置农民工就业门槛的城市。但是，2003 年以后，上海在农民工问题上，的确发生了变化。

在政策层面，上海市政府专门出台了保护农民工权益的纲领性文件《关于本市做好农民工工作的实施意见》，将管理与服务有机结合，在农民工薪酬保

---

① 《关于农民工参加工伤保险有关问题的通知》（劳社部发〔2004〕18 号）和《关于推进混合所有制企业和非公有制经济组织从业人员参加医疗保险的通知》（劳社厅发〔2004〕5 号）。

② 吴祚来．外来民工是不是北京市民？[N]．新京报，2008 - 08 - 04.

障、综合保险、职业培训、义务教育、劳动合同、住房、卫生保健等生活工作的方方面面权益都进行确认，并启用了制度化的实施机制与惩罚机制。在这个纲领性文件的指导下，农民工工作成为政府每年要完成的重要实事之一。

从2005年以来，每年年初政府办都会正式发文，制定本年度要完成的与人民生活密切相关的实事，而农民工问题都会名列其中。比如2005年《市政府要完成的与人民生活密切相关的实事》中关于农民工的实事就有两件："一、鼓励创业，全年新增就业岗位50万个，其中为农村富余劳动力提供非农就业岗位10万个，重点向纯农户倾斜。二、启动实施郊区劳动力职业教育三年行动计划，当年完成5万农民职业培训任务。"这时上海市政府所关心的农民工还仅限于本地农民工，不包括外来农民工；为本地农民工所提供的服务内容与就业、职业培训相关。这表明，直到2005年，农民工就业与职业培训仍然是政府关心的重点，而其他权益暂时还没有进入政府工作日程表。

2008年在政府的工作日程上仍然有两件，但是所涵盖的内容明显丰富："一、新增就业岗位50万个，其中农村富余劳动力非农就业岗位10万个；完成40万人职业技能培训。二、帮助200万城镇非职工居民参加本市居民基本医保制度；完成本市10万名农民纳入养老保障体系工作。"除了为当地农民工提供非农就业岗位、进行职业培训这些原有的工作内容之外，当地农民工的养老保障进入政府工作日程，这是在保障农民工经济权利的基础上向社会权利领域的延伸，这种延伸说明政府对当地农民工的公民资格权利关注面在拓宽，保障范围在扩大。

2009年的重大变化在于把外来农民工纳入到职业技能培训范围，专门为农民工子女入学创造条件，但是养老保障体系仍然只针对上海当地农民工。从上海市政府所发布的这三年要完成的与人民生活密切相关的实事中，我们可以发现它的趋势：对农民工公民资格及其各项权益的确认，有一个先本地后外来的原则；对农民工公民资格及其各项权益的确认，有一个先经济后社会的逐步扩展的过程。

北京和上海依靠独特的政治经济和文化优势，在户口门槛的设置上也是居全国最高。但是，随着上海对农民工态度的转变，随着农民工公民资格各项权益的逐渐确认与落实，上海这座最坚固的户籍堡垒也开始动摇。上海户口开始向农民工开放。据2009年6月25日《新闻晚报》的报道，"上海居住证转户籍政策首批获益者产生，40名在沪务工的优秀农民工获得上海户籍"。[①] 上海市户口除了向"全国优秀农民工"开放以外，拥有高级技师证书的农民工也能申请落户。但专家们呼吁，应建立优秀外来务工人员落户的通道，创造更多条件帮助更多优秀农民工落户上海，并且把这项工作制度化。

---

① 郁文芳. 40名农民工获得上海市首批转户口名额［EB/OL］. 2009-6-25.

3. 重庆对农民工的态度

重庆市也像上海一样，出台了保护农民工公民资格权益的纲领性文件——《重庆市进城务工农民权益保护和服务管理办法》，对外来农民工和外出农民工进行“务工扶持”、“权益保护”、“管理服务”，对侵害农民工权益的行为追究“法律责任”。

在“务工扶持”方面，主要是从原则上明确了各级人民政府对农民工所担负的在权益保护、劳务服务与管理等方面的责任。

在“权益保护”方面规定“农民工依法享有《中华人民共和国劳动法》和其他法律、法规规定的相关权利。用人单位依法自主招用农民工，不得对农民工务工工种进行歧视性限制”。另外对农民工组织工会、保护农村土地承包权益、签订劳动合同以及在劳动过程中的相关权益保护都做了具体规定。

在“管理服务”方面，主要涉及在对农民工进行严格的居住证管理前提下农民工及其家庭所能享受的入学、疫苗、求职、法律援助等方面的服务。这体现了重庆市政府管理与服务并重的思想，同时也可以看出，按照文件规定，农民工所享有的权益非常有限，仅限于上文列出的六个方面。

在“法律责任”界定方面，主要对政府非法干预用人单位依法自主使用农民工、向农民工非法收取费用、侵害农民工人身和财产权利以及行政不作为导致的农民工权益受损所应该承担的责任进行了规定，并且对企业的劳动合同、生活条件、工资福利等方面的不当行为也进行了法律责任界定。这个文件中所涉及的农民工既包括当地农民工也包括外来农民工。从公民资格权益来讲，这个文件的涉及范围很广泛，而且保障权益的程序以及法律责任也比较明确。

在这个纲领性文件指导下，重庆市花大力气解决农民工工资拖欠问题。要求各区县在2005年1月31日前，全部偿清2003年年底前拖欠的农民工工资；设立专门的工作班子和机构；各建设单位，特别是房地产开发企业，要积极配合施工企业认真清理、结算和拨付工程拖欠款；市政府将对未按期完成清欠农民工工资工作的区县人民政府和市政府有关部门，实行行政追究制和行政首长问责制；凡是处理拖欠农民工工资工作不积极、措施不得力的施工企业和建设单位，要将其列入“不良名单”，建设、交通、水利等行政主管部门要根据有关规定严肃处理，要依法限制其市场准入或新开工项目的审批工作。

在大力清除农民工工资拖欠问题同时，重庆市政府还采取了一系列举措保障当地农民工公民资格权益：比如加强农民工医疗与养老等社会保障体系的建设，建立保险保障关系行政区域内转移续接的办法等；建立返乡创业的政策扶持体系和服务体系，鼓励返乡农民工积极创业；农民进城干个体免“三费”；将农民工子女义务教育纳入输入地教育发展规划，明确农民工子女接收学校，并按照实际在学人数拨付学校公用经费；农民工子女接受义务教育要与当地子女在收费、管理等方面同等对待；建立“劳务维权110”，并开通“12333”维权热线，帮助农民工排忧解难；政府鼓励农民工参与社区自治；农民工所工作的单位，在评定技术职称、晋升职务、评选劳动模范和先进工作者等方面，应对农民工和城镇职工一视同仁。这些政策措施从各个方面显示了政府促进当地农民工市民化的种种努力。

重庆市的农民工政策，相比较于国内其他大中城市来说，比较有特色的一点是设立了“重庆农民工日”。重庆市人大常委会决定，从2007年开始，将每年11月的第一个星期日确定为“重庆农民工日”。今后每逢这一天，重庆将在农民工的培训就业、劳动保护、社会保障、子女教育、医疗卫生、户籍管理等方面确定一个主题，开展政策研讨、舆论宣传以及多种形式的送温暖活动，为农民工解决实际问题。重庆市率先设立“农民工日”，体现了地方政府顺应时代潮流、推进社会公平的积极态度。不管这个特别设立的日子，今后会给重庆市区400余万农民工和全市700万农村富余劳动力带来多大程度的实际利益，此举本身就说明了农民工在政府心目中地位的上升，像教师、护士、军人等职业群体一样获得了政府和社会的承认。

重庆市是全国城乡统筹工作重点示范区之一，同时，重庆既是西南重要的农民工输入地，也是全国重要的农民工输出地。基于这样的背景与条件，从考查的几个大城市来看，对农民工公民资格的认同及各项权益的保障，重庆无疑都走在最前列。她虽然不是中国经济最发达的地区，更不是地方财政实力最雄厚的地区。但是，重庆市政府对当地及外来农民工所提供的服务与保障是名列前茅的，她所采取的措施在中国其他城市也许不能复制，但却是开创性的，具有一定的启发意义与示范作用。比如，重庆市政府出台了《关于进一步加强住房公积金管理》的文件，明确规定部分农民工、个体工商户、自由职业者可以享受住房公积金房贷政策。还有在全国引起争议的“土地换社保”、“股田制公司”等措施都是首创。

4. 西安市政府对农民工的态度

像全国其他地方一样，陕西省及西安市人民政府也为开展农民工工作专门发了地方性纲领性指导文件，[①] 在中观层面对农民工工作进行了部署：包括建立农民工工资支付保证金制度、实施劳动合同制度、农民工就业服务和培训制度、社会保障问题以及把农民工纳入城市公共服务体系的种种措施。西安市在农民工公民资格确认上的一个突破点在于对农民工民主政治权利的规定：招用农民工的单位，职工代表大会要有一定比例的农民工代表，保障农民工参与企业民主管理权利，农民工户籍所在地村民委员会，在组织换届选举或决定涉及农民工权益的重

① 《陕西省人民政府关于进一步做好农民工工作的实施意见》（陕政发〔2006〕70号）。

大事务时，应及时通知农民工，使他们通过直接或委托他人等方式行使民主权利。在陕西省政府70号文的基础上，西安市政府在2008年27号[①]文中进一步在政策层面重申了对农民工公民资格权益的认同与保障。

西安市政府对农民工态度的转变不仅仅体现在政策层面，在政府实际工作中，也积极采取多种措施、积极探索各种工作机制来保障农民工权益。劳动权是农民工最重要的权利之一，2007年西安市人民政府颁布了《西安市农民工工资保障办法》，明确政府相关部门职责、确认企业工资支付责任和处罚措施，切实保障农民工劳动报酬权利；并在农民工劳动合同、最低工资标准等方面做了具体规定，明确了工会组织的监督责任。2007年下半年，陕西省建设工程造价总站把广大农民工最关心的“工资参考价”首次向社会发布。[②] 通过向西安各建设、施工单位发放调查表，对收回的调查表数据及时分析、研究，从而得出西安市木工、混凝土工、抹灰工、油漆工、电工等16个建筑工种人工工资市场价格，作为合同双方合理支付劳动报酬的指导标准，也将为有关部门调解、处理建筑劳动工资纠纷提供重要依据。

在积极维护农民工劳动权益的同时，陕西省也要求各地进一步改善农民工居住和生活环境，明确划分施工作业区和生活区，合理设置基本生活设施，结合季节特点，做好农民工的饮食卫生和防暑降温、防疫等工作，切实保障农民工合法权益。

西安市在促进城市和市民对农民工认可接纳方面，也进行了不同于其他城市的探索。首先是西安市部分区，取消了“外来人口”、“外来务工人员”、“打工者”、“农民工”等老旧称呼，统一规范为“新市民”。变化的不仅是表面的称谓，更是实际的行动。西安市雁塔区成立了“新市民援助服务中心”，建立援助服务中心基金、设立“新市民医疗援助服务定点医院”、成立新市民职业技能培训中心等5条措施来关爱“新市民”生活，[③] 让全区40万“新市民”和全区48万常住市民共享改革发展成果。为了进一步消除“新老市民”之间的户籍鸿沟，西安市户籍制度也进一步改革，2008年进一步放宽了落户条件。[④] 农民工中的专业技术人才和技能人才，只要在西安具有了相对稳定的职业和合法固定住所，符合规定的落户条件，即可申办落户，不受户口性质限制。这标志着西安市已基本建成了以具有合法固定住所和合法稳定职业为基本条件的户籍准入政策体系。为

---

① 27号文指2008年3月24日发布的《关于进一步做好农民工工作的贯彻意见》（市政发〔2008〕27号）。

② 农民工工资有了参考价16个工种日工资定期发布［EB/OL］．西安新闻网，2007-9-14.

③ 雁塔区六条措施关爱“新市民”生活［EB/OL］．2006-9-1. http://www.xa.gov.cn/structure/jrxwnr?infid=99740.

④ 我市进一步放宽落户条件［EB/OL］．西安市政府，2008-4-3. http://www.xa.gov.cn/structure/xwzx2?infid=126450.

解决农民工的身份问题扫除了障碍。

西安市针对农民工公民资格权益的保障，既汲取了其他地方的经验，也有自己独特的创新。比如，在考察的四个大城市中，只有陕西省在关于解决农民工问题的纲领性文件中提到了民主政治权利保障问题。西安市的另一个特色是各区在农民工公民资格权益保障工作中勇于创新，比如新城区、雁塔区等基层单位的工作就富有特色。当然，不足之处也存在。比如在陕西省发布的2007年要做好的十件实事中，没有专门为农民工办的实事；关于在医疗领域推行“惠民病床”制度的规定中，“按照城市常住人口人均每年10元以上标准安排专项经费，为社区居民提供公共卫生服务，实现各设区市卫生服务覆盖率达到65%以上”。①从这条规定来看，陕西地方政府的工作思路仍然没有完全打开，还是按照城乡二元划分的思维模式来进行决策。

（二）对城市政府态度转变的思考

本书在中国东、南、西、北各挑选了一个大城市（有的以大城市所在的省为依托），粗略考察了2003年在中央针对农民工专门发文以后，其农民工政策的变化和对农民工公民资格的进一步认同情况。从考查的总体情况来看，可以得出这样几点结论：

第一，在中央政府发布《关于解决农民工问题的若干意见》和明确了农民工的“产业工人”地位以后，在中央政策的积极推动下，地方政府对农民工公民资格有了进一步的认同。虽然没有明确承认农民工与市民的同等权益，但是至少农民工作为弱势群体的生活、工作和发展境况已经被政府所认识，并且出台了相关的法律法规积极地、逐步地保障农民工的各项权益。明显的歧视现象已经很少存在，社会或官方的主流声音是承认农民工的贡献、了解农民工的疾苦，最终的目标是推动农民工获得和市民同样的公民资格及其权益。

第二，在地方政府对农民工公民资格有了进一步认同的基础上，各地也积极进行制度创新，并采取了一些具体的措施，切实为农民工做点实事。而且，各大城市同时也进行了户籍制度的改革，有的地方赋予农民工“新市民”的身份，把他们纳入地方财政预算范围和公共服务范围。

第三，上级政府主动认同农民工公民资格，但是与公民资格相关的权益保障工作需要地方政府来进行，而且，在落实这项工作过程中所需要的费用开支，都由地方财政来负担。其实这等于上级政府只给政策和事权，而不给相应的财权，这会在一定程度上打击地方政府的积极性。这样的话，即使政策对农民工公民资格做了全面的规定与认同，但是政策效果比预期的要大打折扣。真正能够获得与

---

① 关注民生构建和谐，我省今年着力做好十件实事［EB/OL］. 西安新闻网，2007-1-30.

市民相同公民资格的农民工，毕竟还只是少数。

第三节 政府间关系对农民工公民资格的影响

一、政府间关系

1. 政府的经济人特征

公共选择理论把对市场分析的一套理论假设应用于对政府的分析，认为在经济市场之外还存在一个巨大的政治市场，选民和政府都是政治市场的主要构成成员。在政治市场中，政府和选民一样，都具有理性经济人的一切特性。政府不是尊崇父爱主义的仁慈政府，而是奉行自身经济利益最大的社会组织。政府具有经济人的一切理性和理性计算能力，并总是基于理性的计算之后做出决策和采取行动：哪些是对自己有利的事情，哪些是对自己没有利的事情；有足够的动力去做有利的事情，也有足够的“机智”去躲避没有利的事情。如果对政府的这种假设成立的话，那么，我们眼中的政府就不仅仅是人民利益的代表这么简单了，无论是中央政府还是地方政府，除了公益机构之外，还具有了企业政府的一些特征。

中央政府是全国人民利益的总代表。在整个辖区内负有稳定秩序、发展经济和抵御外来入侵三项基本职责。根据布坎南和唐斯的观点，政府是自利的、有晋升偏好的、保守的。在我国，中央政府的权力来自人民，这决定了中央政府的一些决策往往是从全局的利益出发，它推行政策的效果就是要获得全民的最大支持；另外我国改革开放的总体目标是促进经济发展，而发展经济的一个前提就是要有稳定的社会秩序和充足的资源供应。因此，相对于地方政府来说，中央政府的自利倾向和晋升偏好会轻一些，但对社会稳定和经济发展的要求会高一些。

对于中央政府来说，为了保持对一个如此大的国家的领导权，它还必须具有影响地方政府的一些特殊手段和措施。由于它往往是从长远和全局的利益出发，所以在具体的目标上可能会与地方政府的目标存在比较大的差异，当然不能否认它们之间也存在高度的一致性。在中央政府高度集权的计划经济时代，中央政府与地方政府之间往往是高度一致的。这也带来了一个问题，那就是地方自主性的丧失所导致的地方积极性的丧失。

20世纪80年代的分权改革，虽然进一步明确了中央和地方各自的职责范围，向地方分权的结果增强了地方的自主性，提高了地方的积极性，但是这种分权改革也带来了负面的影响，那就是地方政府在获得地方产权以后，独立利益倾向更加明显，与中央讨价还价的能力有所增强，对中央政策并不像计划经济时期那样不折不扣的执行，而往往会寻找制度漏洞进行政策变通，甚至是“上有政策，下有对策”的“软抵抗”。这样一种局面直接源于分权的结果，地方政府通过分权所获得的地方产权使对地方利益的追求更加迫切。

所以，80 年代产权地方化之后，地方政府成为庞大的权力和利益主体，它的行为随之具有了类似企业主的特征，即收益最大化成为它行动的主要目的。从而地方政府获得了促进地方经济发展的巨大热情。[①] 这种发展地方经济的热情由两个原因促成：一是当时广泛存在于中央政府和地方政府之间的收入留成体制刺激了地方政府发展经济的积极性；二是财政体制的“分灶吃饭”使地方财政受到事实上的硬约束，只能通过发展经济来寻求财政资源。地方政府的这种特征直到今天仍然没有实质性的转变，这对农民工公民资格的影响是巨大的，后面再加以探讨。

2. 政府间竞争

公共选择理论认为在经济市场之外还存在着政治市场，在政治市场中，政府不仅是追求自身利益最大化的理性经济人，而且政府之间还存在着欺诈、竞争、交易和讨价还价。基于这样的理论假设，我们认为政府间存在着竞争，这种竞争既存在于中央政府和地方政府之间，也存在于同级或不同级的地方政府间，甚至在各级政府不同部门之间。

对“政府竞争”进行系统阐述的当是德国学者 Breton，他提出了“竞争性政府”的概念。政府间竞争主要包括：政府职能部门之间的竞争，即各职能部门为了自身利益而进行竞争；辖区政府间竞争，即辖区政府之间围绕有形和无形资源的竞争；政府竞争不仅仅只是相同维度上的政府之间的竞争，而且也是上级政府和下级政府之间和不同的政府职能部门之间的多重竞争。[②] 我国地方政府之间的竞争主要围绕五个方面展开：

第一，争夺生产要素。表现为各地政府竞相出台一系列优惠政策吸引资金、技术和人才等。

第二，改善地方公共物品供给的数量和质量。地方公共物品是吸引要素流入的基础性环境条件，也是地方政府获取本地居民支持的重要砝码，所以各地方政府为吸引辖区外要素流入而积极改善基础设施，加强社会治安管理，提高政府服

---

① 一些学者对国有企业的产权地方化已经进行了深入的探讨。参见瓦尔德：《中国产权改革的非私有化道路——公司组织与地方国有产权》或戴慕珍：《中国地方政府公司化的制度基础》，崔之元、甘阳：《中国改革的政治经济学》，牛津大学出版社 1997 年版，第 99 页。

② 程臻宇．论中国同级政府间竞争［D］．山东大学，2007：22．

务效率，营造一个好的投资环境。

第三，为了在纵向政策层面上获得比其他地方政府更为优惠的政策和更好的发展机遇，积极向中央争取优惠政策和试点权。

第四，地方政府针对本地区的重要企业或产业实行价格补贴、财政优惠政策，或者在企业用工和人才吸引方面提供特殊政策和便利条件，以提高本地企业的竞争力。

第五，通过行政手段、经济手段限制外地产品进入本地市场，实行市场封锁与保护。

我国政府间竞争不仅发生在同级政府间，还广泛发生在中央与地方政府间。这是因为80年代以来的分权化改革，使中央政府与地方政府间的利益分离，地方政府成为一个独立的利益主体，并且具有独立的管理任务与政策目标。分权也使它们寻求租金、追求自身收益的必要性与可能性大大提高。当中央、地方政府利益产生分歧时，它们之间的竞争就不可避免。而这种竞争，往往以政策博弈的形式进行。当中央政府与地方政府目标一致时，地方政府会支持中央政府的行为；当二者不一致时，中央政府采取调控政策，地方政府会采取如下两种行为消极执行该政策：一方面，地方政府会尽可能维护自己的利益，获取租金；另一方面，由于中央政府对下级政府执行政策的监督成本非常高，因此，二者是信息不对称的，地方政府会利用其与上级政府的信息不对称，掩盖其不支持中央政府的行为。此时，政策博弈就产生了。

3. 政府间财政关系

在中央与地方关系的研究领域，财政关系处于突出的位置。

一则就理论趋势而言，在现代政治学的国家理论中，财政问题一直受到重视，许多政治、经济理论家甚至将财政问题视为国家理论中最本质、最核心的问题。① 如熊彼特所强调的，纵观国家的变革史，都可以发现财政方面的原因往往是变革的第一动因。② 同样，就中国而言，“财政问题是引发改革的根本原因；财政改革对整个改革进程和经济发展都有着深远的影响”。③

二则是由于中国独特的转型路径，使得财政改革成为国家转型的催化器。中

---

① 如诺斯认为，财政方面的变化与财政危机是制度转型的发生器；熊彼特更加明确地指出，国家形式由传统到现代的转型，其根本驱动力乃是基于其财政上的使命，现代国家在本质上就是税收国家；布罗恩也认为税收制度的发展是现代国家诞生的基础；布丁指出：财政力量是国家系统的神经中扭；爱德蒙·伯克在总结法国革命后也说“国家的财政就是国家”。详见诺斯：《西方世界的兴起》，华夏出版社1999年版。

② Sehumpeter, J. A. The Crisis of the Tax State [A]. in Richard Swedberg. The Economics and Sociology of Capitalism [C]. Princeton: Princeton University Press, 1992.

③ 何帆：《为市场立宪——当代中国财政问题》，今日中国出版社1998年版，第1页。

国的经济改革没有采用直接的市场化策略，而是以“分权让利”为首要激励措施，因而财政方面的变化普遍被视为中国政治经济转型的主要诱因。

三是由于独特的财政现象吸引了学者的注意力。如贯穿整个 80 年代，国家推行“先富起来”的目标模式，在不同的省份实行不同的财政政策，从而出现了同一主权国家之内，中央与地方之间同时存在着多种迥异的财政关系，这种现象皆世罕有，不能不激起学者的探究欲望。

许多学者正是基于以上认识，才把财政变革提升到国家转型的高度，并对其赋予极重要的意义。他们或认为财政制度影响着国家的经济形式，并导致政治制度的变化；或断言财政危机对新的制度变革具有重大推动作用，将财政制度比作经济基础转变为政治结构的“转换器”。① 为研究需要，本书也将重点考察中央与地方财政关系。

我国中央与地方财政关系在改革开放以后经历了从“分灶吃饭”到“分税制”的改革历程。在“分灶吃饭”财政体制下，全国的财政体制大体上分为收人递增包干、总额分成、总额分成加增量分成、上解额递增包干、定额上解、定额补助等多种形式，被形象地比喻为“一省一率”的财政体制。这种财政体制的最大弊端是造成了中央财力的弱化。中央财政收入占总财政收入中的比重在 1984 年至 1993 年一直呈下降趋势，从 40.5% 下降至 22.0%。中央财政陷入了严重的危机，出现了前所未有的“弱中央”状态。中央财力的薄弱，使那些需要国家财政投入的国防、基础研究和基本建设资金严重匮乏。

1993 年上半年的情况更加严峻：整个财政收入一季度比 1992 年同期下降 2.2%，按可比口径也仅仅持平；工商税收 1400 亿元，比上年同期增长 12%。而 1993 年一季度的国民生产总值增长 15.1%，上半年达到 14%。② 财政收人与经济增长比例失衡，全国生产增长速度很高，而国家财政特别是中央财政十分紧张。

时任副总理的朱镕基意识到，如果这种情况发展下去，“到不了 2000 年就会垮台，这不是危言耸听”。③ 于是，1993 年 7 月 23 日，朱镕基来到全国财政税务工作会议上对所有参加会议的人员说：“在现行体制下，中央财政十分困难，现在不改革，中央财政的日子过不下去了、目前中央财政收人占全国财政收入的比重不到 40%，但中央支出却占 50% 多，收支存在明显差额，中央只好大量发债，不然维持不下去。去年内外债务、向银行借款 900 多亿元，今年预计 1000 多亿元，中央背着大量的债务，而且越背越重。一般来说，发达的市场经济国家，中央财政收人比重都在 60% 以上。而中央支出一般占 40%，地方占 60%。但是我们正好相反，收支矛盾十分突出。这种状况是与市场经济发展背道而驰的，必须

① 吴国光，郑永年．论中央—地方关系［J］．中国研究，1994（6）．

②③ 赵忆宇．分税制决策背景回放［J］．瞭望新闻周刊，2003 年 9 月 15 日第 37 期。

调整过来。”①

在这种情况下，分税制改革势在必行。经过财政部等相关部门的多次调研，最后，中央政治局常委会正式批准了税制改革的基本思路。分税制改革要兼顾中央和地方两个积极性，既确保增加中央财力，又不损害地方既得利益，这就是中央与地方“共赢”方案的设计目标。分税制改革有两个关键点：

一是设计增值税。因为增值税是税制改革后最大的税种，占整个税收比重的43.7%，占流转税的75%；而且增值税是稳定的税，所以要拿到中央。切入点是增值税的增量分成比例，最后确定的分成比例为75∶25方案。

二是税收增量中的共享系数。最后确定了1∶0.3的共享系数，即在1∶0.3系数中，中央拿增量的0.7系数，地方拿增量的0.3系数，中央拿增量大头，地方拿小头。② 1994年实行分税制后，到1997年、1998年、1999年，全国财政收人每年增加1000多个亿。至此以后，中央财政实力猛增，地方财政所占比例在逐步减少：1985年占61.6%，1994年占44.3%，1995占47.8%，1998占50.5%，2000占47.8%。而相应的地方财政支出一直保持在60%以上。③

中央与地方财政关系的变化，将对地方政府的行为产生重要影响，地方政府对农民工公民资格的认同及其权益保障就是这种影响的集中体现之一，这在后文将详细阐述。

二、地方政府的双向责任与双重任务

1. 地方政府的双向责任

在20世纪80年代的中央与地方政府分权改革中，地方政府权力大为扩展。地方政府权力的扩大一方面源于中央政府在财政上和经济上向地方放权的结果，另一方面也源于为适应地方经济发展需要和调动地方积极性，中央政府在政治、行政、立法等领域向地方赋权的结果。如此一来，地方政府就不仅仅是前文分析的拥有地方产权的经济实体，已然成为国家结构中相对独立的次级权力中心。地方政府这种权力与地位的改变，使它的角色也随之发生了巨大的变化，从原先仅仅作为中央政府的一个代理机关而摇身一变为对中央和地方同时负责的具有双向责任的能动的行为主体。

地方政府的双向责任与我国政治合法性基础的转变紧密联系在一起。大家知道，新中国成立以后相当长的一段时期里，我们国家政府的合法性一直建立在优越的意识形态和领导人的“克里斯玛”上。“文革”结束打开国门以后，意识形态的合法性在现实强烈的物质利益需求中逐步走向衰弱，经济发展和人民生活水

---

①②③ 赵忆宇．分税制决策背景回放［J］．瞭望新闻周刊，2003年9月15日第37期。

平的不断提高成为新时期各级政府主要的合法性来源。地方政府在获得地方产权以后已经成为事实上的经济发展的主要推手，因而，地方政府的作为就与整个政权的合法性基础关系甚大。发展地方经济就成为地方政府最重要的责任。而中央政府与地方政府也在“发展地方经济”这个关节点上紧密联系在一起了。

可以说，对于地方政府而言，发展好地方经济、提高当地老百姓的收入和生活水平，既是维护国家整个政权合法性的有力措施，也是其自身获得当地上至地方精英下至普通民众支持的重要基础。所以说，地方政府同时具有了对上级和下级民众的双重责任。

在中央的目标模式中，地方政府的这种双向责任有可能实现统一。为了实现这种统一，中央采取了一种特殊的激励机制，就是将政绩作为考核干部的主要指标，经济发展好的地方干部可以得以升迁。通常情况下，这种激励机制同产权地方化、地方利益共同体的形成具有正向的、相互加强的关系。它使地方政府能够兼顾它所背负的双向责任：即对中央政策负责，又对地方经济增长率负责。或者说，发展地方经济就是对中央负责。经验观察显示，在中国现行政治制度下，越来越表现出一种倾向：地方政府官员的提升与当地经济发展成正比。地方经济发展了，地方官员升迁和进京做官的机会就增大。①

然而事实上，地方政府的这种双向责任并不总是一致的。比如，由于中央政府推行区域发展战略，这意味着在同一时期，有些地方将为其他地方的发展“多做贡献”；再比如，中央要对整个宏观经济的平衡负责，因而当全国宏观经济发展过快的时候，就需要地方缩减投资，减缓经济发展速度。在大量诸如此类的事务中，地方利益同中央利益并不是完全吻合的。在这些情况下，地方政府必须在中央的整体利益与地方利益之间做出选择。由于地方的产权主要归地方政府，因此，地方的利益在很大程度上就包含了地方政府自身的利益。这样，地方政府就从单纯的中央政府代理人，转化为更多地代表地方利益，成为为地方利益与中央讨价还价的权力主体。

同时，随着地方经济的发展，地方社会也在逐渐发育，地方民众、精英及整个地方官僚阶层也会对地方领导形成压力，使得他们为了地方利益而不得不与中央讨价还价。在全国致力于经济发展和物质利益满足的制度环境中，地方领导如果不能对地方经济发展负责，不能找到发展地方经济的方法并取得一定的成就，他就会面临自上而下的合法性危机。即使由中央派出到地方的领导，他也必须明确地代表地方利益，在发展地方经济方面做出成绩，才能获得认同与支持。地方干部如果不能顾及地方社会的利益，他就有可能被合法地罢免。

地方政府责任机制变化的结果，使得地方政府在中央与地方关系中，不可能只是扮演顺从的角色，而是必须经常从地方利益的角度考虑问题。作为理性的经

---

① 赵成根．转型期的中央和地方［J］．战略与管理，2000（3）．

济人，地方政府对中央政策的应对策略，自然不会是盲目的。对于中央的任何一项政策或指令，地方政府都会从自身利益的角度，为这一政策或指令贴上“有利”或“不利”的标签，再根据有利或不利的分类及其程度，做出自己的行动选择。由于地方利益具有多重层面，包括领导干部的利益、政府集体的利益、地方社会的利益，因而地方政府对中央政策的最终应对策略，就是在对这几层利益进行综合计算之后而做出的行动选择。

2. 双重任务：发展经济与保持稳定

“文化大革命”结束以后，意识形态催生的理想主义激情逐渐消退，人们对现实世界的物质匮乏变得异常敏感。“落后的社会生产力与人民群众日益增长的物质文化需求之间的矛盾”已成为社会的主要矛盾。第二代领导集体准确地把握到政治生活的这一变化，并清醒意识到政权的合法性基础已然发生了变化，经济发展已经成了稳定政治统治的最有效机制。

领导人开始不断强调经济对政治统治的决定性作用，如邓小平在对各省、市、自治区一把手的会议上强调：“经济工作是当前最大的政治，经济问题是压倒一切的政治问题。”[①]“政治工作要落实到经济上面，政治问题要从经济的角度来解决”。[②]“不搞现代化，科学技术水平不提高，社会生产力不发达，国家的实力得不到加强，人民的物质文化生活得不到改善，那么，我们的社会主义政治制度和经济制度就不能充分巩固，我们的国家安全就没有可靠的保障”。[③] 因此，与传统意识形态重阶级斗争不同，新的意识形态更加现实主义，它强调基于现代化导向的经济发展，以及基于民族主义的国家富强。由此，发展经济成为从中央到地方各级政府的主要任务。

在改革开放的年代，经济发展成为各级政权的合法性基础和主要任务之一。但我们也要清楚认识到，在一个战争或动乱的年代，发展经济似乎是一种奢望。也就是说，发展经济需要一个稳定的社会环境。在 20 世纪八九十年代，面对“苏东剧变”和国内在摸着石头过河中所遇到的困难与挫折，邓小平在多个场合提出了“稳定压倒一切”的思想。1989 年 2 月 26 日邓小平在会见美国总统布什时指出：“中国的问题，压倒一切的是需要稳定。没有稳定的环境，什么都搞不成，已经取得的成果也会失掉。”“中国一定要坚持改革开放，这是解决中国问题的希望。但是要改革，就一定要有稳定的政治环境”。“中国人多，如果今天这个示威，明天那个示威，三百六十五天，天天会有示威游行，那末就根本谈不上搞经济建设了。我们是要发展社会主义民主，但匆匆忙忙地搞不行，搞西方那

---

① 《邓小平文选》第 2 卷，人民出版社 1994 年版，第 194 页。

② 同上书，第 195 页。

③ 同上书，第 86 页。

一套更不行。如果我们现在十亿人搞多党竞选，一定会出现‘文化大革命’中那样‘全面内战’的混乱局面。‘内战’不一定都是用枪炮，动拳头、木棒也打得很凶。民主是我们的目标，但国家必须保持稳定”。[①]

1989年3月4日，邓小平在同中央负责同志谈话时又说：“我们搞四化，搞改革开放，关键是稳定。我同布什谈了，中国的问题，压倒一切的是需要稳定。凡是妨碍稳定的就要对付，不能让步，不能迁就。不要怕外国人议论，管他们说什么，无非是骂我们不开明。多少年来我们挨骂挨得多了，骂倒了吗？总之，中国人的事中国人自己办。中国不能乱，这个道理要反复讲，放开讲。不讲，反而好像输了理。要放出一个信号：中国不允许乱。”[②]

进入新世纪以后，面对国内外新的不稳定因素，“稳定”仍然是中国各级政府头脑中紧绷的一根弦。从最近三年突发的社会事件[③]来看，地方政府领导无一不为这些突发事件而受到上级的处罚。可见，本辖区的稳定正同经济发展一样，也成为上级政府考核下级的主要指标之一和地方政权合法性的基础之一。所以，社会稳定也是地方政府不可推卸的责任。

三、政府间关系对农民工公民资格认同的影响

1. 中央—地方政府间财税关系对农民工公民资格认同的影响

前文已经简单介绍了八九十年代以来我国财税制度的变革。1994年分税制度的实行，的确扭转了中央财政弱势的局面，增加了中央的可支配性收入。但是，我们要看到，分税制带给地方政府的影响是巨大的。那就是，它使地方陷入了一种财权与事权不相统一的困境。中央把大头的税收都收归中央以后，相应的，并没有把相应的事权收归中央，给是留给了地方政府。这使得地方政府在财税基础萎缩的情况下不得不承担原来的、甚至更多的事项：城市建设、教育、卫生、社会保障等等。从下表（表6－2）中，地方政府的支出与收入所占的比例略见一斑。

---

① 《邓小平文选》第3卷，人民出版社1993年版，第211页。

② 同上书，第2页。

③ 具有代表性的社会性突发事件包括：府谷“7·3”司机跳河事件、云南孟连“7·19”事件、陇南“11·17”事件和瓮安“6·28”事件等。在中央政府对这些事件的处理中我们发现，地方政府领导人无一幸免于问责。

表6-2 地方财政收入和支出比例 单位:%

年份	1985	1994	1995	1996	1997	1998
LFR	61.6	44.3	47.8	50.6	51.1	50.5
LFE	60.3	69.7	70.8	72.9	72.6	71.1
年份	1999	2000	2001	2002	2003	
LFR	48.9	47.8	47.6	45.0	45.4	
LFE	68.5	65.3	69.5	69.3	69.9	

数据来源:《2003年中国统计年鉴》。

注:LFR表示地方财政收入;LFE表示地方财政支出。

从表中可以看出,实行分税制以后,地方财政收入占国家财政总收入的比重不断下降,从1994年前的最高70%左右下降到1994年后的50%左右。而地方财政支出在近20年中比例变化不大,都稳定在60%以上。地方政府支出比例远远高于收入比例,这带来的后果只能是两个:一是地方政府负债累累,负债运行或几近于破产;二是地方政府打折执行中央政策或者是变相收费以维持运转。

这对农民工公民资格认同有什么影响呢?我们知道,无论是在分税制执行之前还是之后,地方、城市公共物品主要是由地方政府来提供,中央政府按照其常住居民数量给予一定的补贴。农民工的到来,直接冲击了城市公共物品的供给体制。

在实行了几十年的计划经济体制下,市民和政府官员都已经养成了一种特有的思维方式与观念。由于市场的缺失,国家曾对城镇居民生活的方方面面进行了安排:计划供应、安置工作、便利的交通、便宜的副食品以及其他福利,并且市民已经享受这种特权几十年,他们现在仍然认为这一切都是他们"应得的",而农民工是"不应得的"。当农民工来到城市时,市民和城市政府无疑会产生一种偏见与歧视,认为农民工来到城市挤占了他们本来就不充裕的公共物品,农民工应该为自己的消费行为作出补偿。

在市民和城市政府官员的思想观念中,城市公共物品已然成为市民公民资格的特权。既然是一种特权,对其分配也无需经过市场,而是在城市范围内,依据城镇户口,由国家行政权力进行分配。这意味着,国家只对城镇居民的福利、就业和其他基础设施建设负有责任,对广大农村地区的农民以及来到城市的农民工没有责任。所以,当市场化改革带来了农民工,也削弱了国家对城市居民福利的供应能力时,不能不让市民对农民工产生一种歧视甚至是仇恨的心理。农民工在城市即使不要求任何权益,仅仅出现都被认为是对市民公用物品的挤占,是导致市民福利水平下降的直接原因。

面对农民工给城市公共物品和设施带来的压力，解决的直接途径有二：一是把农民工阻挡在城市大门之外；二是把农民工算在城市人口之中，增加公共财政投入，提供更多的公共物品。对于第一种办法，在以“经济建设为中心”，实行改革开放的年代显然是行不通的，因为它有违国家的基本发展方向，有违市场经济的基本要求。那么，第二种方法可行吗？

实行分税制以后，地方政府财政收入和支出差距很大，地方政府根本没有财政实力来为农民工提供公共物品，而中央政府在2003年之后却加大了保障农民工权益的政策制定和执行力度，宏观上赋予地方政府解决农民工问题的广泛权力和政策，但是在财政上的支持并不大。地方政府在地方财政“硬约束”条件下，并没有足够的财政实力把农民工纳入城市公共物品供给体制之中。但在中央的政策压力下，又不得不相应地出台一些关于农民工的新政策，采取力所能及的措施保障农民工各项权益。

由于地方财政资金的紧张，可能会使这些地方性的农民工政策都变成“应景”的文章，关于农民工公民资格的规定大打折扣；同时，地方政府也可能另辟蹊径，以“羊毛出在羊身上”的原则，向农民工收费或变相收费，以弥补自己资金上的缺口。地方政府所采取的方式是收取“城市增容费”或出售“城市户口”，所获资金用来更新或重建城市基础设施或其他公共物品。城市政府买卖城镇户口所得到的收入并没有公开的数字。但据一位外国学者Kam Wing Chan于90年代在江苏、河南所做的调查披露：一个城镇户口的价格在8000～15000元之间。在深圳，1992年一个暂住户口的黑市价格是3万元。据估计，到1994年初，全国各地政府卖了将近300万个城镇户口，共得到收入250亿元左右。①

从第二节的分析我们看到西安、上海、东莞等大中城市都纷纷表态，认同农民工的“新市民”身份。但是如果中央或上级政府不加大对农民工的转移支付力度，只给予地方政策空间，那么，地方政府仍然没有动力和能力来认同农民工公民资格。而农民工经过改革开放30多年来的奉献与竞争，最后获得的仍然不是完全意义上的市民公民资格。虽然在改革开放之后，市民依据其户口所享有的公民“特权”已大打折扣。

2. 地方政府的双向责任对农民工公民资格的影响

如前文分析，由于地方政府的人事控制权、特别是地方主要领导的人事控制权牢牢掌握在中央手中，又由于地方政府的合法性基础之一就是地方经济的发展状况，所以，地方政府在整个政治系统中负有对上、对下的双向责任。双向责任的存在，使地方政府对农民工的政策往往处于一种摇摆当中，对农民工公民资格

---

① Dorothy J. Solinger. Contesting Citizenship in Urban China [M]. California: University of California Press, 1999: 90.

的认同处于一种含糊状态。

在改革开放的前20年中，特别是前10年当中，面对汹涌的民工潮，中央政府从社会大局的稳定着眼，倾向于对农民工流动与就业采取限制的政策。出于地方经济社会稳定的考虑，地方政府也有支持中央"限制"政策的理由和动机。但更重要的是，80年代的分权改革和市场经济的发展使地方政府的性质和行为模式发生了很大的变化，出现了"公司化"倾向①和"地方政府合作主义"行为模式。②

由于地方的财政收入依赖于地方企业，这使得地方政府保护本地的产业，这种保护又固化了地方政府同地方企业的关系，并最终形成了地方保护主义。所以，虽然国家三令五申要限制农民工进城挤占市民工作岗位，但是由于雇佣农民工有利于减少地方企业的成本、增加地方财政收入，所以，地方政府和辖区内的企业在共同利益的捆绑下很容易达成规避中央政策的合谋：私自雇佣农民工。地方政府的目标取向与中央政府在这里并不一致。

新世纪以后，国家越来越重视解决农民工问题，从追讨欠薪到工伤、养老、健康保障等方方面面。当农民工的权益损害与企业有内在关联时，地方政府与企业的利益纽带仍然在发挥作用。虽然地方政府也会责令企业履行对农民工的保障职责，但出于地方利益的考虑，对企业的监督与执行往往是不到位的。如果说地方政府是中央政府、当地企业和农民工之间的连接器。那么，在利益的驱使下它往往会与当地企业达成合谋，对中央或上级政策变通执行，对农民工权益保障能躲就躲。地方政府的这种骑墙态度，直接影响到对辖区内农民工公民资格的认同。

3. 地方政府的双重任务对农民工公民资格认同的影响

地方政府同时至少负有发展经济与维护社会稳定的两项基本职能，这两项基本职能具体由不同的政府部门来负责。农民工的到来，带来了丰富的劳动力资源，对那些把发展经济作为主要目标追求的部门来说是一件大好事，这些部门往往比较欢迎农民工的到来。但是农民工来到城市，在带来劳动力、资金和技术的同时，也带来了一些社会问题，对于那些把稳定社会秩序作为首要价值目标的政

---

① 戴慕珍：《地方政府公司化的制度基础》，见甘阳、崔之元：《中国改革的政治经济学》，牛津大学出版社1997年版，第99页。

② 戴慕珍进一步指出，面临着财政压力，地方政府只得发展工业，致力于经济增长，在这种过程中，中国地方的政治结构也出现了新的情况，这就是地方合作主义体系，在这种体系中，地方政府像地方企业那样行动。他们通过挑选经理、控制对产出的分配、提供公共服务项目、决定投资项目等，成为地方企业的实际产权所者。在地方政府的合作主义体系中，地方政府作为企业主、工业再分配主体的角色。戴的理论重点在于地方政府对于社会的优势地位，并没有直接说明地方的力量面对中央力量的对比，但它为地方获得结构性的自主性提供了充分的证据。见 Jean C. Oi. Fiscal Reform and The Economic Foundations of Local state Corporatism in China [J]. World Politics, Vol 45 (1): 99～126.

府部门来说，他们的工作任务加重了，所以，他们又不太欢迎农民工的到来。在这种情况下，地方政府及其各部门，在农民工问题上的价值目标是不太一致的，态度的不一致很难带来一致的认同和行动，所以，这也不利于地方政府对农民工公民资格的认同。

4．地方政府竞争对农民工公民资格认同的影响

前文曾提到，我国地方政府竞争主要围绕五方面展开，这五个方面中有两点与农民工直接相关：改善地方公共物品和争夺包括劳动力在内的生产要素。地方公共物品是吸引要素流入的基础性环境条件，也是地方政府获取那些直接从中受益的本地居民支持或赞同的重要砝码，因此，地方政府之间的竞争首先表现在扩大地方公共物品供给数量和提高公共物品质量上，如为吸引区外要素流入本地区而改善基础设施建设、投资环境、社会治安、提高政府服务效率及一系列相关的制度创新。

如前文分析，地方在财政硬约束下，无力为农民工提供公共物品，农民工的到来直接形成了对城市公共物品体系的冲击。所以，农民工数量的增加将会影响到地方政府改善地方公共物品的努力。在财政资金一定的情况下，地方政府改善公共物品的竞争，也可以看做是贬损农民工公民资格权益的竞争。在 2004 年“民工荒”出现以前，中国的劳动力市场在结构性失衡的前提下，基本上是一种“供大于求”的买方市场。所以，各地政府出台一系列优惠政策吸引的不可能是农民工。也就是所竞争的标的物不是农民工，而是资金、技术和人才。

所以，总体上来说，中央和地方政府对农民工的公民资格认同发生了一定的变化，但是，仍然有上述这些因素在阻碍着政府对农民工公民资格的认同。

第七章

2003年以来农民工公民资格权利的发展

第一节　农民工公民资格发展的模式与动因

一、公民资格发展的两种模式与动因

1. 公民资格发展的两种模式

公民资格发展有两个层面的含义：

第一，公民资格的横向发展，也就是原先不被承认的社会身份获得了承认，由于承认而使这个群体获得了和其他公民一样的公民资格；基于这种同一的公民身份，新被承认的社会群体获得了相应的公民资格权利。这种公民资格的发展强调公民资格主体范围的扩大。比如在古希腊时期，并不是城邦中的所有人都具有公民身份，只有健康的、具有一定财产收入的成年男性才具有公民权利，妇女、奴隶、外邦人和俘虏等都不具有公民身份，相应地也不享有公民权利。

到了近代社会，也不是国家内所有成员都能享受完整的公民资格权利的，以财产、性别和种族等来区别公民身份，甚至对身体残疾人的歧视在现代社会也数见不鲜。因此，公民资格的发展意味着权利不再对不同的身份有所区别，在同一的公民身份基础上，使权利成为一个国家所有公民共有的权利。

第二，公民资格的纵向发展。公民基于同一的公民身份，依据公民资格所享有的权利谱系也会有一个不断扩展的过程。公民资格的纵向发展强调权利内容的扩展。按照马歇尔的说法，在英国公民资格的发展中，公民资格权利中的市民权利、政治权利和社会权利也依次是在18、19和20世纪相继实现的。仍然以古希腊城邦为例来描述权利内容的扩展情况。亚里士多德说“人是天生的政治动物”。他的这句结论主要基于雅典政治实践的现实，同时也说明了在雅典，政治

权利是公民权利中最重要一部分，并且曾经是唯一的部分，是否有资格参与城邦政治生活成为一个人是否属于城邦公民的重要依据。

后来由于社会生产力的发展所带来的社会分工的发展、人际交往的扩大和相伴随的社会结构的分化，西方国家的公共领域和私人领域逐渐分离。在自然权利论的影响下，公民和国家之间的关系发生了重大变化。公民的权利逐渐增多，随之产生了法律权利、政治权利和社会权利，并在此基础上细化出财产权利、言论自由权、结社权、受教育权等众多权利。权利种类的增多是公民资格发展的重要表现之一。

2. 公民资格发展的动因

公民资格的两种发展向度都有一个共同的特点，即任何个人和群体公民资格的取得或者任何一项公民资格权利的获得，都是不同社会力量竞争的结果。公民资格发展的直接原因来自以下几个方面：

第一，公民资格的发展来源于社会歧视。这种发展模式的动力主要来自于那些被排斥于主流之外的社会弱势群体提出的社会要求。比如在白人社会中来自有色人种的权利要求，在父权社会中来自女性的权利要求，在我国来自农民和农民工的权利要求。这种公民资格的发展模式一般来说是一种自下而上的发展模式。为什么在不同的国家对不同的人表现出不同的歧视？从一定意义上说这取决于民族国家建立的模式以及其所处的民族关系和国际关系等因素。从我国对农民和农民工歧视这种特定情况来看，则取决于民族国家建立以后所走的现代化道路和制定的发展战略。总的来说，在比较开放的国家，这种公民资格发展模式的权利诉求主要来自于移民和外族人；而在那些开放程度比较低的国家，这种发展模式的权利诉求则主要来自于不同的阶级和性别之间。

第二，公民资格的发展也来自于社会精英阶层的公益动机。这种模式发展的动力主要来源于政府官员、学术界的社会政策专家和其他一些社会贤达，他们基于公共利益而对某些社会问题提出解决办法从而推动社会的不断进步。这种公民资格的发展一般采取自上而下的方式，通过国内政策领域的变化而对公民资格发展起作用。

第三，公民资格的发展还来自于因牺牲而引起的拓展。这种公民资格发展主要与战争有关，它来源于国家对外的战争动员，由那些为了国家甘冒生命危险的退伍军人及平民争取而来。在人们为了国家捐躯或者负伤以后，当局理应满足他们本人和家人在社会权利和其他权利方面的要求，这种公民资格权利的发展类似于国家与公民之间权利和义务的交换。①

第四，因归化而引起的公民资格发展。这种公民资格发展模式主要指给那些

---

① 李艳霞．福利国家的政治学分析——以公民资格为视角［D］．吉林大学，2004．

来自国外的群体提供公民身份。这种公民资格和权利的发展可能只需要经过比较短的时间。例如，到英国的爱尔兰人或者到瑞典的芬兰人均可很快得到公民身份。但这种归化只是形式上的或法律上的归化，真正的融入还需要一个较长时期的语言学习和风俗习惯的适应过程。①

公民资格发展的不同动机形成不同的发展方式，其中，以社会要求和国家团结为目的的前两种方式是公民资格发展的主要方式，而以外部事件为动因的公民资格发展则处于从属的地位。这也就是说，在公民资格的发展中，阶级斗争和社会群体竞争所提出的社会要求是主要的动力来源。

二、农民工公民资格发展的模式

农民工这样一种新的社会身份的出现，是市场和政府合力作用的结果。从20世纪80年代农民工第一次出现以来，在他们的城市生活和工作中，饱受歧视的痛苦。从前文表述来看，歧视依然存在、生活依然艰辛、工作依然劳累，但是，社会各个阶层愈来愈清楚地看到农民工悲惨的生活境况、不屈的人生奋斗和任劳任怨的无私奉献。从客观情况来看，农民工在城市的生存境况是在逐步改善的，虽然目前仍然不尽如人意。

从我国的具体情况来看，农民工公民资格的发展，首先是公民资格权利主体范围的一次扩展。我们知道，中国是一个典型的二元社会结构国家。在二元社会结构下，农民和市民是两个不同的社会群体，虽然都是一国公民，事实上享有不同的公民权利。如果以市民所享有的公民资格权利为衡量标准，那么，农民就不是真正意义上的公民资格权利主体，学界早有呼吁：农民是中国的“二等公民”。而农民的二等公民身份现在依然没有解决。

农民工的出现，在城乡二元社会结构的基础上，在城市社会中又构建了农民工——市民二元社会结构。在新二元社会结构中，如果以改革开放以后市民所享有的公民资格权利为标准来衡量，那么，农民工无疑又是一群“二等公民”。从根本上来说，农民工是农民中的一个先锋群体，他们不满足于“二等公民”地位与待遇，自发到城市开拓生活与工作新天地。在苏黛瑞的笔下，这是农民自发争取公民权的运动。当然，农民来到城市从事非农产业的工作，他们已经获得了一个新的社会身份——农民工。这时，围绕公民资格权利所发生的诉求就不再是农民的诉求，确切地说是农民工的权利诉求。而后文将要分析的“民工荒”现象，则是农民工公民资格权利诉求的另一种表达方式。如果说农民进城是一种积极的权利诉求，那么“民工荒”的出现则可以被看做是一种消极的权利诉求方式。

---

① 李艳霞. 福利国家的政治学分析——以公民资格为视角［D］. 吉林大学，2004.

不管农民工权利诉求的客观结果如何，至少从前面政府对农民工的政策规定来看，国家对农民工的公民身份正在逐步地认同当中，对其公民权利也日益关注。从这个角度来说，农民工公民资格的发展，代表了公民资格权利主体的扩大。而这样一种扩展的趋势，将来某一天也会扩展到农民工脱胎的母体——农民身上。

从农民工出现的30多年来的情况看，政府对农民工权益的关注，首先着眼于农民工的劳动权益，包括为农民工就业提供信息服务、引导农民工有序流动、对农民工进行技能培训和职业培训、建立工资保障机制和追讨欠薪机制、改善农民工工作环境等等。在关注农民工劳动就业权利的基础上，逐步开始关注农民工的社会权利，包括：为农民工进行基本的计划生育服务、开展艾滋病等传染病的咨询服务、探索建立农民工工伤、医疗、养老等保险制度、探索区域间保险转移制度、解决农民工子女城市入学问题以及农民工城市住房问题，等等。在不少地方，比如西安，已经开始探索保障农民工的民主政治权利。在中央对农民工做了“新产业工人”的身份界定以后，全国各级工会组织向农民工敞开了温暖的怀抱。现在，农民工可以加入工会、利用工会组织与资方谈判、维权。有的城市政府也在积极探索农民工参与社区管理的实践，在全国范围内，还在探索如何保障农民工的参政权，如何实现城乡政治参与的对接，等等。所以，农民工公民资格权利的发展始于经济权利、发展于社会权利，最后才是民主政治权利。

当然，这是权利发展与实现的“差序格局”，无疑也是农民工公民资格权利内容的逐步扩展。所以，农民工公民资格的发展既是一种横向发展也是一种纵向发展。它的横向发展代表了国家公民资格发展的总体方向，它的纵向发展表明了这个特定群体所享有的公民权利不断扩展的历史过程。

三、农民工公民资格发展的动因

对公民权利不断增加的诉求是公民资格发展的永久发动机，其直接动力来源于那些缺乏权利的群体。具体如前文所说，公民资格发展的动力主要有社会歧视、精英的公益诉求、牺牲和归化。从我国的情况来看，农民工公民资格发展的动因主要是社会歧视和精英阶层的公益诉求，这是一种农民（工）自下而上的社会运动和社会精英自上而下的公益行为合力的结果。

1. 农民工自下而上的权利诉求

农民工公民资格发展的动力之一来源于农民（工）自下而上的权利诉求。它通过两种截然不同的社会运动来表达：一种是发生在20世纪80年代的“民工潮”，另一种是发生在21世纪初的“民工荒”。在20世纪的最后20年中，后现代化和全球化对民族国家提出了挑战。在这种双重压力下，公民权利和义务的边界以及与此紧密联系的民主形态已经变得模糊不清，这促使公民资格问题再度进入政治和知识视野，并拓展了理解和讨论公民资格的方式。现在，人们已经不再仅仅关注作为法定权利的公民资格，而是把公民资格理解为一种社会过程。通过这个过程，个体和社会群体介入了提出权利要求、扩展权利或丧失权利的现实过程。政治上的介入意味着实质上的公民实践，而这反过来又意味着一个特定政体下的成员总是努力去主动塑造它的命运。① “民工潮”就是这种社会运动的表现形态之一。

在国家政策三令五申禁止、限制农民进城就业的80年代，顶着“盲流”的帽子，面临着时不时被清退的危险，忍受着城里人的歧视，农民工毅然穿梭于城乡之间，从事着各种脏、险、差、累的工作。形成了改革开放早期中国社会的独特现象：“民工潮”。早期的流动民工概括说只有一个朴素的愿望：赚钱过上好日子。在改革开放的时代大潮中，他们已经不仅仅满足于“靠天吃饭”。他们也想赶着国家的好政策和好时代，在农村之外开拓出一片新的天地，把命运牢牢掌握在自己手中，虽然他们如此眷恋故土人情。他们不顾一切进城寻找工作，本意并不在于苏黛瑞意义上的“争夺市民权（contest citizenship）”，仅仅是想靠出卖自己的劳动力赚取合法收入，提高生活水平。所以，对美好幸福生活的渴望是任何政策都禁止不了的。

但是当农民工在城市生活和工作一段时间以后，近距离与市民的接触和比较使他们产生了最初的不公平感。虽然市场经济的推进和社会的转型，市民所能享受的公民“特权”已经很少了，许多普通市民已然沦落为社会弱势群体。但是作为一个整体，在农民工的眼中，市民依然是高人一等的一类人。同样是一国的公民，为什么农民工在城市就没有归属感？为什么自己辛勤奉献的城市不是自己的家园？为什么自己生活、工作在城里，却不能像市民一样得到社会保障？不能像市民一样送孩子进学校念书？工作、生活各方面的歧视与反差逐渐催醒了农民工的自我意识和自主意识。

进入90年代以后，特别是当新生代农民工成长起来以后，农民工的自我意识与权利意识已经完全觉醒。他们不再感觉命运的不公，而是为加诸其身的社会不公找到了社会性、历史性和制度性的根源。农民工脱胎于农民，他们身上有中国农民的影子和特征：逆来顺受、沉默的一群人。所以，当第一代农民工的自我意识开始觉醒以后，在社会上，我们不曾听见他们的声音，他们是沉默的大多数。只有少数进入社会研究者调查视野的幸运者，才让人们从他们低低的抱怨声中听出他们对公民权利的渴望。他们对公民权利的诉求用的不是语言，更不是呐喊，而是不折不扣、百折不挠的行动，千万人的行动汇聚成任何力量挡也挡不住

① ［英］恩靳·伊辛、布雷恩·特纳：《公民权研究手册》，王小章译，浙江人民出版社2007年版，第6页。

的“民工潮”。他们就是用不歇的脚步，丈量着城乡的差距。虽然他们沉默着，但是他们的脚步声汇聚成潮水一样的轰鸣，让政府、市民不要忽略他们的存在。

进入新世纪以后，在社会关注日益增多的同时，农民工在经历了20年城市生活的洗礼以后，他们的自我意识和权利意识相较于90年代更加觉醒。这时，他们不再满足于做“沉默的大多数”，各地农民工自发维权的报道不绝于耳。更重要的是，农民工中的精英分子俨然成为这个群体的代言人，他们发出了自己的声音，积极进行维权活动。渝中区望龙门街道的农民工合唱团是重庆市首个农民工合唱团，该合唱团成立于2005年，现有30多位团员。他们每个周末下午3点都会聚到一起练习唱歌，在专业老师的指导下进步很快，经常参加各项文艺演出，赢得了社会的广泛赞誉。[1] 2008年1月，广厦一建集团农民工合唱团13名成员参加央视七套“2007三农记忆”大型春晚节目录制。这是重庆农民工群体首次走上央视春晚。[2] 2008年春晚，曾经也是“北漂”一员的青年演员王宝强带领重庆农民工合唱团唱出了农民工自己创作的《农民工之歌》：

身上沾泥花　脸上挂汗花 \ 为了一个梦　进城闯天下 \ 昨天我是农民　今天当工人 \ 城市的新主人意气风发 \ 兄弟姐妹把胸膛挺起来 \ 历经艰辛不怕风吹雨打 \ 相信自己的力量　相信未来 \ 我们的人生一样好年华 \ 你也有思念　我也有牵挂 \ 一年忙在外　谁能不想家 \ 为了咱们父母为了咱的娃 \ 也为了更多的高楼大厦 \ 兄弟姐妹把歌儿唱起来 \ 用那汗花擦亮霓虹彩霞 \ 相信自己的力量　相信未来 \ 我们的人生一样好年华 \ 兄弟姐妹把歌儿唱起来 \ 用那汗花擦亮霓虹彩霞 \ 相信自己的力量　相信未来 \ 我们的人生一样好年华 \ 我们的人生一样好年华

农民工合唱团只是众多农民工团体中普通的一个。农民工合唱团不仅唱出了农民工的心声，而且向社会发出了自己的声音，成为社会舞台不可缺少的一个演员。农民工合唱团走上春晚，大大扩大了自己的影响。而在我们网络的虚拟空间，农民工郭昌盛于2003年5月开办了中国第一个农民工网站。郭昌盛青少年时期因为贫困而辍学，热爱学习的他后来在湖北武汉一所民办大学就读，学习成绩优异，曾获校“三好学生”。毕业以后，被湖北省科协普及部聘为工作人员，成为一个临时工。工作努力，曾获得过多次表彰。但却始终是一个户口在乡下，与在职干部同工不同酬的“农民工”。也曾参加湖北省首届公务员考试，各项测试成绩均为第二，但终因农村户口没有被录用；2000年至今，被中国科协所属事业单位和国家一级社会团体以“农民工”身份聘为工作人员。在郭昌盛曲折

---

① 陈沫. 重庆农民工合唱团融入城市生活［EB/OL］. 国际在线专稿，2007-12-5.

② 彭光灿，黄洋. 重庆农民工合唱团走进央视春晚［EB/OL］. 时代信报，2008-1-7.

的人生经历中，他最直接、最猛烈地感受到了农民工所遭遇的不公待遇。也许有了这样的经历与感受，使他致力于创办农民工网站。这个网站是民间“农民工”问题专题性的个人网站，主要通过收集整理各地农民工专题性新闻和评论性文章，为农民工权利鼓与呼！

而“打工青年艺术团”是集文艺创作、演出与网络宣传为一体的农民工专业团体，它的实力和影响在全国首屈一指。“打工青年艺术团”现更名为“新工人剧团”，是一支由打工者自己发起创办、以文艺方式为打工者群体提供文化教育服务的社会公益性民间团体。自2002年5月1日成立以来，已经多次奔赴各建筑工地、工厂、高校、企业、打工子弟学校以及打工者社区，为工友们做义务演出。目前已出了三张专辑，分别是《天下打工是一家》、《为劳动者歌唱》和2009年最新专辑《我们的世界我们的梦想》，其中《打工打工最光荣》、《想起那一年》、《北京、北京》、《不再迷茫》、《这矮矮的村庄是我们在这城市的家》等歌曲令人振奋又催人泪下，唱出了农民工的现实与理想、迷惘与希望。2009年1月，成功举办了“第一届打工文化艺术节”，据活动海报传递的信息可知，第一届文化艺术节的活动主旨是“展现打工文化风貌，倡导劳动价值尊重”；本届主题是“打工·三十年·流动的历史”；主要以音乐、电影、戏剧、诗歌、展览、论坛、赶集和联欢等形式体现活动主旨；地点在位于北京市朝阳区皮村的“打工文化艺术博物馆”。

谈到农民工维权，一个标志性的事件和由此诞生的一个标杆性人物不能不提。2003年10月，熊德明在自家门口见到了来三峡库区视察的温家宝总理，在总理对村民生活的询问中，熊德明直言快语告诉总理她爱人在外打工时有2000多元的工钱被拖欠至今没有拿到。温总理听了这句实话以后，立即指出：“欠农民的钱一定要还！”就是这一句“乱说话”和总理的批示，掀起全国追薪潮。而熊德明也因此成为当年度“中国年度经济人物”。成名之后的熊德明，被美心公司聘用，成为农民工，同时，她还走上了职业讨薪维权之路，到温州去为其他农民工讨要工钱。

无论是熊德明、郭昌盛，还是王宝强和“打工青年艺术团”，以及那些姓名不为人知的众多农民工，他们代表着作为弱势群体的农民，其公民自我保护意识的觉醒；他们这种维护自身合法权益的意识与行为，是在下而上、促进社会进步的重要力量；他们的努力，也是为自身和农民工阶层争取公民资格的抗争。

2. 社会精英自上而下的公益诉求

农民工公民资格的发展与农民工自身权利意识和公民意识的觉醒有必然的联系，同时也跟中国社会精英自上而下的公益诉求密不可分。因为中国作为一个后外发型的现代化国家，来自上层的力量在每一个历史细节的发展中都发挥举足轻重的作用，不容忽视。而本书所说的社会精英，是一个比较宽泛的概念，不仅指政界上层、商界名流，也包括一些具有公共影响力的知识分子。

由于中国政治决策机制的隐蔽性，我们无从悉数知晓中央和省级政府每一项农民工政策出台背后所进行的政策博弈以及关键人物的主张如何推动有利于农民工政策出台。但是，至少在上文熊德明讨薪的例子中，温家宝总理的一句话就引发了全国范围内追讨农民工工资的“百日欠薪大检查活动”。仅仅一个月之后，国务院办公厅印发了《关于切实解决建设领域拖欠工程款问题的通知》。时任中共中央政治局委员、国务院副总理曾培炎在批示中指出，“解决好建设领域拖欠工程款问题，对维护农民工合法权益，规范市场经济秩序，保持社会稳定十分重要。元旦春节将至，各地要从立党为公、执政为民出发，把解决这一问题作为当前一项重要工作。要坚决贯彻温家宝总理重要批示和国办通知精神，雷厉风行，标本兼治，限期偿清已拖欠工程款，加大建筑市场治理力度，严格依法办事，建立健全各项制度，促进建筑业健康发展”。①

紧随其后，各大城市出台相关规定查处欠薪企业，比如，北京市有关部门出台严厉举措，凡是严重拖欠民工工资的企业被一票否决，驱出北京建筑市场；杭州市起草了“杭州市欠薪保障条例”，从制度上减少欠薪现象的发生；深圳建立了深圳市欠薪保障条例，上海也建立了中小企业欠薪保障条例。因为有总理振臂一呼，关于农民工欠薪的违法事件才进入政府和公众视野。而总理坚决查处的态度、各级政府紧急出台的保障农民工工资及时偿付的条例等措施，在一定程度上能够保障农民工的劳动权益。

2009年“两会”期间，全国人大代表、广东省劳动保障厅厅长刘友君“建议修改《刑法》，增加‘欠薪罪’有关条款，追究恶性欠薪者刑事责任。”据介绍，2010年广东劳动保障监察机构共处理拖欠和克扣工资案件2.59万宗，共为99.67万名劳动者追回工资待遇17.35亿元；因欠薪引发的30人以上群体性突发事件1186宗，其中欠薪逃匿引发30人以上群体性事件333宗，涉及劳动者26259人，同比宗数和人数分别上升了80.98%和86.96%。

刘友君认为：“恶性欠薪案件对劳动者财产权的损害常常比盗窃、诈骗、侵占等犯罪行为的危害性更大，而且还破坏了市场信用体系和社会主义市场经济秩序，危害了社会和谐稳定，具有严重的社会危害性，应当作为犯罪，追究责任人刑事责任。”10多年的实践证明，即使用尽各种行政、民事、司法手段，恶性欠薪问题仍然呈蔓延趋势。“刑法作为‘法律的后盾法’在其他措施手段不能有效发挥作用时，必须由刑法介入解决”。为此，可借鉴境外部分国家和地区设立欠薪罪的成功立法经验，在《刑法》第五章“侵犯财产罪”中增加一条，规定：公司、企业有能力支付工资，拒不支付的；或者拖欠工资后隐匿、转移资产，责任人逃匿的；或者拖欠工资后配合有关部门依法处理，情节严重的，对用人单位

① 孙玉波. 曾培炎：限期偿清拖欠工程款，维护民工权益［EB/OL］. 央视国际，2003-12-16.

法定代表人或者主要经营者和其他直接责任人员，处5年以下有期徒刑或者拘役，并处10万元以上30万元以下罚金。①

在中国社会还活跃着一群关注农民工、同情农民工的公共知识分子。他们的代表人物有李昌平、温铁军、党国英、陆学艺、秦晖等。

当年李昌平在那封《我向总理说实话》的信中道出了“农村真穷、农民真苦、农业真危险”的实情，使“三农”问题突显出来，得到中央和全社会的关注。在李昌平写了这封信之后不久，经过一番曲折的经历，他最终成为中国“三农”问题的专家，成为农民利益的代言人，多次发表文章、参加电视网络访谈节目畅谈“三农”问题以及农民工权益保护问题。

温铁军在接受《市民》专访时说，目前城市农民工的社会支持现状令人担忧，存在着很多问题，如农民工的就业、用工指导问题、子女入学问题以及他们自身的再教育与职业培训等。几十年来，不仅农民工理所当然地成为富裕地区最廉价劳动力，而且一些人的劳动时间大大超出劳动法规定，劳动安全缺少保障也归因于制度性因素。就拿“就业门槛”来说，也主要是指针对农民工的一些限制条件，如企业招人时提出必须有本地城区户口，农民进城务工就业的职业、工种限制等；另外，农民合理和合法权益得不到保障，侵犯农民权益的现象甚为严重。此外，农民工仍是农业户口，大部分既没有被城市社会保障体系所覆盖，也难享受到城市的各项社会福利。城市只享受他们的劳动，却不给予他们应有的公民权益。② 在谈到农民工融入城市问题时，温铁军提出的建议是：政府为城乡提供的公共品要具有公平性，要通过提高进城打工的农民的组织化程度来保护他们的基本权益。

陆学艺对农民工的权益现状做了这样的总结：“在政治上，即使干了五年、干了十年、干了二十年，但农民工永远还是农民工。在经济上，我总结主要是三句话，第一句是‘同工不同酬’……第二句：‘同工不同时’……第三：‘同工不同权’。”③

知名国情专家胡鞍钢提出，中国其实存在着“四农”问题，除人们常常提到的“三农”问题外，还有一个农民工问题。他认为，这一问题正越来越突出，将是解决“三农”问题的核心。他呼吁沿海地区不仅要善待农民工，关键还要服务农民工，使他们为当地发展做出更多贡献，使他们参与工业化、城市化进程并分享成果。解决“四农”问题的最终目的就是使农民工成为市民、成为真正意义上的公民，它将成为继土地改革、“大包干”之后中国农民的“第三次解

① 毛浓曦．邓维龙等代表：建议刑法增加“欠薪罪”条款［EB/OL］．工人日报，2009－3－13．

② 温铁军．破解“二元结构”［EB/OL］．温铁军博客，http://www.aaboss.com/thread－81－1－1.html．

③ 陆学艺．农民工问题的由来［J/OL］．天益网，2005－9－20．

放”，并将加速中国发展，同时推动构建和谐社会。①

秦晖在作客《南都公众》论坛时指出：中国在解决城乡二元社会结构的矛盾问题时，不应当以“破坏社会治安”、“影响城市环境”等为理由，限制农民进城务工和生活，而应当允许农民工实现自由的迁徙，外出就业等。在中国目前的社会保障体制下，国家应该对农民等群体，增加公共服务的投资，提供最基本的保障。“如果没有实现公众应当享有的福利，政府应当被问责”。②

2008年，于建嵘在“惠及13亿人的基本公共服务”国际研讨会上的演讲中指出：没有让农民工享受到统一的城市居民所能享受到的基本公共服务，就是对农民工基本权益的侵害。解决农民工问题的一个基本原则就是要从公民权的角度来看待农民工问题，重新检讨户籍制度，政府要为全体公民提供基本的最终大致均等的公共物品和公共服务。农民工问题牵扯到多方面利益的调整，其中之一就包括地方政府和市民的利益。解决农民工问题，要从公民公共利益出发而不能只是从地方政府和城市居民的利益出发，要彻底清算地方利益保护主义。在这次研讨会上，于建嵘还提出要保护的农民工十项权益，其中最重要的包括农民工劳动安全保护权、农民工土地承包权和集体谈判权。③

“三农”问题的学者和关注农民工权益的知识界精英，他们利用自身的社会影响力为农民工公民资格奔走号呼；他们依靠自身的知识权威，影响着国家农民工政策的走向，他们的建议和呼吁是农民工公民资格发展的重要动力。

第二节　农民工公民资格权利发展的表现

一、农民工称谓变化折射出身份变迁

有这样一段顺口溜形象地概述了农民工的发展史：本名是民工，小名是打工仔，别名是进城务工者，曾用名是盲流，尊称是城市建设者，昵称是农民兄弟，俗称是乡巴佬，绰号叫游民。虽然调侃味十足，但也不难感受到这30多年来农民工流动的不平凡历程。

整个80年代，家庭联产承包责任制和农业机械化的推行，不断释放的农村剩余劳动力被乡镇企业和城市社会所吸收。随着经济的迅速发展，大量农民涌入

① 孙自法．胡鞍钢：中国存“四农”问题，农民工问题是核心［EB/OL］．中新社2005－3－1．

② 秦晖．不能实现公众福利，政府当被问责［EB/OL］．南都公众论坛，2009－6－26．

③ 于建嵘．基本公共服务均等化与农民工权益保障［EB/OL］．搜狐财经，2008－2－25．

城市，在工作机会、公共设施、社会生活等多方面，与城市居民产生了一些冲突，“盲流”不仅是城市居民对农民工的蔑称，连国家也认可这一称谓。其实“盲流”的称谓最早在1952年就出现了，当年2月26日，中央人民政府内务部社会司在《人民日报》发表文章《应劝阻农民盲目向城市流动》。直到2003年6月国务院颁布《城市生活无着的流浪乞讨人员救助管理办法》，废止了沿用多年的收容遣送制度以后，“盲流”称谓才最终退出历史舞台。

同样是在80年代，对外出务工农民的称呼还有许多，比如1989年3月，国务院办公厅就曾发出紧急通知，要求“严格控制民工外出”。“民工”成为当时官方对进城寻找工作的农民的称呼。由于这个群体数量庞大，发展很快，同时并存的称呼也很多，比如“外来务工人员”、“打工仔”、“打工妹”、“合同工”、“轮换工”等。1984年，中国社科院教授张雨林在《社会学研究通讯》发表的一篇文章中，首次使用“农民工”一词。此后，这个说法被社会广泛使用。2006年，国务院颁布《关于解决农民工问题的若干意见》以及其他相关文件中，也广泛使用“农民工”。无论是使用“农民工”还是“外来务工人员”甚或其他任何一种称呼，都表明了官方和市民群体对农民工群体的身份定位和心理认同：他们是和市民不一样的一群人，他们的户籍关系在农村，是农村户口。在这里，对身份的区分仍然是一分为二的。

2004年中央1号文件明确指出，农民工是产业工人的重要组成部分。虽然称呼没有变化，但是已经对农民工的身份重新进行了定位，属于市民群体中的工人群体了。这种新的身份定位是以2003年一系列中央对农民工的优惠政策作为铺垫的。2003年，新一届政府推出了一系列惠及“三农”的政策措施，取消对企业使用农民工的行政审批，取消对农民进城务工就业的职业工种限制，取消专为农民工设置的登记项目。各行业和工种的技术资格和健康等条件，对农民工和城镇居民应一视同仁。同样是在2003年，中国工会十四大召开，这次大会的主题之一就是吸收农民工加入工会成为工会会员。由此可见，2003—2004年，在中央政策的推动下，农民工虽然还没有彻底转变身份，但是对他们的消极限制已经大大减少了，农民工公民资格在这个意义上获得了一定的进展。

在中央政策的积极推动下，地方政府在解决农民工问题上也在进行积极探索。许多地方政府取消了暂住证、实行居住证，农民工享受同城待遇。在许多地方，农民工已经被当地政府称为“新市民”。在长三角，共计拥有2600多万名农民工，过去许多人把农民工叫做“打工仔”、“打工妹”。现在长三角正在通过各种措施，让这些为长三角流血流汗的异乡人成为新的长三角人，政府和市民对农民工的称呼转变为“杭州新市民”、“新绍兴人”等。

2009年7月3号，深圳市召开了全市就业工作会议，深圳市代市长王荣在会上说“农民工”的概念已经发生了变化，“农民工”这个概念将会在深圳消失。在政府官员中，王荣是第一个公开指出农民工二代将促成“农民工”概念消亡的人。[①] 王荣所传达出的信息是，在深圳这个得益于农民工而发展的地区，凭借着多年积累的地方财政，可以率先解决农民工的国民待遇问题，这意味着政府增加对城市公共物品供给的力度，也意味着地方政府帮助农民工融入城市社会的美好愿望与决心。

用“新市民”替代“农民工”，改变了以往的“政策歧视”，让农民工能够享有和“老市民”同等的“市民待遇”。如浙江、广东等一些省份正在推广用“居住证”代替“暂住证”制度。虽然只有一字之差，但是对务工者的意义完全不同，持“暂住证”时务工者几乎无法享受公共服务，而“居住证”则像绿卡，务工者可以享受在就业地的“免费就业培训”、“社会保险”、“免费获得艾滋病等特定传染性疾病的检查和治疗”以及“在街道和镇计生服务站享受免费计生服务”等各种公共服务。特别值得一提的是湖北的户籍改革。据有关规定，在湖北（武汉中心城区除外）稳定就业，并有固定住所的农村劳动者，可获得城镇户口。这样就可以让“新市民”享受到与城镇居民相同的就业、住房、社会保障以及子女义务教育等政策。据悉，农民工完全享受“市民待遇”，这在全国还是首次。不仅如此，“农民工”成为“新市民”，其政治地位也得到了很大提升。许多过去的农民工成了企业的管理者，有的还被选举为人大代表、政协委员，得以在当地参政议政。

用“新市民”替代“农民工”，还改变了以往的“社会歧视”。这里的“社会歧视”一方面来自于市民，另一方面则来自于当地政府。过去，许多人把农民工称作“打工仔”、“外来妹”；我们城镇居民的一些公共政策和公共服务，农民工享受不到。如今，随着改革开放的顺利进行，经济社会的又好又快发展，特别是中央“民本思想”的要求，各地政府观念有了极大的转变。他们从城乡一体化的高度认识到农民工对于城市建设、城市繁荣、城市稳定的重要作用；认识到农民工是城市建设中不可缺少的力量，他们为城市建设付出了无穷的智慧，流出了无尽的汗水，作出了巨大的奉献，理应受到同等的市民待遇。

二、农民工政治权利进一步发展的表现

1. 农民工可以加入工会

新世纪以来，农民工政治权利的发展状况从总体上来说没有根本改观。但是在某些地区，已经对实践农民工民主政治参与机制进行了有益的探索。在农民工政治权利发展史中，有两个标志性的事件，一是农民工可以加入工会；二是农民工当选全国以及地方人大代表。这两个事件标志着近几年来农民工政治权利发展

---

① 刘启达. 代市长王荣称深圳农民工概念将会消失. 广州日报，2009-7-6.

所取得的实质性成果。

公民结社权是一项基本的政治权利。农民工加入工会，是农民工政治权利发展的一个标志。据不完全统计，全国现有农民工约2亿人。以广东省为例，现有进城务工人员2629万人，外来工对广东经济增长的贡献率高达25%。数量庞大的农民工队伍，已成为我国工人阶级的新鲜血液和不可剥离的组成部分，在经济发展和社会稳定中有着举足轻重的作用。但是，由于农民工身份和职业的特殊性，长期以来，绝大多数农民工游离在工会组织之外。

早在2000年，中国制造业中的农民工已经占到了57%。这个庞大的社会群体的利益诉求，是我们无法回避的。农民工虽然来自农民群体，并且仍然与农民和农村保持着密切的联系，但是他们毕竟主要从事着非农工作，成为工人阶级的一个重要组成部分。而工会是中国工人阶级最强有力的群众性组织，接纳农民工，并切实承担起维护他们合法权益的重任，是中国工会的分内职责。《工会法》以法律的形式保障了工会维护职工权益的法律地位，规定工会有权代表职工跟资方谈判、解决劳资纠纷和职工困难等。工会的合法性极大地增强了职工维权的力量，只有加入工会，农民工才能以组织的形式维权；只有加入工会，农民工才能以合法的手段保护自己的权利。这种合法的组织力量是农民工的其他非正式组织难以匹敌的。①

为顺应这种新形势发展的需要，早在2003年8月4日，中华全国总工会就发出了《关于切实做好维护进城务工人员合法权益工作的通知》，要求各地各级工会组织采取有力措施，依法把进城务工人员组织到工会中来。在当年9月召开的中国工会第十四次全国代表大会上，中华全国总工会主席王兆国在开幕式报告中，再次提出“一大批进城务工人员成为工人阶级的新成员”，以及将进城务工人员组织到工会中来的问题。此后一个月，全国就有3400多万农民工加入了打工地城镇工会组织。②

而全国工会十四大以来，我国社会经济成分、组织形式、就业方式、利益关系和分配方式日益多样化，非公有制经济成为工会工作的重要领域，农民工成为工人阶级新成员，产业结构和职工队伍构成发生了根本性变化，工会工作的对象日益扩大，工会的组织形式、组织体制、工会经费的收缴和资产监督管理等都面临着许多新情况、新问题。所以全国工会十五大重新修改了《中国工会章程》：对职工入会条件作了修改，在坚持“以工资为主要生活来源”的同时，增写了“与用人单位建立劳动关系”的内容；简化了职工入会程序，删除了职工申请入会经“工会小组讨论通过”的规定。

---

① 束学山. 农民工加入工会是历史性进步 [N]. 南方都市报，2003-9-25.

② 万兴亚. 农民工入会写进全国工代会报告，成为工人阶级新成员 [N]. 中国青年报，2003-9-24.

此外，为加强非公有制企业工会组建，《中国工会章程（修正案）》增写了“上级工会可以派员帮助和指导用人单位的职工组建工会”的内容；为保障工会干部依法履行职责，增加了“县和县以上工会设立工会干部权益保障金”，“县和县以上地方工会可以为基层工会选派、聘用工作人员”的内容。① 这些内容的修改，从根本上来说适应了我国经济和社会形势发展的需要，为农民工加入工会提供了最直接的依据和便利。

据全国总工会副主席徐德明说，2007年上半年全国新增农民工会员达977.4万人，占同期会员发展总数的88%，农民工的维权工作取得了新进展。② 从2003年至2008年6月，全国工会会员总数达2.09亿人，其中，农民工会员人数6600多万人。在全国工会十五大上，共选出代表1800名，其中工人代表85名，占4.7%；在85名工人代表中，有47名农民工代表，这是改革开放以来中国工会全国代表大会选举中第一次选出农民工代表。这47名农民工代表是全国2亿多农民工、6600万农民工会员的代表，他们分布在27个代表团，主要来自制造、建筑、环卫、餐饮服务等农民工分布较多的行业。③在2009年全国“两会”期间，全国总工会官员在“两会”新闻中心接受中外记者集体采访时透露，全国总工会中的农民工会员数将达到7000万人。④

不仅全国总工会在进行工作创新，而且各级各地工会也在进行工作机制创新，农民工入会率不断上升。宁波市按照“组织起来，切实维权”的要求，最大限度地把工会组织起来，把农民工吸收到工会组织中来，推广项目工会、五小工会、楼宇工会、行业工会、村联合工会、社区工会、市场工会、广场工会、劳务派遣公司工会、商场厂方联销员工会10种建会模式。2009年前5个月，全市已新增工会组织1120家，全市农民工会员已达118.8万名，占会员总数的55.7%。⑤ 据统计，2007年上海建筑业约有65万名农民工，其中40万人将在年内领到工会会员证。⑥ 2008年1月，上海市工会会员已达到635.4万名，较2003年净增了254.6万名。其中来沪务工人员（农民工）会员219.6万，入会率达到了78.7%。⑦ 据上海市总工会十二届四次全委（扩大）会议透露，2009年上海市将净增工会会员36万。⑧ 作为农民工主要输入地的上海，工会在吸引农民工方面稳步发展。

---

①③ 孙春兰. 中国工会站在新的历史起点上［EB/OL］. 南京市总工会，http://www.njgh.org/html/news_ detail.php?news_ id=4958.

② 今年上半年977万农民工加入工会［EB/OL］. 浙江在线，2007-9-27. http://china.zjol.com.cn/05china/system/2007/09/27/008837748.shtml.

④ 索有为. 农民工工会会员年底将达到7000万人［EB/OL］. 中国新闻网，2008-03-14.

⑤ 汤碧琴. 118.8万！宁波农民工工会会员已过半［EB/OL］. 中国宁波网，2009-6-21.

⑥ 高路. 上海建筑业近半数农民工加入工会［EB/OL］. 新华网，2007-8-28.

⑦ 吴善阳. 上海近八成农民工加入工会，达219万人［EB/OL］. 中广网，2008-1-19.

⑧ 邵珍. 上海工会会员今年净增36万［EB/OL］. 东方网-文汇报，2009-7-17.

重庆既是最主要的农民工输出地，也是重要的农民工输入地，截至 2006 年 9 月，重庆市已有超过 200 万的农民工加入各级工会组织，成为工会会员，占全市 600 万农民工的 1/3。[①] 2007 年，为召开重庆市工会第三次代表大会，全市共推选出与会代表 750 余名，其中农民工代表近 60 名。农民工作为代表参加工会会议，在重庆工会工作历史上改变了“工会代表大会无农民工”的历史。到了 2007 年，重庆全市建立工会的企事业及机关单位职工中共有农民工 145 万人，发展会员 124 万人，占农民工人数的 85% 以上。[②]

江苏的情况与重庆类似，既是输入地也是输出地。据报道，2007 年江苏全省已有 450 万农民工加入工会组织，入会率达 60%。[③] 另据新华网报道，截至 2007 年底，加入江苏省工会组织的农民工会员已达 512.8 万人，占全省工会会员总数的约 40%，相当于全国农民工会员总数的 1/10。[④] 2008 年 4 月 8 日，江苏省工会第十二次代表大会召开，与会代表共有 994 名，其中 22 名农民工代表，作为工人阶级的新成员代表首次出席工会代表大会。与 2007 年年末相比，江苏全省农民工会员已增加至 545.8 万人。[⑤]

截至 2007 年 12 月，西安全市新建基层工会组织 4115 个，发展会员 221031 人，工会会员首次突破百万大关，累计达到 1049883 人，基层工会累计达到 11775 个，涵盖企事业单位 17194 个，达到西安市工会组织建设历史新高。[⑥] 2008 年 4 月 21 日召开的西安市总工会第 13 次代表大会上，首次出现 14 名农民工代表，他们代表着西安市约 70 万农民工。在 70 万农民工中，有 20 万已加入工会，这 14 名农民工代表就是从已加入工会的农民工中产生的。[⑦] 据这次工代会透露，未来 5 年内，西安市工会会员中农民工的人数将达到 50 万人。[⑧]

对于农民工加入工会这样一个事件，北京大学社会学教授王思斌作出了高度评价。他说，很多时候、很多情况下，仅仅因为出身问题，民工长期被排斥在城市主流生活之外，其中包括不能参加工会、接受工会组织的服务。工会组织接纳并主动承担起维护农民工合法权益的重任，对于拆除我国城乡二元结构的藩篱、加快城市化进程必将发挥重要作用。[⑨]

中国社会科学院社会学所所长陆学艺也认为，我们应该更早一点接纳和承认农民工属于工人阶级这一事实。据社会学所的调查，早在 2000 年，全国制造业

---

① 李国. 重庆市农民工加入工会超过 200 万［EB/OL］. 工人日报，2006－9－15.

② 李国. 重庆市总工会创新农民工管理模式纪实［EB/OL］. 人民网，2007－11－21.

③ 王伟. 江苏六成农民工加入工会组织［EB/OL］. 工人日报，20007－9－27.

④ 王骏勇. 江苏：工会会员中农民工约占四成［EB/OL］. 新华网，2008－4－7.

⑤ 22 位农民工参加省工会代表大会［EB/OL］. 新华日报，2008－4－8.

⑥ 西安市工会会员首次突破百万，基层工会达 11775 个［EB/OL］. 西部网，2007－12－10.

⑦ 段博. 西安：14 名农民工首次当上工会代表［EB/OL］. 新华网，2008－04－21.

⑧ 丁海涛. 未来 5 年西安工会会员中农民工将达 50 万人［EB/OL］. 陕西日报，2008－4－23.

⑨ 浅谈发展农民工加入工会组织的重要性及实践分析［J/OL］. 教育城，2009－6－10.

中，农民身份的工人已经占到了 57%。他希望，各级工会组织不只是尽可能多地吸纳农民工入会，还要努力培养、教育和帮助农民工尽快融入到城市产业工人中来，使他们真正成为工人队伍中的一员。[①] 农民工加入工会，从象征意义上来说，体现了农民工政治权利发展的动向；从实践意义上来说，通过正式组织维权，有利于农民工节约维权成本，提高维权效果。

2. 农民工可以参选各级各地人大代表

人大是中国的权力机关，是人民行使当家做主权利、参政议政的最主要渠道之一。参选各级人大代表，是公民政治权利的实现形式之一。在我国历届人代会中，都规定了一定比例的农民代表，但是，从农民群体中衍生出来的农民工群体，目前人数已达 2 亿之巨，在 2008 年之前，在中国的权力机关中竟然没有自己的利益代言人。而同时期人大代表的结构和组成也难以体现科学、民主的精神：来自工作一线的代表人数偏少，官员人数偏多。2007 年仅以广州为例，在 500 名广州市人大代表中，官员代表占代表总数的 38.43%。

毋庸置疑，在当下各级人大代表的构成中，官员、企业家和社会精英等强大方阵在人大代表中比例明显偏高。而包括农民工在内的社会基层群体在人大代表中的比例微弱，明显存在权利表达的劣势。虽然有"精英代表"对农民工权益的关注，但由于他们的角色冲突、职业使命和精力限制，事实上其代言的投入和绩效非常有限。无论是从民主政治运行的角度来看，还是从公民政治权利发展的角度来看，如果各级人代会缺少了农民工代表，无不是一件遗憾的事情。而农民工群体权利代言人的缺席导致了该群体利益保障的"盲点"。

所以，2007 年 3 月十届全国人大五次会议关于十一届全国人大代表名额和选举问题的决定中规定："第十一届全国人大代表中，来自一线的工人和农民代表人数应高于上一届。在农民工比较集中的省、直辖市，应有农民工代表。"这个决议使宪法赋予农民工作为公民行使选举权和被选举权有了最直接的操作依据。应当说在现实生活中，农民工在一些方面还是弱势群体，承受了许多不公正的待遇，许多合法的权益得不到有效保证。除了其他原因外，这与他们的政治权利缺失有关，就是缺乏利益诉求的途径，没有自己的代言人，有了问题不知道找谁解决。这也是当前社会存在的不稳定、不和谐的一个重要因素。

现在在全国人大代表中增加农民工代表，意味着对农民工权益的关注和保护由经济与社会的层面向政治权利的层面递进。这是中国社会主义民主政治发展的一个标志性事件，也是农民工政治权利发展的一个标志性事件。每个利益团体都有自己的代表，是和谐社会的一个重要标志，也是一项务实之举。

根据十届全国人大五次会议的精神，十一届全国人大共选出 3 名农民工代

---

① 浅谈发展农民工加入工会组织的重要性及实践分析 [J/OL]. 教育城，2009 -6 -10.

表，分别是来自重庆团的康厚明、上海团的朱学芹和广东团的胡小燕。康厚明来自重庆市永川区，是重庆城建控股（集团）第一市政工程公司路面处农工班班长。在赴京参加全国“两会”前，他征求了许多工友的意见。会上，他就农民工医疗、工伤保险、高温补助以及进城农民工享受廉租房等问题提出相关建议，让农民工更多权益得到保障。①

来自上海团的农民工代表朱学芹代表着全上海400多万农民工，自感责任重大。她1995年高中辍学后来上海打工，从最基层的缝纫工做起，凭着自己不屈的奋斗精神，不断学习，成长为公司的日语翻译，并当选为公司的工会副主席。她在2008年全国“两会”上所提的议案与意见集中在农民工保险方面，为此，她多次深入建筑工地实地调查，并去劳动保障部门进行了专项调查。② 此外，她还建议有关部门建立综合保险全国联网机制，让一张卡内的保险金可以进行积累并在异地使用。

来自广东团的农民工代表胡小燕是四川广安人，也有10年的打工经历。在2008年全国人大会上，她提了两点建议：一是优化农民工的就业环境，增加农民工收入，加强对农民工的职业技能培训；二是政府要更加关注农民工子女，特别是留守儿童的教育问题，当地政府可以对留守儿童进行普查登记，建立档案，开通亲情热线，方便外出父母与子女的沟通。③

3名农民工当选全国人大代表是一个强劲的政治信号。在此前后，全国各地各级人大代表选举中，我们看到了更多农民工代表的身影。2006年2月16日，河南农民戴全明成为外来务工人员旁听宁波市人大会的第一人。面对电视台的采访，他实话实说：“想成为真正的人大代表，不再坐在旁听席上，然后替外来务工人员多说些话。”2007年1月8日，在浙江省宁波市江东区明楼街道办事处林家社区选举中，戴全明如愿以偿，高票当选江东区人大代表。④ 2008年1月10日，51位农民工从700多万农民工中脱颖而出，被选举为重庆市第三届人大代表，占代表总数的5.9%。⑤ 在辽宁沈阳市，2007年11月，有4位农民工分别当选为四个区的人大代表。⑥ 在上海，有3位农民工当选新一届人大代表，代表着上海市400多万农民工。这3位农民工代表是：上海外高桥造船有限公司制造部班组长洪刚、上海邮政公司宝山区邮政局翔殷路支局邮政投递员潘艾方和上海市

---

① 戴娟．重庆市——农民工当选全国人大代表［EB/OL］．华龙网—重庆日报，2008-2-29．

② 全国人大代表朱雪芹发言［EB/OL］．腾讯网，2008-3-18．

③ 刘涛．中国“第一农民工”——人大代表胡小燕［EB/OL］．中国广播网，2009-3-3．

④ 朱长振．从农民工到人大代表，河南人戴全明浙江参政议政［EB/OL］．央视国际，2007-1-31．

⑤ 侯露露．重庆51名农民工当选市人大代表，占代表总数5.9%［EB/OL］．人民网—人民日报，2008-1-11．

⑥ 沈阳4位农民工当选区人大代表［EB/OL］．辽宁省总工会，2007-11-1．

安装工程有限公司一分公司焊工班长张雄伟。[①] 此外，浙江、湖北、江苏、辽宁、青海、河南等越来越多的地方，越来越多的农民工当选为人大代表。

我国农民工队伍不断壮大，已成为产业工人的重要组成部分，他们在全国人大中也应有适当名额的代表，作为全国众多农民工的代言人。如果农民工没有自己的代言人，没有话语权、参与权、决定权和监督权，没有农民工代表参与国家事务，难以从根本上维护农民工包括经济权益在内的各项权益。农民工当选人大代表，标志着农民工的"政治性崛起"，对于中国的民主政治、社会转型都具有标志性意义。

宪法学家韩大元表示，全国人大明确规定农民工的全国人大代表名额问题，是"中国民主政治发展的一个标志性事件"。对于数量高达2亿的农民工而言，这更是一个关乎切身利益的利好消息。"每个利益群体都应有自己的代表，这是和谐社会的一个重要标志"。[②] 诚如高层所强调的，"人大代表具有广泛的代表性，是人民代表大会制度的本质要求，也是社会主义民主的重要体现"。

最高国家权力机关是民意的集合体，是各方利益表达的大舞台。这里既需要饱学儒雅或政治经验丰富的"皮鞋代表"，也需要田野气质或勇于直白基层实情的"草鞋代表"、"赤脚代表"。后者植根于基层的历练，往往更能体味和表达朴素的民意。农民工当选为各级人大代表，是农民工政治权利发展的一个里程碑。有网络评论这是一个"走向农民工政治权利的时代"，这样的评论似乎为时尚早。现在我国的人大代表名额，都是按照户籍人数分配的，这是农民工当选代表的一个障碍。农民工代表的选举是在流入地还是流出地、应当选多少等，这些都是问题。真正解决农民工代表的问题，从根本上保证农民工的选举权和被选举权，还要改革和完善我国的选举制度和户籍制度。

3. 农民工可以参加社区选举

农民工政治权利的发展除了上文描述的加入工会和作为代表参与工代会和各级人大以外，各地农民工工作联席会议还在积极探索农民工参与社区民主选举、民主决策、民主管理和民主监督的途径，并且放宽了农民工参与城市地方社区管理与选举的资格限制。

重庆市出台新规定，凡租赁房屋居住1年以上的进城农村居民，经本人书面申请或街道办事处、乡镇人民政府推荐，社区居民代表会议或社区居民选举委员会同意后可以进行选民登记，并参加社区居委会投票选举。在新政策的鼓舞下，农民工的选举热情高涨。据不完全统计，重庆市共登记参加社区居委会投票选举

---

① 肖春飞. 农民工人大代表是"点缀"吗? [EB/OL]. 人民网，2008-2-10.

② 农民工代表：平衡权利的热点人物 [EB/OL]. 巩义市人民检察院，2008-2-18.

的农民工选民8.7万多名;[①] 在重庆第七届村（居）委会换届选举中，21名农民工当选社区居委会委员，4987名农民工当选社区居民代表。[②] 在天津、上海、杭州等地，农民工参与社区管理的选举都在进行中。

让农民工参与社区管理，一方面调动了广大农民工的热情，另一方面也为农民工表达民主意愿提供了新的平台和途径。但是从所搜集的资料来看，农民工参与社区选举和管理，还只是个别地方的实验，并不是一种普遍的参与行为；即使农民工能够普遍参与当地社区选举和管理，在中国目前这样的大环境下，我们也不能对农民工的社区管理效果抱有太大的期望。

据雷霄等人的调查，82%的农民工没有参加过城市管理，比如社区居委会选举。邓秀华在长沙市的农民工调查同样显示：在调查的人中参加过社区选举的只有26人，占5.9%，94%的人没有参加过所在城市社区的居委会选举。赵东辉和吴亮的调查显示：虽然在浙闽粤三省，以农民工为主的很多企业，工会组建率在60%以上，入会率在50%以上，部分高达80%以上，但这些工会大多只有数字上的意义，基本上不能维护农民工的任何利益。[③]

三、农民工经济权利进一步发展的表现

在农民工经济权利中，最重要的权利是劳动权利。劳动就业既是农民工在为国家和社会作贡献，也是其生活的来源。它主要包括自由选择职业的权利，依法签订劳动合同、受《合同法》保护的权利以及同工同酬、享受最低工资保障的权利等。保障农民工的劳动权，是当前农民工权利保障的一大重点。因为多年来，城市对农民工就业设置了种种不公平不合理的限制，索要证卡过多，有的还巧立名目收取押金和费用，以致农民工就业的难度很大。新世纪以来，农民工的就业环境有所改善。

1. 农民工自由择业权的落实

继2002年中央提出要降低农民工进城求职的门槛以后，2004年，国家专门发布通知,[④] 要求全国各地取消早先设立的针对农民跨地区就业和进城务工的各种行政许可和非行政许可审批事项，为农民工进城就业提供良好的环境和服务。在中央政策和地方经济发展的双重压力下，各地顺应经济社会发展的潮流，采取各种积极措施，保障农民工自由择业权的实现。

---

① 郭立．重庆8万多农民工选民参加社区选举［EB/OL］．新华网，2008-1-29.

② 重庆：农民工首次当选社区居委会委员、居民代表［EB/OL］．贵州希望网，2008-12-7.

③ 雷霄，郑功帅．试论农民工政治权利的缺失与对策［J/OL］．资料通讯，2009-4-13.

④《关于进一步清理和取消针对农民跨地区就业和进城务工歧视性规定和不合理收费的通知》。

对农民工从事行业和职业限制最严格的可算北京。在20世纪90年代早期，北京市就出台了《北京市外地来京务工经商人员管理条例》，对外地来京人员在务工、就业、经商、房屋租赁、卫生防疫等诸多方面进行了严格的限制。但是在关于农民工就业限制解冻以来，北京迅速取消了用人单位使用农民工的计划审批和岗位限制；严禁任何单位、个人在办理《就业证》、《就业卡》过程中超标准收费，强制搭车收费。

沈阳市在2003年率先取消"暂住证"制度，改行流动人口登记制度，且不再收取任何管理费用。上海在2004年7月1日实施《行政许可法》当日，就取消了对外来人口就业证的限制。[①] 在南宁，记者了解到南宁市政府在2004年底下发了《南宁市关于加快农村劳动力转移就业若干办法》，将取消农民进城务工就业的各种限制和一切不合理的收费项目；同时还将取消专为进城务工农民设置的登记项目，实行暂住证一证管理；进一步简化农民跨地区就业和进城务工的手续；取消对农民进城务工就业的职业工种限制等，保障农民工正当的就业权利，农民工就业将与城镇居民就业一视同仁。[②] 合肥市也进行了和南宁市类似的改革。

在经济不发达的广西壮族自治区，各地也取消了对农民进城务工就业的不合理限制：

（1）用人单位可以自主合法招用农民工，……取消其每招一名农民工或一名区外劳动力每年征收200元的规定；对农民工的管理逐步过渡为《暂住证》一证制管理。

（2）所有用人单位与农民工建立劳动关系，要依法与其签订劳动合同并办理社会保险，特别是工伤保险；……用人单位必须以法定货币形式，按月足额支付农民工工资，支付的工资不低于当地最低工资标准，且不得恶意拖欠和克扣。[③]

在南昌，为改善农民工进城就业环境，市委、市政府出台政策积极降低农民工进城就业的门槛。为使农民工真正享受到"市民待遇"，2006年该市又取消了包括户口在内的对农民工进城就业的所有限制：取消了在城市就业的农民工的所有收费项目，取消了针对农民工制定的限制性就业政策，取消了对企业使用农民工的行政审批，简化农民工跨地区就业和进城务工的各种手续，取消了专对农民工设置的《就业证》等各种登记项目。[④]

---

① 缓解国内民工荒，优化劳动力流动进入良性循环［EB/OL］. 第一财经日报，2005－2－22.

② 南宁取消进城务工限制，农民工就业与城镇居民同等［EB/OL］. 广西农业信息网，2004－12－28.

③ 李爱金. 广西善待农民工，取消不合理限制［EB/OL］. 人民网，2003－7－11.

④ 江西省南昌取消农民工就业所有限制政策［EB/OL］. 工人日报，2006－1－9.

南京是一个紧挨上海的东部大都市，目前全市有农民工大概117.83万人。为了让这些外来人员有身为“新南京人”的感受，南京取消所有对农民工进城就业的歧视性政策和不合理限制，对企业使用农民工的各种行政审批和行政收费全面清理，对以身份为由排斥农民工的行为坚决查处。同时，适度提高农民工职介、培训补贴标准，努力扩大农民工就业岗位。实施特别职业培训计划，增加农民工参加职业指导培训补贴，增加劳动预备制培训补贴。①

在取消就业限制、加强职业技能培训等政策和措施的支持下，农民工在城市就业所遭遇的人为门槛无疑大大降低，笔者相信随着城乡一体的劳动力市场的建立和完善，在农民工与市民之间将会存在真正的竞争上岗，以身份作为择业标准的时代将会成为历史一幕。

2. 偿付工资与农民工劳动报酬权

在珠三角等地遭遇“民工荒”的时候，舆论一片哗然，有学者归其原因为“农民工工资20多年没有明显增长”。长期以来，的确存在着农民工工作负担重、报酬低的问题，存在与城镇职工难以同工同酬的不公平现象。这些无疑是对农民工劳动报酬权的侵害，而拖欠农民工工资则造成对农民工劳动报酬权最直接、最严重的侵害。可喜的是，在总理为农妇熊德明讨薪之后，全国各地开始了对欠薪企业的追查，农民工工资问题成为政府农民工工作的重心之一。

从全国的情况来看，截至2005年8月16日，全国已偿还拖欠工程款1337.2亿元，占拖欠总额的71.89%。全国已偿还政府投资项目拖欠工程款472亿元，占政府投资项目拖欠总额的66.98%。据建设部有关负责人介绍，北京、江苏等6个省、市的偿还拖欠工程款比例已经超过80%。上海、天津已经提前完成政府工程清欠任务。②

上海劳动保障监察部门开展了“以农民工工资支付情况为重点的劳动者权益保护专项检查”活动，查处欠薪单位663户，其中有28个欠薪老板逃匿。通过监察补发工资4600多万元，涉及劳动者约5.3万人，其中补发农民工工资近2800万元，涉及农民工近3万人，切实维护了劳动者尤其是农民工的合法权益。③ 在农民工输出大省湖北，全省2003年底以前形成的拖欠工程款总额为649076.88万元，目前已清偿343579.87万元，占拖欠总额的52.93%。其中，政府投资工程已还款135114.88万元，占政府投资工程拖欠总额的48.08%；房地产开发项目已还款152583.11万元，占房地产开发项目拖欠总额的71.9%；

① 南京着力打造“新南京人”服务品牌［EB/OL］. 新华日报，2009-6-26.

② 杜宇. 全国已偿还拖欠工程款1337.2亿元，占总额71.89%［EB/OL］. 新华社2005-8-23.

③ 陈惟，田玲翠. 上海为农民工追讨欠薪2800万元［EB/OL］. 东方网-文汇报，2005-2-4.

其他项目已还款55881.88万元，占此类拖欠总额的35.85%。①

在另一个北部较不发达省份河北省，截至2004年12月31日全省累计清偿农民工工资11.29亿元，其中清偿建设领域农民工工资9.38亿元，占建设领域拖欠总额的99.6%。② 在保障农民工工资能够及时清偿的基础上，该省出台《农民工权益保障办法》，积极探索全面保障农民工权益的办法：要求用人单位依法与农民工订立书面劳动合同；农民工与用人单位的其他职工实行同工同酬；农民工的工资不得低于当地最低工资标准，艰苦行业、特殊工种的农民工要与城镇职工一样享受特殊津贴；用人单位至少每月一次以法定货币形式支付农民工劳动报酬。这个办法的出台使农民工就业、工资、社会保险等7方面权利得到了进一步保障。③

安徽是一个经济不发达的内陆省份，山区较多，耕地较少，只在皖北有比较广阔的平原和丘陵，中南部被茂密的山脉和丛林覆盖。淮北市是皖北的一个工业重镇，主要产业以煤矿为主，虽然安徽省是劳务输出大省，但是淮北的煤矿业却是一个重要的农民工聚集地。淮北市政府在开展日常巡查的基础上，有针对性地开展专项检查。2006年初，即检查使用农民工单位540户，受理农民工投诉262件，追回工资394.07万元，责令补签劳动合同4410份。④

紧邻安徽的是一个经济发达地区江苏省，2003年底前江苏共拖欠工程款58.06亿元，截至2005年12月9日，已偿还55.29亿元，清欠率达95.22%；其中，政府投资项目已偿还24.66亿元，完成99%；全部清偿拖欠的2.59亿元民工工资，清欠力度居全国前列。⑤ 为了保障农民工工资清算工作的良好成果，江苏省政府在2008年2月出台《农民工权益保护办法》，江苏由此成为全国第一个通过立法手段保护农民工权益的省份。办法规定："在建设领域和农民工集中的用人单位推行《劳动计酬手册》制度，对其工资支付情况实施重点监控。"其实从2006年7月起，江苏就在建设领域全面推行了农民工劳动计酬手册制度，用于记录农民工劳动和计酬情况。⑥

山西省是一个以煤炭工业为支柱的内陆省份。与安徽淮北一样，这种资源型地区其经济发展主要依赖于资源的开采开发。所以，山西既是一个劳务输出大省，其矿产资源的开采也吸引了众多的农民工。据记者鲍丹调查：截至2010年年底，山西省已经清欠农民工工资5.09亿元，占拖欠总数的97.38%，其中，建设领域偿付农民工工资4.86亿元。太原市在建设领域拖欠款项目共有2539

---

① 湖北省清偿农民工工资99.54% [EB/OL]. 河北劳动保障网，2005-02-23.

② 河北省半月清偿民工工资1个亿 [EB/OL]. 中国劳动力市场，2005-1-5.

③ 河北出台保障农民工政策，民工城市职工同工同酬 [EB/OL]. 搜狐新闻，2008-11-29.

④ 欧阳林光. 淮北清欠农民工工资近400万 [EB/OL]. 中国廉政，2006-02-13.

⑤ 唐悦. 江苏"组合拳"打出"零欠薪"，两年清欠55亿 [EB/OL]. 人民网，2005-12-20.

⑥ 丁国锋. 江苏："让农民工和城市职工一样享受到实惠" [EB/OL]. 法制日报，2008-5-6.

个，拖欠总额达33亿元，建设、施工单位双方现已认定2276个项目，其中绝大多数由双方签订了还款协议。截至2010年年底，全市建设领域已清理拖欠款21亿多元，清偿率达64%以上，其中政府工程欠款偿还过半，达到了规定要求，偿还农民工工资欠款，占应清欠金额的100%，农民工欠薪清偿率在全省排名第一。[①]

3. 农民工劳动合同从无到有

签订劳动合同，农民工维权就有了基本的法律依据。所以，是否签订劳动合同，可以作为农民工经济权利的另一种表现。为了农民工维权能够有法可依，国家规定各类用人单位一定要与农民工签订劳动合同。

来自新华社的消息称，2009年天津农民工劳动合同签订率达到88%以上；同时逐步实现农民工用工制度规范化。[②] 在上海，到2007年底，全市劳动合同签约率达96.4%。[③] 在西部省份陕西，针对当前劳动力市场存在的签约率低、权益保障差的现状，省劳动、工会等部门在2006年推行了一项名为“推进劳动合同制度三年行动”的计划，目标是到2008年实现各类企业与劳动者普遍依法签订劳动合同，签约率达到95%；2006年底，力争城镇规模以上企业劳动合同签订率达90%。[④]

从全国各地情况来看，农民工就业在过去基本上不签订劳动合同，现在签订劳动合同的比例，少数省、市达到80%以上，但全国大部分地区只有百分之几到20%。劳动报酬的兑现，是农民工最关心的事。过去，拖欠和克扣农民工工资的现象非常普遍，许多农民工拼死拼活干了1年，到头来拿不到血汗钱。现在，拖欠和克扣农民工工资的现象大大减少，有些大城市已基本消除。有些地方现在做到“月结季清”。

但是，有些地区恶意拖欠和克扣农民工工资的事仍时有发生，农民工因索讨工资而被殴打的事件尚未绝迹。农民工劳动报酬权的保障依然是一个需要抓紧解决的问题。农民工超时劳动现象普遍存在，许多人每日工作时间在12小时以上，有的长达16小时，他们应该享有休息权。为便于农民工就业并在就业后提高水平，还要对农民工进行职业培训，给他们传授职业技能和文化知识。农民工素质的提高，对于农民工本人、对企业、对国家都大有好处。

---

① 鲍丹. 山西共清欠农民工工资5.09亿元［EB/OL］. 人民网，http://society.people.com.cn/GB/41158/3315257.html.

② 邹兰，崔宪伟. 天津“春暖行动”力争农民工劳动合同签订率超88%［EB/OL］. 新华社2009-3-11.

③ 上海劳动合同签约率96.4%，农民工维权将延伸至社区［EB/OL］. 解放日报，2008-6-11.

④ 石志勇. 陕西：三年内劳动合同签约率将达到九成［EB/OL］. 新华网，2006-9-17.

四、农民工社会权利进一步发展的表现

1. 农民工工伤保险权的落实

工伤保险对农民工来说是最迫切的需要。农民工一旦发生工伤事故，如果不能及时拿到适当的赔偿，不仅个人生活工作受到影响，而且一个家庭也会因此立刻陷入贫困。所以，在农民工社会权利的保障中，首先应该确保农民工工伤保险制度的设立和执行。为此，中央专门下发了《工伤保险条例》，规定："中华人民共和国境内的各类企业、有雇工的个体工商户应当依照本条例规定参加工伤保险，为本单位全部职工或者雇工缴纳工伤保险费"；"用人单位应当按时缴纳工伤保险费。职工个人不缴纳工伤保险费。"特别是把农民工纳入保障范围，并责令各级各地政府严格执行。煤矿和建筑是农民工的聚集行业，也是工伤事故的多发行业，为此，劳动保障部推出并在全国实施农民工"平安计划"，提出到2008年底基本实现全部煤矿、非煤矿山企业和大部分建筑企业农民工参加工伤保险。据人力资源和社会保障部公布的数据，截至2008年3月底，全国范围内农民工参加工伤保险为4088万人，比2007年底增加122万人，参加医疗保险为3361万人，比上年底增加230万人。①

其实在中央出台《条例》以前，上海市在2002年9月就已经推出了《上海市外来从业人员综合保险暂行办法》，其中包涵有对农民工工伤保险的相关规定，到2003年底覆盖面已达77万人；农民工参保者享受每个月20元"日常药费补贴"，提供每月20元的医药费补贴；目前上海累计已经发放医药补贴卡300多万张，发放医药补贴3亿多元。随后，上海市建委又出台相关规定，要求工程建设单位把外来从业人员的综合保险列入工程造价，作为建造工程项目的社会成本。②

在南部比较发达的珠三角，截至2006年8月底，广东省农民工参加工伤保险人数达到1046万人，约占全国的1/2强，比2005年底增加了157万人，增长17.7%。③ 在对外开放窗口深圳，截至2007年8月初，工伤保险参保人数达680多万人，其中八成以上为外来农民工，基本实现了工伤保险全覆盖。外来农民工参保人数居全国大中城市之首。深圳高参保率与其出台的一系列鼓励性的配套措施不无关系。

比如，国家有关政策规定工伤保险的最高费率为2%左右，但深圳根据自身

---

① 杜宇. 农民工参加工伤保险人数4088万，比上年增122万人［EB/OL］. 新华社2008-4-28.

② 陈岩. 农民工工伤保险真空背后［EB/OL］. 人民网-国际金融报，2004-12-3.

③ 我省工伤保险农民工参保人数突破1000万［EB/OL］. 广东政府网，2006-10-31.

实际情况把最高费率控制为1.5%，减轻了用人单位的经济负担；同时打破陈规，取消“五险合一”的捆绑征缴模式，允许尚不具备参加全部险种条件的用人单位先行参加工伤保险；建立劳动能力鉴定常设管理机构及鉴定服务网络，配备有专职管理服务人员和医学专家，为农民工工伤鉴定和赔付提供良好服务。所以，深圳市工伤保险总参保人数连续两年上升17%、年均增长60多万人，去年完成工伤认定6.8万人、劳动能力鉴定2.5万人、待遇偿付5.6万人，偿付总金额3.96亿元，有力地维护了广大农民工等参保职工的合法权益。①

安徽省在农民工工伤保险方面的工作比较全面细致。2008年，安徽省煤矿、非煤矿山、大部分建筑企业、危险化学品、烟花爆竹、民用爆破器材等高风险行业农民工参保工作基本完成；全省14个市已建立工伤保险储备金制度，储备金达到3820万元。2008年上半年，全省工伤保险参加总人数达到263万人，其中农民工参保68.7万人。新增扩面参保人数为13.9万人，占应新增人数的47.42%。农民工新增6.1万人，占应新增人数的81.94%。②

2. 农民工医疗与养老保险参与率稳步提高

从全国总数据来看，农民工医疗与养老保险参与率稳步提高。据人力资源和社会保障部公布的数据，截至2009年6月底，全国农民工参加基本养老、基本医疗、工伤、失业保险人数分别为2380万人、4153万人、5054万人、1518万人。③ 这些数据见证着我国社会保障体系覆盖越来越多的农民工。

从全国各地情况来看，有越来越多的农民工在医疗和养老保险方面得到保障。重庆市作为国家统筹城乡综合配套改革实验区之一，按照“工伤保险优先，大病医疗保险随后，养老保险分类分层设计”的思路，为农民工量身定做养老保险和医疗保险。农民工养老保险缴费基数为农民工本人工资收入的5%，实际缴费累计满15年后，等他退休时（男满60周岁、女满55周岁），每月可领取到360元的养老金，领取期限为15年。超过领取期限后，农民工养老保险待遇由共济基金支付。而医疗保险上，单位按上年度重庆城镇经济单位职工月平均工资的1.5%缴费，农民工每月缴5元，农民工从参保缴费的次月起享受医疗保险待遇。截至2008年10月份，广大农民工兄弟积极参保的保费征收已超1.5亿元。④

据昆明市统计局对该市11个行业、110户企业中527名农民工进行的“社会保险状况抽样调查”显示，在已购买保险的调查对象中，五成以上的农民工

---

① 深圳农民工参加工伤保险人数居全国之首［EB/OL］. 土木工程网，2007-7-8.

② 徐栩. 全省工伤保险参保人数达263万，高危行业农民工受保障［EB/OL］. 江淮晨报，2008-7-23.

③ 范筱. 上半年农民工参养老保险2380万人，医保4153万人［EB/OL］. 中国网，2009-7-24.

④ 重庆为农民工量身定做养老保险和医疗保险［EB/OL］. 重庆政府网，2008-10-7.

对购买医疗、工伤、养老保险认可度最高，七成以上的单位和老板对工伤、失业保险的认可度最高。他们对保险的接受和认可度依次为工伤、医疗、养老、失业保险，购买比例分别为33.21%、22.01%、17.65%、12.14%。[①]

在西部边陲省份云南省，截至2008年底，全省农民工参加工伤保险、医疗保险和养老保险人数分别达到25.32万、8.18万和8.41万。2009年的目标是要使农民工参加工伤保险和医疗保险的人数分别增至50万和20万。[②]

广东是全国农民工第一大省，据2005年的统计，流动就业半年以上的人员在2300万人上下，约占全国跨县区流动就业总量的20%，其中外省1700多万人，本省600多万人，农民工近1700万人。到2005年底，全省参加养老、医疗、失业、工伤的农民工分别为580万、412万、412万和893万人，分别占同期全省参保人数的40.7%、33.3%、36.5%和55.6%，农民工各险种的参保率均为全国最高。农民工社会保障体制的广覆盖以及对农民工权益的高保障，对于促进和稳定农民工就业，充分发挥农民工的积极性，增强经济社会发展后劲和竞争力以及构建和谐广东具有十分重要的意义。

在对农民工的工伤、医疗以及养老保险覆盖面逐步扩大的同时，我们也不能忽视农民工保险维权以及制度对接等方面存在的问题与困难。其中，农民工维权程序复杂、成本高是在工伤待遇索赔程序中非常突出的一个问题。从《工伤保险条例》的规定来看，农民工发生工伤到领取工伤保险待遇，至少要有三个阶段：申请工伤认定、劳动能力鉴定以及核定并领取工伤保险待遇。用人单位不愿意签订劳动合同、不愿意参加工伤保险，也就不愿意主动申请工伤认定。这就使农民工在必经程序外，不得不额外花费更多的时间。法律援助工作站主任佟丽华算了一笔“时间账”：申请工伤认定是耗时最长的步骤，最短耗时两年4个月，最长则耗时3年11个月；劳动能力鉴定最短4个半月，最长6个半月；工伤待遇索赔最短1年1个月，最长两年2个月。这样一来，走完所有的程序，最少也要3年9个月左右，最长的则要6年7个月。高成本的维权使很多农民工不得不选择私了和解，以牺牲自己的部分权利来换取尽早拿到赔偿金。[③]

除了理赔程序复杂、成本高，还存在其他一些因素压抑农民工的参保积极性。据了解，2010年以来，农民工参加工伤、医疗、养老保险的人数出现了负增长。2009年2月末，农民工参加养老、医疗、工伤保险人数分别比上年末下降了97万人、167万人和140万人，降幅分别达4%、4.8%和2.8%。其中，广东、江苏、上海、浙江等农民工输入集中的地区降幅较大。相当数量的农民工由

① 张文凌. 农民工对购买医疗、工伤、养老保险认可度最高［EB/OL］. 中国青年报，2006-10-16.

② 朱咏梅. 云南省8万农民工有了养老保险［EB/OL］. 春城晚报，2009-7-8.

③ 崔丽. 超过90%农民工没能参加工伤保险［EB/OL］. 中国青年报. 2007-5-25.

于城镇职工养老保险“门槛高”、自身流动性强等原因而参保不积极，有些已参保的农民工在跨地区流动时选择退保。医疗保险中还存在关系接续、异地就医和费用结算服务等方面不到位的问题。所以在农民工医疗和养老保险工作机制方面，还有很大的创新空间。①

3. 农民工教育培训权得到进一步强调

为了顺利实现农民工从农民转化为工人，从农村居民转变为城镇居民，非常必要的一个措施就是加强对农民工的教育培训。加强农民工教育培训主要具有两个方面的意义，一是前文曾经分析过的，教育培训可以提高农民工自身的素质，减少其融入城市生活过程中与市民的摩擦；二是随着我国产业结构的调整和经济发展水平的提高，随着信息化时代的来临，经济发展中科技含量的提高对劳动者的素质也提出了更高的要求。加强农民工的教育培训正是为了适应这样一个时代的要求。

针对于此，国家相关部门出台了针对农民工的培训规划，对农民工培训提出了新的要求与目标：2003—2005 年，对拟向非农产业和城镇转移的1000 万农村劳动力开展转移就业前的引导性培训，对其中的500 万人开展职业技能培训；对已进入非农产业就业的5000 万农民工进行岗位培训。2006—2010 年，对拟向非农产业和城镇转移的5000 万农村劳动力开展引导性培训，并对其中的3000 万人开展职业技能培训。同时，对已进入非农产业就业的 2 亿多农民工开展岗位培训。②

在国家整体培训规划下，各地根据本地农民工情况和政府财力积极开展农民工的就业技能培训。2009 年天津市将对 5 万名建筑农民工进行培训，建筑业农民工持证上岗率累计达到 60%。其中，中、高级工比例不低于持证人数的 20%。凡农民工人数超过 200 人、建筑面积达到 2 万平方米或合同额 5000 万元以上的在施项目必须建立农民工业校，教育培训每周不应少于 2 小时。③

在武汉，近两年来，市城建安全生产管理站先后与市建委教育培训中心、市建设学校等联合办学，举办培训班 48 期，行业管理部门组织建筑安全等各类培训班 549 期，累计受训人数 3. 87 万人次。④

在另一个农民工聚集地上海，据新华社的消息，上海将在“十一五”期间对全市约 380 万名农民工进行一次全面的安全生产培训。因为在此之前几年，上海市发生的生产安全死亡事故中，农民工约占 80%，这与不少用人单位忽视对

① 陈朴．近期农民工参加养老医疗工伤保险人数下降［EB/OL］．中广网．2009 - 03 - 31.

② 2003—2010 年全国农民工培训规划［EB/OL］．中国普法网，2003 - 9 - 9.

③ 5 万农民工进课堂，教育培训每周将不少于 2 小时［EB/OL］．天津网．2009 - 7 - 4.

④ 武汉市加强农民工安全生产岗前教育培训［EB/OL］．中国安全天地网，2007 - 8 - 23.

农民工进行安全生产教育和安全技能培训有密切关系。对农民工进行安排生产培训，降低农民工事故死亡率，保障农民工生命安全。在2007年的705起生产安全事故中，发生死亡事故的327起，死亡343人，同比都有所下降。其中农民工死亡276人，同比下降4.17%，农民工安全生产培训成效初步显现。①

广东围绕“双转移”以及优化人力资源配置战略部署，系统推出“全民职业技能提升”、“一户一技能”、“农民工技能提升培训”三大计划，在全国率先建立农村劳动力技能培训普惠制度。2008年共组织开展各类职业技能培训397.6万人，同比增加43.07%。而2009年在广东的农民工均可以享受“普惠制”职业技能培训，预计将培训本省农村劳动力、失业和在岗农民工400万人次，培训外省初级以上技能农民工100万人次。②

江苏省为加强农民工技能培训，2009年春节刚过，就将55万张共计5500万元的培训券发放到相关市县，为各地开展返乡农民工技能培训提供经费支撑。最近，江苏省政府出台了《切实做好稳定就业促进就业工作的意见》，在这份意见中将返乡农民工纳入初次参加职业技能鉴定“以奖代补”范围，对参加培训的返乡农民工，每人给予300元培训补助，取得《国家职业资格证书》或《专项职业能力证书》的，再给予每人200元的奖励。③ 不仅对农民工培训有补助，为了积极鼓励企业稳定用工，江苏较早在全国出台了面向基层服务企业的十项措施，采取了“五缓四减三补两协商”措施，帮助企业减轻负担，稳定现有就业岗位。截至2009年3月底，江苏全省已减征企业社会保险费14亿多元，认定困难企业768户，支付“三项补贴”5052万元。④

早在2004年上半年，浙江省政府就在全省范围内推出了“千万农村劳动力素质培训工程”，截至2006年，浙江省共培训农民498万人，其中农业专业技能培训93.8万人，农民转移就业技能培训185.7万人，务工农民岗位技能培训192万人，后备劳动力培训26.5万人。培训后转移就业138.7万人，培训转移就业率为74.69%。杭州市对农民工培训的经费支持力度也比较大，对于当地农民工和外来农民工参加培训，不仅给予培训机构一定的资金支持，对于拿到培训合格证书的农民工也给予一定的误工补助。⑤

在培训过程中，发现了一些普遍性问题。比如，对农民就业技能培训存在结构性过剩的趋势；农民工参加培训积极性调动问题；以及最为重要的培训资金来源和培训机构设置与协调问题。这些问题的存在一方面制约了农民工培训的成

---

① 李荣，李斌．上海完成50万农民工安全培训政府实事项目［EB/OL］．新华社．2007-12-12.

② 2009年财政补贴培训广东农民工400万人次［EB/OL］．中华硕博网-南方日报，2009-2-2.

③ 王伟．积极帮助农民工就业创业——江苏：55万张培训券提升技能［EB/OL］．工人日报，2009-2-5.

④ 江苏返乡农民工99.8%实现就业［EB/OL］．北京劳动保障网，2009-4-13.

⑤ 岳德亮．浙江：政府出钱为农民工定制培训“套餐”［EB/OL］．新华网，2007-5-8.

效，另一方面也表明农民工培训工作新机制的探索才刚刚起步，还需要社会、政府和学界付出更多的努力。

综上所述，农民工社会权利在新世纪以后有了一定的发展，社会保障的覆盖面在逐步扩大，中央政府对农民工保障与培训的专项资金能够及时足额到位，有财力的地方政府也纷纷划拨配套资金，这些都为农民工社会权利的发展提供了必要的条件。但是，在构建覆盖农民工的社会保障体系网络中，仍然存在一些不容忽视的问题。这在后文将会详细分析。

第三节　2003年以来农民工公民资格权利发展的特征

农民工的出现是国家和市场合力促成的结果，是新兴市场机制与传统国家职能相互冲突的产物，农民工问题构成国家与市场关系的一个联结点。农民工公民资格的发展是国家自上而下主动的制度创新和公民自下而上积极追求公民资格诸权利共同作用的结果。农民工公民资格权利的发展体现了如下几个特征。

1. 户籍的资源分配职能在逐步减弱，但二元社会结构没有根本改变

在计划经济时期，户籍曾经是资源分配的基础，是一种凌驾于普遍公民资格之上的享有资源分配和公共服务的特权资格。户籍身份的不同，使同一国家内部具有同一公民资格的公民拥有完全不同的实质公民资格诸权利。

改革开放以后，当市场机制在资源配置中发挥基础性作用的时候，户籍分配资源的职能在逐步减弱，但是在社会经济诸多领域中，这种分配职能并没有完全消失，而是借助户籍身份依然发挥作用。农民工就是因为具有农村的户籍身份，在城市公共资源分配和公共物品享有上不能享有和市民同等的对待。在国家对公民权利的制度规定与保障中，呈现出农民—农民工—市民三个完全不同的系统。国家虽然出台了一些措施尽力弥补农民工—市民的权利鸿沟，但是，并没有在全国普遍取消二元户籍制度，二元身份制度并没有消失。虽然进入新世纪以后，国家推行了“五个统筹”和“新农村建设”，但是中国二元社会机构并没有发生根本改变，国家制度的二元性特征也没有完全消失，城乡差别依然存在。

2. 经济社会权利发展优先于政治权利的发展

无论是在中央还是在地方政府层面上，从政府出台的对农民工公民资格诸权利的制度规定中，我们发现一条普遍的规律，那就是对经济社会权利的保障明显

民主的重要体现。农民工代表的出现，体现了我国人大代表在广泛性上又向前迈进了一大步，是我国民主政治发展的标志性事件。就像辽宁大学法学院院长说的这样："'农民工'当选人大代表，意味着广大'农民工'的诉求将得到更加直接、有效的表达，他们的诉求将得到了前所未有的尊重。"这位法学专家表示："让'农民工'堂堂正正、响响亮亮地走进国家权力机关，这是人民代表大会制度的本质要求，也是社会主义民主的重要体现。"①

在广大农民工中产生全国人大代表和省级人大代表，是农民工政治地位提升的第一步，然而作为一种新的制度安排，农民工担任人大代表也面临一个逐步发展、健全和提高的过程。

第一，农民工代表要由农民工自主选出，保证选举出来的农民工代表能够真正站在农民工的立场上为农民工说话，代表农民工群体的利益。农民工代表不局限于农民工身份，也许当选的不是农民工身份的代表，但是只要能够真正代表农民工的利益，为农民工利益呼吁，就可以赢得农民工朋友的选票。

目前，我们往往把农民工代表与农民工身份做勾连思考，这在思想认识上是有很大局限性的。农民工身份的农民工代表也许对农民工的利益需求有更多的感性体验，但并不能表明其理性诉求会更强烈；相反，其他身份的农民工代表其感性体验也许不够充足，但是也许会有更理性的价值诉求。

所以，在农民工代表身份问题上，我们需要进一步解放思想，并且需要进一步创新制度以包容非农民工身份的农民工人大代表。

第二，对于农民工来说，流动性强是一大特点。这种流动性大是由市场经济对资源的自发调节作用导致的，具有一定的合理性。但是，高度流动的农民工却很难固定地担任某级某地的代表，这一方面制约了其功能的发挥，另一方面也造成了某级某地代表名额的浪费。因为按照现行选举法的规定，各级人大代表的数量都是根据当地户籍人口核算的，农民工不属于当地户籍人口，他们的当选实际上是挤占了当地代表的名额，如果他们不能长期固定在某地履行代表职责，实质是对这个代表名额的浪费。这其实从深层次反映出了我国人大代表制度的某些缺陷，这些缺陷使它不能适应新时期中国民主政治发展的需要，也不能适应中国社会阶层结构巨大分化的背景下各社会群体对民主的需求。所以，当前的人大代表制度有迫切完善的需要。完善的内容包括：修订和完善农民工代表选举的细则，正视农民工的流动性，简化或取消户籍所在地的证明手续，简化农民工的选民登记，降低居住条件的限制，尊重农民工选民自由选择选区的权利，完善农民工代表候选人的提名、介绍和投票选举等相关环节。

第三，农民工人大代表的素质和能力也会影响到其职能的发挥。农民工人大

---

① 曾宪刚，张新．农民工当选人大代表的民主含义：是制度的本质要求［EB/OL］．人民网，2007-11-22.

代表不是一种荣誉，而是一份沉甸甸的责任。这份责任的担当是要以农民工较强的参政议政能力为前提的。但是目前在我国的农民工中，文化程度低、对国家相关法律和政治制度不是很了解、民主意识不够强、参政议政手段的缺乏等是不能忽视的问题。这些问题的存在的确加重了本来就很繁忙的农民工代表的工作负担，使他们难以更好地履行代表职责。所以，有志于参选人大代表的农民工，平时更应该加强文化学习，特别要学习跟履行代表职责密切相关的法律、政治和经济知识；了解我国民主参与的程序；熟练掌握参政议政的手段方法和渠道。

第四，从制度设计上说，农民工作为社会特殊的弱势群体之一，为了符合公正的社会秩序的要求，在国家制度设计中理应有特殊的制度安排来保障这个群体的权益。所以，比例代表制将是一个不错的制度选择。虽然目前农民工参选人大代表会受到户籍的诸多限制，但是，作为中国公民构成的重要组成部分，按照其构成比例来计算理论上的代表人数，应该是一个合理的制度安排。

三、工会制度

工会是工人阶级的自组织，是工人实现民主权利、维护权益的重要手段和途径。农民工已经成为工人阶级的新成员，为了更好地吸纳农民工入会和更好地维护农民工权益，全国工会十五大应对新的社会发展形势对工会总章程进行了修改。具体修改内容涉及“总则”、“第一章会员”、“第五章基层组织”、“第六章工会干部”、“第七章工会经费和财产”和组织制度等，修改后的章程既方便了农民工入会，又为保障农民工权益提供了最直接的依据。其制度创新主要体现在三个方面：

第一，简化了农民工入会程序。在“第一章会员”部分，对入会条件作了修改，在坚持“以工资为主要生活来源”的同时，增写了“或者与用人单位建立劳动关系”的内容，明确了农民工入会的依据；简化了入会程序，在第二条删除了职工申请入会经“工会小组讨论通过”的规定；在“第五章基层组织”中增写了“社区和行政村可以建立工会组织”的条款，“这无疑也会增加农民工的入会率”。

第二，进一步保障了会员的民主权利，将“会员享有以下权利”改写为“对工会工作进行监督，提出意见和建议，要求撤换或者罢免不称职的工会工作人员”；与此相对应在第五章中增加了“撤换或者罢免其所选举的代表或者工会委员会组成人员”、“讨论决定工会工作的重大问题”等内容。

第三，关于工会经费来源与管理问题，在“一改三策”（即：工会经费收缴改革，委托税务代收、财政拨款的行政事业单位工会经费由财政统一划拨、收取建会筹备金）基础上，增写了第三十七条：“县和县以上各级工会应当与税务、财政等有关部门合作，依照规定做好工会经费收缴和应当由财政负担的工会经费拨缴工作。未成立工会的企业、事业单位、机关和其他社会组织，按工资总额的百分之二向上级工会拨缴工会建会筹备金”。同时，把“建会筹备金”列入工会经费的来源。①

创新后的工会组织在农民工工作中发挥了更加积极的作用。

第一，工会承担了农民工工资集体协商的重任。所谓行业性工资集体协商，是指在同行业企业相对集中的区域，由行业工会组织代表职工与同级企业代表或企业代表组织，就行业内企业职工工资水平、劳动定额标准、最低工资标准等事项，开展集体协商、签订行业工资专项集体合同的行为。

在理论上，与单个企业的工会或者职工个人相比，行业工会或地方工会能横向联系整个行业的工人，与企业方谈判的实力更强。一个反面例子是，在珠三角，近十几年来 GDP 以年平均 20% 以上的速度增长，大部分年景企业都有不错的利润，但农民工的工资年平均增长不到 10 元，这无疑说明，长期以来，对劳资双方的权利不均问题，政府不是干预太多而是干预太少。福利提高必然是一个劳资双方博弈的过程。因此，与此前硬性规定企业提高最低工资相比，将工资标准的制订权交给行业工会或地方工会无疑是一种进步；而且也有利于保障职工（农民工）的劳动权益。

第二，各级工会通过工作制度创新，已经成为农民工维权的重要机制和途径。中华全国总工会不仅成立了农民工维权工作领导小组，设立了专门办公室，建立了联席会议制度，还先后总结推广了各地工会创造的源头入会、属地管理、联合互动、双向维权等一批经验，在全国层面推动了农民工维权工作的蓬勃开展：“农民工有困难、要维权找工会”。中华全国总工会提出的维权口号，成为了向广大农民工发出的庄严承诺。在全总的示范作用下，近年来，各级工会努力加大源头参与，积极参与《劳动合同法》、《就业促进法》和《劳动争议调解仲裁法》等法律法规的制定，并把农民工权益保障问题纳入工会与政府联席（系）会议和三方协商机制重要议题，推动了农民工问题的解决。着眼于农民工流动性大的特点，各级工会组织积极推动建立双向维权、城际间维权机制，实现农民工维权“一地诉求、两地联动、双向维权”。

成都市总工会则率先建立了城际间工会维权联动机制，与全国 32 个城市工会、省内 20 个市州工会，以及全市城乡工会之间实现了维权互动协作，上万名农民工获得了法律服务。成都市总工会顺应城乡一体化发展趋势，构建城乡一体的工会组织新体系，以此为平台充分整合资源，提升农民工的组织化程度，为农民工维权提供组织保障。

义乌市总工会积极探索，率先在全国推出了社会化维权模式。这种维权机制

① 王敏．中国工会修改章程，扩大对农民工权益的保护［EB/OL］．新华网，2008－10－21．

创新在于寻找新的维权视角，在国内首创“企业社会责任”。[①] 包括：劳动关系、自然关系（环境）、社会关系和社会评价 4 个一级指标，劳动合同、社会保险、工资福利、制度建设、环境保护等 15 个大项，57 条具体条款，简称为“YW2009”。这些条款可直接跟国家相关法律政策等挂上钩。“YW2009”不仅强化了企业的全面责任，而且有效维护了企业职工主体农民工的权益。

第三，各级工会将农民工维权工作从劳动经济权延伸到民主政治权、发展权等领域，将更多的力量投入到提高农民工的思想、文化素质和劳动技能上，实现农民工队伍的整体提升。在昆明，“农民工培训网络”帮助 22850 名农民工得到职业技能培训，5600 多名农民工经考核取得了技能合格证，4460 名农民工找到了就业岗位；随着“80 后”青年农民工整体素质的提升，他们不再单纯追求谋生，而是更加渴望融入城市，追求社会的尊重、平等和承认，针对于此，在维护农民工经济利益的同时，各级工会积极推动农民工社会及政治地位的提升，积极推动优秀农民工依法当选各级党代表和人大代表：在第十一届全国人民代表大会上，就有 3 名农民工当选为全国人大代表。截至目前，农民工当选全国劳模增至 49 名，荣获全国五一劳动奖章的有 17 名。[②] 农民工代表的当选以及评优中的突破，跟工会的工作推动有紧密的联系。

四、农民工工作司

除了以上列举的三个农民工工作机制与制度外，在人力资源和社会保障部还专门建立了农民工工作司。人力资源和社会保障部新闻发言人尹成基在新闻发布会上说：“部里设立农民工工作司意味着农民工工作有了一个正式的机构。”[③] 设立这样一个管理农民工工作的日常性机构，表明政府已经将农民工管理工作常规化。中国政法大学教授刘俊生认为：“……农民工群体确实有其特殊性，农民工工作司的设立使得农民工管理、农民工权益保障工作有了一个专门的机构，政策制定更为集中。”[④]

对于这样一个新设机构，其工作职能还没有对外公开。但据推测，它可能不仅要承担农民工工作联席会议承担的主要职能：权益保护、劳动就业、社会保障、公共服务等；而且还要重点保障农民工权益。据学者刘俊生推测，该机构“应当主要是研究制定有关农民工问题的一些相关政策，而不会管理具体事务”。

---

① 这个机制创新是从美国借鉴而来。2001 年，美国民间组织“社会责任国际”发表了一个社会责任国际标准——SA8000。其内容包括童工、强迫性劳动、健康与安全、结社自由和集体谈判权、歧视、惩戒性措施、工作时间、工资报酬、管理系统等九项。

② 许桂梅．工会开展农民工维权工作综述［EB/OL］．工人日报，2009 - 8 - 3.

③④ 刘宏．人社部将农民工管理工作常规化，新增农民工工作司引关注［EB/OL］．中华全国总工会，2008 - 8 - 7.

因为在机构设置中，一般按职能设机构，按管理对象设置机构必然会带来各职能部门职能的交叉。所以，刘俊生认为这个农民工工作司不仅具有重要的政策职能，而且还具有重要的协调职能，“当需要制定有关农民工的政策法规而职能有交叉时，应当由农民工工作司牵头协调与其他司的相关事务”。[①]

随着农民工工作司工作机制的逐步完善，将来跟农民工有关的所有事务比如农民工社会保险、就业等可能都要由农民工工作司来管理。发达国家没有这样的部门，因为没有农民工这一称谓，农民工与城市工人只有统一的“工人”或“劳动者”称谓，他们的制度保障是相同的，我国的农民工工作司是在特定时期、特定的国情下出现的产物。和农民工工作联席会议制度一样，农民工工作司既是一个过渡性质的部门，至于过渡多长时间，会和农民工市民化的进程以及城乡二元结构的改革进程有关；又是一个根据管理对象特设的部门，在制度设计上，这种特设部门在保障农民工权益问题上将会发挥特殊的作用。

第二节　农民工公民资格权利发展的约束因素

一、农民工公民资格权利发展的体制约束

（一）二元社会结构与户籍制度的分配功能

中国存在着刘易斯意义上的二元经济结构，在二元经济结构的基础上存在着二元社会结构。二元社会结构的主要内容包括：

1. 城乡有别的管理体制

计划经济时期，为了加快工业化建设，国家一方面运用行政手段，如通过强制性粮食统购统销和工农产品剪刀差，将农业剩余转化为工业积累；另一方面限制农村人口向城市迁移，以维持资本密集型城市大工业的发展。改革开放以来，在计划经济时期形成的城乡有别的户籍管理、劳动用工和社会福利制度在相当程度上被沿袭下来，尽管一些地方进行了户籍制度改革，但这些改革因为隐藏在背后的社会福利等诸多因素，需要支付的社会成本较高，进展还不大，因而城乡居

---

① 刘宏．人社部将农民工管理工作常规化，新增农民工工作司引关注［EB/OL］．中华全国总工会，2008-8-7．

民在就业机会和社会福利水平事实上的不平等还未根本改变。

2. 城乡分割的市场体系

从商品市场看，农民由于组织化程度低，一般只能进入城市集贸市场进行零星的、小规模的现货交易，基本上没有进入批发市场，更难以参与大宗远期合约和期货交易，粮棉油糖等大宗农产品批发贸易基本仍由国有流通企业垄断经营。从要素市场看，货币市场和资本市场因农业平均利润率偏低和受利益驱动，主要面向城市经济，城市相对充裕的资金没有进入农村，农民参与进入市场和资本市场的条件和渠道都十分有限；农村土地转化为工业和城市建设用地还不能直接市场化，必须通过国家征用转化为国有土地后才能进入市场，一级市场由国家控制，二级市场农民很难进入，农民在土地交易中处于弱势地位，难以分享农地向非农地转化过程中形成的巨额增值收益。

3. 城乡有别的投入机制

在计划经济时期，为了推动“重工业优先发展”的规划，国家将资金、技术、人才等优质生产要素集中投向城市。改革开放后，这种状况虽然有一定程度的缓解，但是在惯性和经济效益的吸引下，农村的资本、劳动力和土地等生产要素继续向城市转移；同时，国家在公共投入上依然采取“先城市，后农村”的投入方式，这导致农村和城市在基础设施和其他公共服务上的巨大差异。公共服务设施的差异在一定程度上已经导致了城乡的收入差距和发展机会差距。仅就收入差距来说，农民人均纯收入增长远远落后于城市人均可支配收入增长，城乡收入之比由1978年的2.57∶1逐步攀升到2003年的3.23∶1。如果考虑到城市居民享有的各种福利和补贴，而农民收入中包括生产经营支出等因素，实际收入差距可能要达到6∶1。①

二元社会结构是制约农民工公民资格发展的体制性因素，农民（农民工）公民资格发展滞后本身也构成了二元社会结构的一部分。二元社会结构形成的根本原因是二元经济结构，直接推动力是国家行政力量所驱动的现代化进程，而它最主要的维持机制就是二元户籍制度。户籍制度对二元社会结构的维持机制不仅体现在其制度本身的二元性上，而且还在于不断添加在户口上的分配职能。改革开放（特别是进入新世纪）以后，在深化户籍制度改革的同时，市场和政府两股力量也在不断剥离附加在户口上的分配职能。但是客观来说，户籍制度改革还很不彻底，对于户籍利益的剥离同样也不彻底，在某些情形下，户口依然是分配某种社会资源的有效手段。

---

① 肖红. 解决城乡二元经济结构的途径［J］. 哈尔滨市委党校学报，2009（7）.

（二）改革开放以后户籍制度的变革历程

1. 买卖城市户口以获得城市公民资格

20 世纪 80～90 年代中期，当市场化进程不断推进的时候，有的城市还开始出售城镇户口。各地卖户口的初衷是想用这笔钱来维护或重建城市基础设施。因为大量农民工进城，使城市基础设施的负担加重了。但是同时我们也应该看到，城里人使用基础设施都公共物品的时候并不需要缴费。而外来农民工因为消费了城里人的“私人公共物品”，所以必须缴费。城市政府买卖城镇户口所得到的收入并没有公开的数字。但据一位外国学者 Kam Wing Chan 于 90 年代在江苏、河南所做的调查披露：一个城镇户口的价格在 8000 ～ 15000 元之间。在深圳，1992 年一个暂住户口的黑市价格是 3 万元。据估计，到 1994 年初，全国各地政府卖了将近 300 万个城镇户口，共得到收入 250 亿元左右。[①] 而与此同时，国务院和公安部分别下发通知禁止各地买卖户口。《人民日报》在 1992 年底的一篇报道中说：“自今年 3 月以来，在全国一些地方出现了用钱把农业户口转变为非农业户口的做法，这是国家不允许的。”[②]

虽然国家法律禁止地方城市政府买卖城镇户口，但是全国这股卖户口的风潮在经济利益的刺激下却难以刹住。在 90 年代早期，无论大城市还是中小城市，卖“蓝印户口”俨然已成为一种公开的寻租行为，价格根据城市大小从 8000 元到 10000 元不等。就像各地为了吸引农民工而竞相减少对农民工的限制政策一样，许多城市政府为了能卖出更多的户口而竞相降低价格。当然，每个城市政府卖出的户口“含金量”也不一样。城市政府有权决定什么性质的户口享受什么样的市民待遇。比如在有些地方，蓝印户口允许持有者将孩子送入城市高中学习、获得国家正式安排的工作，并且还可以参军。

从上面给出的价格来看，并不是所有人只要愿意就可以拥有某个城市的蓝印户口的，只有那些有钱人或有技术的人才有这样的机会。而对于农民工群体来说，只有农民工的上层、市场经济竞争的优胜者，他们有钱在城市投资办厂、购买商品房定居，才可能有机会拥有城市户口。

比如在上海，外国人只要在上海投资 20 万美元并且工作满 2 年就可以发给蓝印户口，国内其他地方的技术人员、投资者、高级管理人才和有实力投资 100 万元且投资 2 年以上的人也可以获得。不管对投资者还是对农民来说，为了成为上海的“临时居民”，他们赞助的代价都是非常高的。在如此高昂的代价下，他

①② Dorothy J. Solinger. Contesting Citizenship in Urban China［M］. California：University of California Press，1999：90.

们也只能成为“临时居民”，并且得到一个承诺：成为永久居民只是一个时间问题，甚至将来有一天他们还能够获得选举权。

北京市在1994年底制定了征收“城市增容费”的规定，每个人要想获得北京户口需要额外缴纳10万元。但不久，北京市就主动降低这个价格，对于一些高级技工和拥有硕博士学位的人，只要交纳8万元左右。2001年6月北京又推出“工作寄住证”，凡在北京市高新技术企业或跨国公司总部及研发中心工作的外地人员，符合一定条件者，由企业提出申请，可办理“北京市工作寄住证”，持证者在购房、子女入托、入中小学等方面享有北京市民待遇，持寄住证3年者，经企业申请并报市人事局审批可转为北京市正式户口。① 一直到90年代早期，一些城市仍然把获得城市公民资格作为对极小一部分成功农民工的奖励。

国家越来越难以容忍地方城市出售蓝印户口的寻租行为，但是地方政府对于利益的追逐是永无止境的，特别是在分税制改革以后，地方财政捉襟见肘的窘境更使这种寻租行为有增无减。只不过不敢在城镇户口上赤裸裸地明码标价，而是采取了变通的方式：比如以投资额、纳税额、学历、技能标准等手段，千方百计利用户口来为地方城市政府谋取利益。也许是地方城市政府牟利的动机太强烈了，这在另一个方面推动了国家在更高层面上的户籍制度改革，既要逐步消除二元户籍制度的二元性，又要逐步剔除它的利益分配功能。于是，1998年7月22日，国务院发出批转公安部《关于解决当前户口管理工作中几个突出问题的意见》。文件对户口管理做出了“四项改革”：第一，实行婴儿落户随父随母自愿的政策；第二，放宽解决夫妻分居问题的户口政策；第三，男性超过60周岁、女性超过55周岁，身边无子女需到城市投靠子女的公民，可以在其子女所在城市落户；第四，在城市投资、兴办实业、购买商品房的公民及随其共同居住的直系亲属，可准予在该城市落户。

2. 新世纪以后户籍制度的进一步改革

进入新世纪以后，户籍制度在社会一片责难声中进行了比较大的改革。主要有这样几个逐步深入的过程：

第一，2001年放开小城镇户口形成了户籍制度改革的第一波。2001年，国务院批转了公安部《关于推进小城镇户籍管理制度改革的意见》，凡在小城镇内有合法固定的住所、稳定的职业或生活来源的人员及与其共同居住生活的直系亲属，均可根据本人意愿办理城镇常住户口，不再实行计划指标管理。对经批准在小城镇落户的人员，不再办理粮油关系手续；根据本人意愿，可保留其承包土地的经营权，也允许依法有偿转让。经批准在小城镇落户的人员，在入学、参军、就业等方面与当地原有城镇居民享有同等权利，履行同等义务，不得对其实行歧

---

① 中国户籍管理制度变迁［J/OL］. 人民网，2001-6-26.

视性政策。各地区、各有关部门均不得借户籍管理制度改革之机收取城镇增容费或其他类似费用。[①] 在这个文件的直接推动下，浙江奉化放开户口登记以后不到一年，奉化有1.3万人入城。广东省中山市南头镇在改革试点两年来，总共入户869人。[②]

第二，探索建立城乡统一户口，大中城市放宽落户条件。关于这项改革2005年公安部就有动议，拟取消农业、非农业户口的界限，探索建立城乡统一的户口登记管理制度，此时全国已有山东、辽宁、福建等11个省市的公安机关开展了城乡统一户口登记工作，北京暂不在其列。其实早在2003年，湖北省就选定武汉、襄樊和黄石三市为试点，取消农业户口和非农业户口性质，统一登记为“湖北居民”户口；2004年，山东实行城乡统一的户口登记制度，不再收取城市增容费。[③] 而目前，重庆市在城乡统一户口改革方面，无疑走在最前列。

第三，特大城市放宽落户条件。一些近期内不会预见全面开放户籍管理的特大城市如北京、上海、广州、深圳等放宽落户条件引领了新世纪户籍制度改革的第三波。北京市对落户的条件限制相对于其他城市仍然是最严格的，但新世纪以来出现了一些松动。上海2009年的户籍制度改革备受关注。根据最新颁布的《持有〈上海市居住证〉人员申办本市常住户口试行办法》规定，申办上海市常住户口需要符合5个条件，包括持有《上海市居住证》满7年、持证期间按规定参加上海市城镇社会保险满7年、持证期间依法在上海市缴纳所得税、在上海市被聘任为中级及以上专业技术职务或者具有技师以上职业资格、无违反国家及上海市计划生育政策规定行为、无不良行为记录；如果在上海市做出重大贡献并获得相应奖励，或在上海市被评聘为高级专业技术职务或高级技师且专业、工种与所聘岗位相符的，就不受持证和参保年限的限制；在上海市远郊地区的教育、卫生等岗位工作满5年的，持证及参保年限也可缩短至5年。[④] 上海的“户籍新政”会对北京和广州产生积极影响。

新世纪以来，除了以上三波户籍制度改革的潮流以外，在户籍制度改革领域还出现了其他一些标志性的改革事件。比如，2006年中央国家机关公务员招考逐步放开户籍限制，同等对待高校应届毕业生和社会在职人员，为大量优秀人才的报考提供了机会。[⑤] 2007年6月，有官方消息传出公安部正在进一步修改户籍制度改革文件，同时也在抓紧《户口法》的立法调研。[⑥] 这些改革虽然对农民工

---

① 辛文. 公安部：全面推进小城镇户籍制度改革 [EB/OL]. 中国青年报，2001-5-29.

② 刘怀廉：《中国农民工问题》，人民出版社2005年版，第45页。

③ 王蔷. 全国11个省市开始统一城乡户口，北京暂未列其中 [EB/OL]. 北京晚报，2005-10-28.

④ 陈辉楠. 上海户籍新政凌晨出炉，转户口要满足5条件 [EB/OL]. 东方网，2009-2-23.

⑤ 盛若蔚. 中央国家机关公务员招考首次不设户籍限制 [EB/OL]. 人民日报，2005-11-4.

⑥ 公安部称正抓紧《户口法》立法调研 [EB/OL]. 中国网，2007-6-19.

来说没有直接意义，但是却构成了中国户籍制度进步的阶梯。

3. 户籍制度改革对农民工公民资格发展的意义

对于新世纪以后户籍制度改革所取得的成果与不足，专家意见不一。针对户籍制度改革进程缓慢的现状，公安部办公厅副主任陆红燕向记者解释说，因为户籍制度改革和老百姓的切身利益密切相关，大家都很关心，所以公安部等相关部委非常重视该工作，针对户籍制度改革的工作一直都在做。“但这毕竟不全是公安部职责范围内的事情，比如，要立法的话，就需要立法机关进行专门的立法工作，更重要的是，有很多工作涉及地方政府行为，要在较短的时间内协调好不是很容易的事情，需要相关部门共同协调进行”。目前一些城市已经对户籍制度进行了改革尝试，但是诸如北京、上海、广州等大城市的户籍附加有其他功能，在这些城市要推进改革还有一定难度，所以公安部一直在努力协调，希望尽快向全社会公布改革进程和相关内容。

在南京大学社会学系教授张玉林看来，户籍制度改革涉及的部门非常多，相关的部门包括民政部、教育部、劳动和社会保障部等。但是无论如何，“户籍制度是一项公共政策，其改革应该广泛听取民众意见，而不能由相关部门‘关起门来’进行”。

北京理工大学经济学教授胡星斗认为，户籍制度改革缓慢源于“中央与地方、中央各部门之间的协调等工作都没有理清，所以导致很多地方在进行改革尝试时计划搁浅”。而应该在既得利益部门和其他相关部门之间做到平衡，进而共同进行一些体制上的创新。不仅如此，“户籍制度改革不能将该制度背后的内容剥离，而要实行‘大户籍改革’”。也就是对户籍制度以及相关联的教育制度、医疗制度、社会保障体制和财政制度等等一系列的制度，同时推进、统筹改革。因此，胡星斗认为：“目前要推进的户籍制度改革还仅仅是象征性的，只是要表明城乡居民的平等权利。但并没有涉及实质性的内容，要涉及实质内容的改革是一个系统的工程，还需要很长的时间。”①

所以，总的来说，新世纪以来户籍制度改革已经一波又一波，但是就像专家们业已指出的那样，户籍制度改革是一个牵涉各方利益协调的改革，它包含教育、医疗、社会保证、财政等一系列内容。这些内容同样是中国二元社会结构的重要内容，它们是农民工劳动就业、技能培训、义务教育和社会保障等方面差别与歧视的政策基础，对农民工公民资格的形塑发挥直接的作用，是农民工公民资格发展的枷锁。农民工公民资格的发展，仅仅靠给予一个城镇的空壳户口是没有多少实质意义的，关键是建立在户口制度上的教育、医疗、社会保障和财政投入

---

① 赵杰. 公安部户籍改革意见即将明朗，实行大户籍改革［EB/OL］. 第一财经日报，2005－11－24.

等体制发生根本性的改变，才能有利于农民工公民资格的发展。

二、农民工公民资格权利发展的财政制度约束

（一）农民工培训资金的来源及其存在的问题

在进入新世纪以前，地方城市政府和市民之所以对农民工的到来比较担忧，表面看是因为农民工的到来挤占了城市公共物品，但是背后的原因还在于当时的中央政府在向地方拨付转移支付的时候，并没有把农民工计算在内。而地方政府为了地方经济发展和社会稳定，不得不从窘迫的地方财政收入中拿出相当一部分补贴出来。

在分税制之前，地方政府的实力相对分税制后要强许多，也许有能力提供部分公共物品。但是分税制后，地方财政捉襟见肘，根本没有多余的资金来为农民工提供公共物品。那么，提供公共物品的责任将主要依靠中央政府的转移支付了。2003 年以后，当农民工问题成为政府工作重点之一，中央政府专门下发相关文件责成各级政府解决农民工问题、发展农民工公民资格的时候，各级政府的责任就日显重要。从目前举办的农民工各项事业来看，其资金来源主要是四个方面：中央政府的转移支付、地方各级政府的配套资金、企业提供的部分资金和农民工个人出资部分，从主体来说，主要来源于政府、企业和个人。

仅以农民工培训为例，培训资金由政府、用人单位和农民工共同负担。首先来看政府的资金负担。据全国“阳光工程”办公室提供的数据，2006 年中央财政共安排 6 亿元人民币补助资金用于农民工培训；自 2004 年 4 月以来，中央财政投入专项补助资金 6.5 亿元人民币，带动各省省级财政投入 10 亿元以上，共培训农村劳动力 530 万人，转移就业 460 万人。①

中央财政针对农民工的各专项资金层层分解到地方各级政府，而地方各级政府一般都要筹备一定的配套资金来捆绑使用。比如，重庆市财政专门安排了 960 万元专项资金，用于对返乡农民工的技能培训。② 广西 2009 年将把返乡农民工技能培训资金纳入财政预算，自治区财政安排 8000 万元，各市、县也配套安排 8000 万元，同时从中央转移支付的就业补助资金中安排 8000 万元。这 2.4 亿元将专项用于返乡农民工的创业培训、技能提升培训、企业转岗技能培训、劳动预备制培训、农业实用技术培训等。③

---

① 任芳．今年中央政府将投资 6 亿元人民币培训农民工［EB/OL］．新华网，2006 - 4 - 29.

② 徐旭忠等．农民工为家乡发展带来新机遇［J/OL］．半月谈，2009 - 1 - 22.

③ 张莺．广西今年将投入 2.4 亿元专项培训返乡农民工［EB/OL］．新华网，2009 - 1 - 16.

与此同时，中华全国总工会也启动了“千万农民工援助行动”。2009 年以培训援助就业，从 5 亿元中央财政困难职工帮扶专项资金中拿出一定比例，用于农民工就业援助和帮扶服务，并要求各地方工会也要加大投入，相应配套资金用于农民工援助行动。① 由此可见，中央财政用于农民工的专项资金有一部分是通过全国工会系统转移支付到各地。全国各级工会会进一步细分这笔款项，直到最后交到农民工手中。比如，2009 年全总分配给四川省的中央财政专项资金共计 4000 万元，1420 万元用于千万农民工援助行动，其中，用于就业援助 710 万元（包括农民工技能培训、创业培训、基础培训和就业服务）；用于维权帮扶 710 万元（包括生活救助、医疗救助、子女助学、法律援助等）。② 四川省总工会对这笔资金又作了进一步分配，分配给绵阳市的中央财政专项资金共计 200 万元，分为两部分：用于城镇困难职工帮扶 125 万元；用于千万农民工援助行动 75 万元，其中，用于就业援助（包括农民工技能培训、创业培训、基础培训和就业服务）37.5 万元；用于维权帮扶（包括生活救助、医疗救助、子女助学、法律援助等）37.5 万元。③

除了地方政府要出一部分配套资金以外，各企业在农民工各项事业发展中也承担着一定的责任。比如深圳在未来 5 年，将组织 500 万在深就业农民工参加技能提升培训，年均培训 100 万；补贴培训的对象为在深就业的农民工，培训主体以企业为主；培训补贴并非免费培训，在培训经费的投入上深圳将采取政府、企业、个人三者共同负担的模式。在今年 100 万农民工的培训计划中，中央财政转移支付的 3900 万元除 15% 用于职业介绍外，85% 用于解决 15.6 万人的培训补贴，而剩下的 85 万农民工的培训补贴经费则主要来自地方的市、区两级财政。④ 除去政府补贴之外的培训费用，则由企业和个人分担。具体分担的比例和数量，目前暂无详细数据。

农民工培训资金有政府、企业和个人三方共同承担，这样一种投入模式使农民工培训收到了什么样的效果呢？在这里暂且不分析中国政府间财政体制的弊端对发展农民工培训事业的影响，单从个人和企业来说，农民工培训单就资金问题就无法很好解决。从农民工个人来说，据人社部的调查显示，2008 年全国农民工月人均工资性收入比 2007 年增加了 96 元，达到 1156 元。⑤ 可以说，新世纪以后，农民工工资呈现一个稳步增长的态势，但是，相对于其他社会阶层来说，农民工的工资收入还偏低，让农民工在这么少的工资中拿出一笔钱来进行培训，实在勉为其难。所以，农民工个人出资进行职业技能培训的热情不是很高。

① 王敏．我国工会将对 1000 万名以上农民工实施各种援助［EB/OL］．新华网，2009－2－17.
② 关于做好 2009 年度中央财政专项资金有关准备工作的通知（川工保字［2009］3 号）［EB/OL］.
③ 绵阳市总工会关于下拨 2009 年度中央财政专项资金的通知（绵工发［2009］54 号）［EB/OL］.
④ 深圳将培训 500 万农民工，并享财政补贴［EB/OL］．第一财经日报，2009－4－6.
⑤ 人社部：农民工工资水平保持增长，就业趋向改变［EB/OL］．2009－4－1.

从企业来说，在其追逐利益的本性和成本约束机制下，又由于农民工的高度流动性以及民工市场的供大于求等现象的存在，使企业也很难有更大的动力为农民工培训投入资金。而且，为了扶持当地中小企业的发展，在某些特殊时期，政府还要为企业减负，减轻企业为其职工所负担的各项社会保障费用，让企业渡过难关。比如，为缓解2008年国际金融危机的影响，广西先后出台了两个文件，通过为企业减负促进企业稳定和扩大用工，允许困难企业在一定期限内缓缴五项社会保险费，阶段性减低四项社会保险费费率，并为用工企业提供社会保险补贴、岗位补贴和职业培训补贴。①

所以，有专家称，农民工培训的费用应由政府全额埋单。但是，如果2亿农民工每人培训一次，每次费用1000元计，则仅培训一项，政府财政支出将达到2000亿元，而2006年全国财政教育支出共4752.7亿元，其中，中央财政教育支出才536亿元。而对于地方政府来说，在一些中西部劳动力输出地，贫困县的财政收入50%要靠上级财政转移支付，县财政根本无力划拨资金用于补贴农民培训活动。② 即使在发达地区的基层政府，提供公共物品的财政负担也是难以承受的，比如，苏州市外来农民工子弟每年大概增加5万人，如果按照每校1000人的规模建学校，每年需要建50个，当地公共教育资源很难承受。③ 江苏省常熟市已建立了城乡统一的最低生活保障制度；浙江省义乌市于2003年开始把全市800个村庄逐步整合为300个左右的城镇社区，统一城乡公共服务制度。它们面临的主要问题是外来农民工数量巨大，很难纳入当地基本公共服务体系。

中国有古话说得好，“授之以鱼，不如授之以渔”。针对农民工培训，农民工个人无力或不愿承担，企业没有投资培训的意愿，政府又无法全额埋单，这种财政资金状况不能不说严重制约了农民工培训事业的发展。

（二）财政体制及其对农民工公民资格发展的影响

1. 政府的投入力度

相比于20世纪最后20年，进入新世纪以后，中央和地方各级政府都已经把发展农民工公民资格所需要的部分资金列入了本级政府的财政预算。比如，在2008年的财政支出中，教育支出1598.54亿元，其中618.1亿元用于实行全面的城乡免费义务教育，这其中包括对各大城镇农民工子女义务教育经费的解决；社会保障和就业支出2743.59亿元，其中包括中央财政养老保险专项补助支出

---

① 向志强. 广西今年投入10多亿元解决返乡农民工就业［EB/OL］. 新华网，2009－4－10.

② 长子中. 当前农民工培训工作面临十四个问题［EB/OL］. 农民日报，2009－4－14.

③ 惠及13亿人的基本公共服务100题［EB/OL］. 中国改革论坛，2008－3－6.

1127.43亿元，并向中西部地区和东北地区等老工业基地倾斜，252.08亿元用于实施针对就业困难群体的社会保险补贴、公益性岗位补贴等就业扶持政策，这两部分支出中都包括部分农民工。①

但是我们同时也要看到，针对农民工的各项转移支付并没有单独列出，而往往是和帮扶城镇职工的资金一起下发，那么在分配比例上，就不能保证用于农民工的专项资金足额到位。从总量上来看，虽然中国财政收入以1倍以上的增长率连续增长5年以上，到2007年，税收收入突破了5.2万亿元，占GDP的比重超过20%。但是从目前政府投入来看，对社会保障的支出比例也不算高。详见下表（表8-1）。

从绝对数值来看，我国财政收入在改革开放以后一直保持比较高的增长速度，从1978年的1132.3亿元增加到2007年的51304亿元，29年间增长了44倍。从相对数值来看，从1995年开始，财政收入占GDP的比重一直在增加，到2007年时已突破20%，但是，财政对社会保障的投入虽然有所提高，但也不过是10%。做个简单估算，假设目前农民工工人数为2.1亿人，政府每年为每个农民工补助养老保险100元，也只需要210亿元，只占2007年财政收入的0.41%。根据20世纪90年代初的统计，发展中国家社会保障支出占财政支出的比重一般为10%左右，中等发达国家一般为25%左右，发达国家一般为40%。相比之下，我国用于社会保障支出的资金还是比较低的；政府加大投入的空间还比较大。②

表8-1　1978—2007年我国财政收支状况

年份	GDP总值（亿元）	财政收入（亿元）	财政收入占GDP比重（%）	中央财政收入占财政收入的比重（%）	财政支出（亿元）	经济建设支出占财政支出比重（%）	社会文教费占财政支出比重（%）	行政管理费占财政支出比重（%）	社会保障支出比重（%）
1978	3624.1	1132.3	31.24	15.52	1122.09	64.08	13.10	4.71	1.69
1980	4545.6	1159.9	25.52	24.52	1228.83	58.22	16.20	6.15	1.65
1985	9016	2004.8	22.24	38.39	2004.25	56.26	20.38	8.53	1.55
1990	18667.8	2937.1	15.73	33.79	3083.59	44.36	23.92	13.44	1.78
1995	60793.7	6242.2	10.27	52.17	6823.72	41.85	25.74	14.60	1.69

① 关于2008年中央和地方预算执行情况与2009年中央和地方预算草案的报告［EB/OL］. 新华社，2009-3-15.

② 薛惠元. “农民工”养老保险问题分析——基于公共财政的视角［J］. 现代经济探讨，2008(9).

(续上表)

年份	GDP总值（亿元）	财政收入（亿元）	财政收入占GDP比重（%）	中央财政收入占财政收入的比重(%)	财政支出（亿元）	经济建设支出占财政支出比重（%）	社会文教费占财政支出比重（%）	行政管理费占财政支出比重（%）	社会保障支出比重（%）
2000	99214.6	13395.2	13.50	52.18	15886.5	36.18	27.60	17.42	9.55
2005	183868	31649.3	17.21	52.29	33930.3	27.46	26.39	19.19	10.90
2006	210871	38760.2	18.38	52.78	40422.7	26.56	39.10	18.73	10.79
2007	246619	51304	20.80	54.07	49565.4	——	——	——	——

资料来源：根据2007《中国统计年鉴》和《财政统计年鉴》整理得出。

从各省级政府来看，随着分税制的实行，各级财政分灶吃饭，地方财政能力虽然比20世纪90年代之前有所下降，但是随着中国经济的高速发展，水涨船高，地方财政也已具备相当的实力。但是，社会保障支出所占的比例仍然偏低，具体数据见下表（表8－2）：

表8－2　2006年各省社会保障补助支出占地方财政支出比重

省份	北京	天津	河北	山西	内蒙	辽宁	吉林	黑龙江	上海	江苏	浙江
比重（%）	2.95	9.49	7.02	7.43	4.94	14.23	11.39	13.93	5.61	4.17	2.46
省份	安徽	福建	江西	山东	河南	湖北	湖南	广东	广西	海南	
比重（%）	6.92	1.6	6.98	3.68	5.75	10.22	9.63	1.93	4.38	7.96	
省份	重庆	四川	贵州	云南	西藏	陕西	甘肃	青海	宁夏	新疆	
比重（%）	8.88	6.64	4.52	3.82	2.48	3.46	8.05	8.24	5.8	4.76	

资料来源：根据2007年《中国统计年鉴》相关数据计算得出。

从省以下地方政府来看，据财政部统计，早在2002年，中国赤字县的比例即高达73%，赤字问题占县级财政支出总量的77%。2006年仅乡、村两级政府各类公共债务，每个县平均就有2.55亿元。按全国约2100个县级行政单位计算，乡村债务总规模达5355亿元。① 另据国家发改委2008年的一份报告，全国平均每个县的赤字约1个亿，全国赤字县占全国县域的比重达3/4，县级财政基本上是“吃饭财政”，县乡政府的债务风险仍未得到根本性控制。② 基层政权的财政负担如此之重，对于发展当地最基本的公共事业已经力不能及，2002年，

① 秦大军等．数千亿县乡财政赤字成中国新农村建设“绊脚石”［EB/OL］．新华网，2006－3－4．

② 国家发改委：平均每县赤字约1亿元，东西部差距拉大［EB/OL］．农民日报，2008－4－3．

中国60%以上的县没有标准的污水处理场，65.4%的乡镇没有卫生院，有一半的行政村没有通自来水，60%的农户没有用上卫生厕所，1.5亿农户需要解决燃料问题。

同样是因为缺钱，在高度现代化的今天，中国仍有6%的行政村没有通公路，2%的村庄没有通电，6%的村子没有电话。① 面对基层政权如此重的财政赤字，即使中央和省级政府为发展农民工事业投入了资金，地方政府也没有能力投入相应的配套资金。农民工进城，享受和市民同等的待遇，考验着地方财政和城市公共服务的能力。所以，中央和省级政府投入力度不大，地方政府财政赤字惊人，在这种情况下，政府的资金投入力度成为约束农民工公民资格发展的重要因素之一。

2. 资金使用效率损失

在资金充裕的情况下，农民工各项事业的顺利开展还跟资金的使用效率有关。资金效率损失主要在于两个方面：一是各级政府间的“渗漏”与挪用，二是使用单位的贪污浪费。我国有五级政府，在多级政府的政治架构中，中央或省级政府或许有足够大的转移支付规模，但资金在下拨过程中难以避免受到肢解，造成收入“渗漏”，这都源于各级政府的“财政自利”。举例来说，假设中央有一笔专项资金要下拨，省、市、县等下面各级政府都要成立专门的机构来主持资金的运作，这些机构和人员都需要经费支出，结果等这笔资金运作到乡镇政府的时候已经所剩无几了。据调查，1997—1999年上半年，中央和地方各级政府向全国592个贫困县投入的总共488亿元扶贫资金中，竟有43.43亿元的资金被不法挤占挪用。②

地方政府在进行农民工培训、补贴农民工的时候，有一部分资金来源于中央政府的转移支付。如果不能充分使用这部分资金，不能真正用到发展农民工的各项事业中去，无疑是对资源的一种浪费。而与此同时就不可避免会产生腐败。

比如贵阳市反贪局就在全省范围内开展了一次声势浩大的查处社保系统贿赂案件专项行动，至今已立案查处该系统案件150余件、涉案170余人，涉案人员中既有基层劳动就业部门的办事人员，也有像贵州省劳动和社会保障厅原副厅长杨锦福这样的高官。据贵阳市劳动和社会保障局副调研员陈顺文介绍，根据规定，每培训一名农民工，培训机构可获得500元至800元财政补贴经费。到2007年底，全省共拨付培训补贴资金3.75亿元，相当于这两年中央财政转移支付就业资金的33%。于是一些不法办学机构在社保工作人员的“帮助”下，按人头

---

① 秦大军等. 数千亿元县乡财政赤字成中国新农村建设“绊脚石”［EB/OL］. 新华网，2006-3-4.

② 财经杂志社：《转型中国》，社会科学文献出版社2003年版，第155页。

套取农民工培训资金。杨锦福曾利用职务之便，在农民工技能就业培训中，通过批准学校成立、获取定点资格、增加培训指标等方式，多次收受他人贿赂共计87万元。出现这样的问题，既有官员职业道德的问题，同时也有资金使用与管理体制的问题。

在记者的采访中，不止一位官员谈及这样的"无奈"：开展农村劳动力培训工作，上一级政府部门在拨款的同时，还要下达相应的指标任务，如果不能完成，年终考核很难过关。以贵州某市劳动和社会保障部门为例，其2009年的任务数是2.6万人。该市培训部门的一位负责人对此大摇其头："全市转移农村富余劳动力不过7万多人，按照这几年布置的任务，早已全部轮训了一遍。"而农民工流动性大，贵州作为输出大省，很难抓住农民工进行培训，上级在不明情况下乱下达培训任务，变相鼓励了下级造假。

比如记者手中的另一份材料显示，近几年来，贵州省已培训的农村劳动力超过4000万人次。这也意味着，对于拥有3900多万人口的贵州而言，相当于全省所有的人都已参加过至少一次培训。但是记者接触到的相当一部分农民工均表示，他们很难被培训眷顾。稍稍深究一下，不难明白其中原因。对于常年在外务工的农民工而言，一年中返乡时间非常有限，有针对性的培训很难组织。[①] 所以，在资金能保证的情况下，财政资金的使用效率也直接影响到农民工所实际享有的社会保障和各项福利待遇。

第三节　农民工公民资格权利进一步发展的制度创新

一、公民资格权利发展与制度创新的关系

"一系列新的社会身份以及新的政治单位出现，它们在性质上全然不同于以往我们所见的旧社会身份和社会单位。随之而来的是新与旧、不同社会身份间的关系发生激烈变化甚至冲突，它们的整合过程充满困难"。[②] 农民工这种新社会身份的出现，如何调解农民工群体与市民群体之间的关系，如何使这种新社会身份经由新的社会建制被整合进社会，如何形成权威中心和新社会身份的制度化联

---

① 周之江，王丽．贵州农民工培训造假调查：合谋套取国家培训资金［J/OL］．半月谈，2009－3－24.

② 张静：《身份认同研究——观念、态度、理据》，上海人民出版社2006年版，第6～7页。

系，如何从制度上来认可农民工群体的身份和权益，这都对相关制度创新提出了要求。

按照新制度经济学的观点，所谓制度是一个社会的游戏规则，是规范人类社会交往的人为限制。制度的作用就是为了消除或降低社会交往中的不确定性，使人们对自己或他人的行为结果形成合理的预期，以降低人们的交易成本。① 制度变迁基本以两种方式进行：强制性的制度变迁和诱致性的制度变迁。② 如果把制度比作游戏规则，而把制度当中的活动比作游戏本身的话，那么诱致性的制度变迁就是改变游戏规则，即“通行的制度结构与环境协调较差，……追求效用的个体会自然而然地形成改变游戏规则的压力，以便把这些新事物包括在内”。③ 强制性制度变迁就是改变游戏以适应被某个利益集团所偏爱的游戏规则。④ 无论是诱致性制度变迁还是强制性制度变迁，都是一种制度创新。

公民资格孕育并促进着制度创新。为什么公民资格发展会促进制度创新呢？从权利内容扩展的角度来看，公民资格中每一项权利的发展都依赖于公民对某种利益的需求，而不同利益需求的满足都必须寻求制度的保障；从权利主体扩大的角度来看，社会成员对新的身份关系及其背后的规则认同已经多元化，社会内聚出现困难，多元化的发展使原有的社会建制失去了整合的功能，于是需要社会建制作出适应性转型，即制度创新。⑤

通过国家和社会制度的一系列改变，对公民权利和新身份的制度化承认，降低了社会的不平等，从而使得更为现代的、更具整合效力的社会体制获得巩固。⑥ 公民身份的发展不是要毁坏国家，相反，它需要现代国家的角色转型和功能强大，作为公民权利伸展和保护的条件。⑦ 反过来，通过这些社会制度的创新和发展，也可以进一步促进公民资格权利的发展，进一步满足公民的利益诉求，对市场发展和财产占有的不平等起到平衡作用。每一项公民资格的最终确立，都意味着国家通过自上而下的手段或民众（包括公民、非公民的弱势群体等）通过自下而上的运动变革了当时的相关制度。

这是一个双向度的过程，一方面是结构集中化发展，经由组织和制度建构，

---

① ［冰］思拉恩·埃格特森：《新制度经济学》，商务印书馆 1996 年版，第 290 页。

② 林毅夫：《关于制度变迁的经济学理论：诱致性变迁与强制性变迁》，载［美］R. 科斯、A. 阿尔钦等：《财产权利与制度变迁——产权学派与新制度学派译文集》，上海三联书店 1994 年版，第 371 页。

③ 斯坦利.L. 恩格曼：《文化价值理念、意识形态倾向和劳动制度变迁：对三者互动关系的诠释》，载［美］约翰. N. 德勒巴克、约翰. V. C. 奈：《新制度经济学前沿》，经济科学出版社 2003 年版，第 117 页。

④ ［南］斯韦托扎尔·平桥维奇：《产权经济学—— 一种关于比较体制的理论》，经济科学出版社 1999 年版，第 5 ～ 6 页。

⑤ 张静：《身份认同研究——观念、态度、理据》，上海人民出版社 2006 年版，第 7 页。

⑥ 同上书，第 7 ～ 8 页。

⑦ 同上书，第 9 页。

统一的原则、规则和程序的扩散，从而整合了分化的社会，致使社会成员的归属中心，由基层的政治共同体转向现代国家；另一方面是社会成员个体化和异质化的发展，经由公民身份及其权利的确认，构造了各个社会组织间基于合约基础上的对等社会关系，从而创造了新的整合秩序。这种历史变迁预示着，国家和社会成员的身份及其关系的现代性转变，以及在新规则下的社会整合。①

在中国，随着户口制度约束的身份区隔弱化，大量的流动人口开始从农民身份转向市民身份，同样提出了新身份认同、多元身份归属和相应的社会建制整合问题。而当前最迫切的是：在由农民身份向市民身份的转变过程中，农民和市民对于农民工这样一个新的社会身份如何认同，以及国家该进行怎样的制度创新来整合农民工这一新的社会身份，并在此基础上保障农民工公民资格权利的进一步发展。陆学艺认为，从根本上解决农民工问题，就要改革现行的户籍制度与劳动人事制度。②

周智认为，解决农民工问题，主要还要靠政府，通过公共政策的制定，借助政治途径来解决。包括全面清理和废除计划体制条件下出台的人为限制和剥夺农民和农民工权利的法律法规和政策规定，加强保护农民工权益的法制法规建设，改革劳动人事制度和户籍管理制度，建立和完善职业分类制度，建立和健全适应市场经济发展的社会保障制度。③ 何爱国认为，为了有效发挥“农民工”在城乡联动中的桥梁作用，要着力培育具有传统农民和现代工人的双重身份的“农民工”，对其双重身份进行整合。根据其意向或条件，或者使其转型为“新农民”，即“产业农民”或“现代农民”；或者转型为“产业工人”，融入城市，成为真正的市民。④ 孙立平甚至认为，“农民工”有序转化为“市民”存在大量的市场、文化、技术、显性与隐性的制度障碍等诸多因素。城市越进步，农民工融入城市社会的可能性越小。而目前的教育体制，无疑在加剧这种差距的扩大。⑤

农民工公民资格的发展，从制度变迁角度来说，是一个除旧迎新的过程。就像前文专家所言，既要对限制或约束农民工公民资格发展的那些制度或体制进行清理，同时也需要制度创新来保障农民工公民资格发展的现有成果以及促进农民工公民资格的进一步发展。

在公民资格三类权利中，政治权利和经济权利具有消极权利的属性，这对于国家职能而言，要求国家行使最小的职能；而社会权利并不像政治权利和经济权利那样具有普遍的主动选择性，对于国家来说，则要从公共利益出发，把消除贫困、文盲和保障生命的权利转化为国家必须为公民提供的一种积极的公共服务，

---

① 张静：《身份认同研究——观念、态度、理据》，上海人民出版社2006年版，第9页。

② 陆学艺．农民工问题要从根本上治理［EB/OL］．农业部信息中心，2003-8-5.

③ 周智．农民工现象的政治学思考［J］．江汉论坛，2006（8）.

④ 何爱国．“农民工”急需双向转型［J］．中国社会导刊，2006（3）.

⑤ 孙立平：《转型与断裂：改革以来中国社会结构的变迁》，清华大学出版社2004年版。

因此，社会权利具有国家主动行为的特点，它并不是向国家权力要求更多的自由和不干涉，而是要求国家权力以提供服务的方式予以合法的干涉。但这并不是说社会权利是面向特定人群的一种特定权利，毋宁说社会权利是国家对所有社会成员承诺的服务底线，是超越家庭和市场之外的社会成员之间互助互惠关系突破非制度化的非常规社会行为在国家层面的体现，也是所有社会成员可以预期的权利。

从这个意义上来说，社会权利要求整个社会对一个人能够维持体面生活的某种生活水平予以承认，从而将传统上由个人和家庭承担的风险上升到国家的再分配体系中。不仅如此，社会权利作为回应因能力的不平等而造成的贫富差距和由此带来的个体在面临困苦时的一种基础性的集体行动，也是保障政治—社会共同体团结和稳定的必不可少的措施。所以，社会权利的保障与发展要求政府尽可能充分发挥其职能。

二、农民工公民资格权利发展的综合性制度创新[①]

1. 户籍制度的深化改革

从本章第二节分析来看，户籍制度在上层建筑层面上是固化二元社会结构的重要因素。户籍制度的改革对于改变二元社会结构继而改变二元公民资格意义重大。我们都知道，现行户籍制度是我国计划经济体制的产物，是计划经济时代政府进行社会资源配置的重要工具。改革开放后，国家逐渐开始实行社会主义市场经济，市场还是取代政府成为社会资源配置的主要手段。目前，政策界和理论界对改革户籍制度已经形成了比较一致的看法，政府也在不断地出台新的户籍政策。但是，改革力度似乎远远不够，改革的效果远远不尽如人意。

由于制度关联与制度惯性的存在，使得户籍制度的改革牵一发而动全身，必然要求相关联的人事制度、社会保障制度等一系列制度的配套改革；另一方面，户籍制度的障碍不仅体现在制度层面，而且在思想意识层面上也使农民形成了一种自卑感和市民对农民的心理歧视。进一步改革户籍制度，消除农业户口和非农业户口的界限，也就消除了实际上存在的农民非“公民”的身份制，为从根本上解决农民工的问题准备了体制性的条件。对此，政府应进一步加快户籍制度改革的步伐，尽快取消户籍制度，实行居住地户口登记制度。

虽然改革开放以后，特别是新世纪以后，户籍制度的改革步伐在加快，但

---

① 根据制度对农民工公民资格权利发展所起的作用是间接还是直接、对农民工公民资格发挥全方位的影响还是就某个方面的权利发展发挥作用为标准，把保障农民工公民资格权利进一步发展的制度分为综合性制度和具体制度。

是，目前这种不彻底的户籍制度改革对农民工来说，可能不仅不是福音，还可能加重农民工进城的负担，从而形成新的问题。这对发展农民工公民资格来讲没有任何实质意义。比如，在城市门槛降低的同时有可能加大农民工的经济成本。比如，我国很多城市在规定农民或农民工获得该市户籍时，都有关于购买一定面积商品房或一定投资数额的限制，这对于农民工来说，虽然进城的门槛降低了，但是进城的经济压力变得更大了。

石家庄的户籍新政规定："凡在市区购买商品房者，可进入本市；在市区投资兴办实业及经商者均可将户口迁入石家庄市。"北京市的规定是凡投资50万元以上者，可以获得北京市几个规定地区的户口。[①] 低微的收入和高昂的房价，对于农民工来说很难达到转入城市的要求。除此之外，农民进城的其他方面成本，如子女教育成本、生活成本等也都在不断加大。这一系列的成本只能使农民工面对城市户口望而却步。

制度关联的原理告诉我们，如果一项制度发生了变迁，与之相连的制度也要相应进行变迁才能达到预期的制度变迁效果。对于户籍制度来说，它本身是社会制度网络的一部分，其变迁如果想要达到预期的制度效果，那么与它相关联的制度，比如社会保障制度等也要进行制度创新，否则，取消户籍限制以后，农民工虽然可以进入城市，但却没有真正融入城市，还处在城市经济制度接纳与社会制度排斥的夹缝之中，成为新的社会受害群体。户籍改革使农民工进城的门槛降低了，但是进城的经济压力更大了。

除此之外，进城以后，农民工也会面临着更大的风险。随着市场化改革的不断推进，附加在城市户口上的福利在逐步被削减，如果农民工放弃自己在农村的最后一点保障——土地贸然进城，就等于把自己完全抛入了市场经济的大潮。这对于某些工业生产技能比较缺乏、谋生能力比较弱的农民工来说，无疑是一个巨大的挑战，面临着被市场淘汰而无寸土立足的危险。所以，在改革户籍制度的同时，相关制度也要进行改革，从某种程度上来说，相关制度改革的成败决定了户籍制度改革的成败。

2. 财政体制的深化改革

农民工公民资格的发展特别是社会权利的发展需要政府强大的财政能力支持。近些年来，我国政府的财政能力有了很大的提高，这为解决"三农"问题、发展农民工公民资格创造了最重要的前提。统计数字显示，近10年来，我国税收年均增速高达近20%，几乎为GDP增速的1倍。2006年全国税收收入完成37636亿元，比上年增收6770亿元，增长了21.9%。这个数据同样超过当年

---

① 赵东辉，吴亮. 农民工融入城市有多难［J］. 瞭望，2003（16）.

GDP 增长的 1 倍。[①] 当然，财政能力是重要的因素，但却不是绝对因素。雄厚的财政实力能否成为解决“三农”问题、发展农民工公民资格的现实助力还要看财政体制、财政支出结构的合理化程度以及财政支出重点的倾斜。

分税制改革以后，中央财政实力显著增强，地方省级政府也有不错的财政业绩，但是省以下政府财政收入状况令人堪忧；在财源重点不断上移的同时，事权却在不断下移，中央与地方在财权与事权上的严重不对称，财力较弱的一级政府往往承担较重的公共事业责任。在农民工这个问题上，地方城市政府财政困难，面对大量涌入的农民工，如果城市的福利保障体系向他们完全开放，必将在短期内对城市本身的福利保障支出产生巨大的压力，“巧妇难为无米之炊”，所以绝大多数城市依然对农民工实行分隔政策。同时，中央政府以及地方政府间转移支付体制存在弊端，这影响到发展农民工公民资格的资金保障问题。因此，理顺财政体制、调整财政支出结构对解决农民工问题就显得格外紧迫和重要。而要对当前的财政体制进行改革，可以尝试从以下几个方面入手：

第一，在分税制基础上重新划分中央与地方政府间的财权与事权，改变财权与事权不对称的现象。以公共卫生为例，总的原则是，公共卫生职责在中央，财力由中央与省级分担，以中央为主。基本医疗服务的分工原则是增加中央与省级政府的协调职能，逐步减轻市、县两级政府的财政负担和居民的分担比重。基本医疗和公共卫生预算可考虑分开，比如公共卫生预算由中央财政解决，基本医疗服务由省、市、县合理分摊，并加大中央对贫困地区的转移支付。目前，有能力将政府预算卫生支出占 GDP 的比重由目前的不到 1% 逐步提高到 3%，增加的部分由中央与省级财政分担。中央政府通过转移支付平衡地区间财政性经费支出的不均等。

第二，推进省直管县财政管理方式改革，理顺省以下政府间财政关系。在现有的中央—省—地—县层级架构中，中央或省下拨的资金或者转移支付资金等，往往无法直接下发到县级财政，地一级政府往往会有所截留，而且，当中央或省某项经费下发后，都会专门配置一套人马来分配资金，多一层级政府往往就多一笔行政开支，本身也是对经费的一种浪费。所以，推进省直管县财政管理方式改革，是理顺省以下政府间财政关系，提高公共财政服务能力的重要举措。

据廖晓军介绍：近年来，在完善缓解县乡财政困难激励机制的同时，中央和财政部积极督促省级财政部门调整省以下收入和支出责任划分、完善省以下转移支付制度，推进省直管县财政管理方式改革。据统计，目前全国已有 24 个省份在近 800 个市县实行了省直管县财政管理方式改革试点。在中央和省级财政的积极支持下，基层财力保障水平明显提高，县乡政府提供公共服务的能力有所

① 李长安. 农民工问题是对公共财政的一大考验［EB/OL］. 上海证券报，2007 - 3 - 28.

增强。[①]

第三，在政府财政支出结构中，应该进一步降低经济建设支出和行政管理支出，在加大社会保障支出的同时，重点向包括农民工和农民的社会保障倾斜。在社会保障资金的农民工个人、企业和政府三方投入机制中，重点加强政府的投入力度，特别是加强中央或省级统筹的力度。另外一项需要加大政府投入的领域是农民工职业技能培训。

据世界银行的估算，在过去的1/4个世纪里，农村劳动力转移对于中国经济增长的贡献率是16%，而中国经济学家的共识是21%。[②] 如今，劳动力市场传出的信号显示，农民工培训投入的严重不足，正在成为农村劳动力“转移之路”上的绊脚石。国务院发展研究中心农村部部长韩俊在“进城务工人员职业培训专题研讨会”上建议，要将农民工培训纳入公共财政预算，大幅增加政府对农民工教育培训的投入，建立多元化的经费投入机制。在农民工培训的资金投入中，政府应强化其主要责任，中央财政要安排专项资金，用于实施农民工培训国家项目；各级财政要切实把农民工培训经费纳入财政经常性预算；用于补贴农民工培训的经费要专款专用，提高使用效益；加大投入力度，增加农民工输出前培训补贴，将城市职业培训补贴政策扩大到在城市就业并参加了失业保险的失业农民合同制工人中；在促进就业资金中，各级财政应增加农民工公共就业服务补贴资金。[③]

三、农民工公民资格权利发展的具体制度创新

1. 人民代表大会制度的进一步完善

农民工政治权利的发展，首先要建立比较完善的农民工参政议政机制。在各级人大、政协中都要有一定比例的农民工代表，以保障农民工对国家和社会事务管理的权利；在农民工聚集的企事业单位，职工代表大会中也要有一定比例的农民工代表，保障农民工在企业中的知情权、选举权和监督权。另外就是要畅通农民工利益诉求渠道，健全农民工维权举报投诉制度。在这些具体制度中，最重要的是要进一步完善人民代表大会制度。

目前，我国农民工的数量已经超过2亿，占全国总人口的1/7，已经成为工人阶级的主体。然而，在现实中，农民工却成为了最缺乏保护、最易和最常遭受侵害、最为脆弱的群体，承受了许多难以言喻的不公待遇。浙江大学地方政府与社会治理研究中心主任陈剩勇教授表示，农民工的许多权益得不到有效保障，他

---

① 邱小敏. 新华网专访财政部副部长廖晓军：保增长，重民生［EB/OL］. 新华网，2009-3-8.

②③ 进一步加大农民工教育培训的力度［EB/OL］. 工人日报，2009-4-21.

们缺乏利益诉求的途径，没有自己的代言人，造成这一困境的最根本原因就是外来务工人员政治权利的缺失。“政治权利的最直接体现就是选举权与被选举权”。在以往实际操作中，我国公民原则上在户籍所在地才享有选举权和被选举权，并不能参加工作所在地的选举，更谈不上被选举。

事实表明，农民工的生活、工作和事业都越来越多地和原户籍相脱离。他们的利益与工作所在地更加密切，他们更愿意在异地实现自己的政治权利，选出自己的利益代言人。所以，农民工参与人大代表选举对于农民工政治权利的发展具有里程碑的意义。然而，农民工流动性强、文化素质比较低和人大代表的结构要求这三个因素成为制约农民工代表参政履职的不利因素。所以，加强农民工文化素质、提高其参政议政能力以及完善人大制度本身就成为解决问题的主要途径。单从完善人大制度的角度来看，需要从以下几个方面入手：

第一，调整人大代表的比例结构。我国各地在选举人大代表时，分配给农民工的代表往往是从按户籍人口核定的代表总数中划出的代表名额，这意味着多选举一名农民工代表，当地代表就相应减少一名。而且，按照现行选举法的规定，各级人大代表的名额是根据户籍人口核定的，农民工的户籍关系一般不在工作所在地，从法律规定来说，农民工既不能在工作所在地参加选举，更不可能在工作所在地被选举。也就是说，按照目前的制度规定，农民工这个群体实际上没有办法通过选举产生他们自己的代表。所以，必须在改革我国的选举制度的同时调整人大代表的比例结构。改革选举制度，就农民工来说，就是要使选举权和被选举权的实现与户籍制度脱钩，以实际居住地或工作地为行使权利的依据。

调整人大代表的比例结构，有两种具体办法：一是把农民工纳入常住人口统计之中，让农民工可以合情合理合法地当上代表又不挤占当地的代表名额；二是实行特殊代表制，即在按户籍人口核定的代表名额之外，另外根据当地农民工阶层的数量额外划拨代表名额。在社会阶层日益分化的现代社会，特殊阶层的特殊代表制应该是民主政治实践的有益尝试。

第二，在农民工人大代表的代表权限问题上，我们应该进一步解放思想。我们选举的农民工代表，其身份不一定是农民工，他也可以是工人、知识分子，甚至是企业家和青年学生。由于农民出身的农民工人大代表客观存在一些履职的困难，中国的农民工还没有成熟到“能够代表自己而无须别人来代表他们”的程度。那么，农民工在代表选举的时候，就不一定在自己的社会阶层中去选，他们可以在社会的任何一个阶层中选，只要他们认为被选出的人能够切实代表农民工的利益，传达他们的心声，维护他们的权益。

第三，人大代表专职化改革。长期以来学术界对我国人大代表兼职化的弊端讨论的已经非常多了。比如兼职容易导致代表意识弱化、致使议政效率和质量比较低下、使表决当中产生虚幻的高度一致等等。[①] 人大代表专职化改革成为学术界一致的呼声。当然，人大代表专职化本身远远超越了农民工人大代表的讨论范围。但是对于农民工这样一个数量庞大、凝聚力差、利益受损严重的社会阶层来说，专职化的代表对维护他们权益意义更为重大。

2. 工会制度的进一步完善

发展农民工的政治权利，其最高体现为农民工在国家权力机关中能够拥有自己的代表，传达自己的利益诉求；而其最现实的途径却在于农民工的组织化建设。权利必须通过组织的力量才能实现。诚如美国政治学家塞谬尔·亨廷顿指出："组织是通往政治权力之路，也是稳定的基础，因而也是政治自由的前提。公民有组织地参与政治是现代社会政治发展的一个趋向。"[②] 让农民工参选人大代表是我国政治民主化进程的一步重要跨越，也是农民工政治权利发展的重要标志。但是，要真正地实现和发展农民工的政治权利以及其他各项权利还必须把农民工组织起来，最大限度地把农民工组织到工会中去。通过工会组织，农民工不仅可以增强其作为一个社会群体的谈判地位和主张权利的"话语权"，而且还可以培育他们的现代意识和参政意识。

如前文所述，全国各地各级工会在维护和发展农民工权益问题上做了很多工作。但是，新问题新情况不断出现，成为工会制度创新的动力之源。面对农民工的高度分散性和流动性，面对农民工群体的社会弱势地位，工会制度在目前的工作机制上，还需要进一步地创新。

第一，工会要与政府和所在企业相对分离，获得独立的地位。由于我国特殊的国情和工会发展的独特历史，使我国工会与政府和企业之间存在千丝万缕难以割裂的关系。工会本来是一个中立的社会团体，但是，我国政府对社会团体的控制之严密以至于把工、青、妇等都纳入了政府组织架构，成为政府部门在社会的延伸机构。工会本身的独立职能没有发挥，在更多时候反而承担了本应该政府承担的责任。导致工会在更多时候并不能真正代表工人的利益，反而更多时候服从政府的利益倾向。工会独立地位和功能的丧失还表现在工会与所在企业的"暧昧"关系。许多企业管理者把工会作为自己的下属管理部门，在工会人事任命和经费使用上进行全面干预，使工会很难站在中立的立场为职工维权。所以，工会要获得独立的地位，成为工人的自组织，就必须进一步与政府、企业相对分离，既不做政府的延伸机构，也不做企业的附属机构。只有在组织结构上独立出来了，工会才能进一步发挥其维护工人（包括农民工）权益的使命与责任。

---

① 康永．人民代表大会制度改革切入点：代表专职化［J］．江西教育学院学报，2009（6）．

② ［美］亨廷顿等著：《难以抉择：发展中国家的政治参与》，汪晓寿等译，华夏出版社1989年版，第6页。

第二，工会经费来源要独立，不受制于政府和企业。目前，我国工会经费的来源主要有政府的拨款和补助、工会会员缴纳的会费和企事业单位上缴的收入等。我国《工会法》规定：建立工会组织的全民所有制和集体所有制企业单位、机关按每月全部职工工资的2%向工会拨缴经费。这种拨款方式的确可以在一定程度上保障工会经费的稳定性，但是这也很容易导致工会受制于所在企事业单位而不能独立开展活动。所以，工会要获得独立的地位，首先在经费上要具有独立性。工会经费的来源，应该主要是政府拨款和工人缴纳的会费，并逐步向由工人全额缴纳会费维持运转转变。

第三，创新工会会籍管理。农民工的高度流动性给工会的会籍管理工作增加了难度，这已经成为农民工加入工会的重要障碍。尽管可以采取农民工“流出地”和“流入地”工会“两头管理”这种新模式，但是多头管理也导致多头都不管理。另外根据《工会法》的规定，工会会员连续六个月不缴纳会费就将被取消会员资格，农民工的高流动性必然带来会员资格丧失的困扰。所以，要进一步创新会籍管理制度。对于农民工这种特殊的产业工人，对其六个月不缴纳会费将丧失会员资格，不加以限制；把工会会号和身份证号码或其他终身有效的号码捆绑，方便农民工会员在全国各地工会间转移关系。

第四，加强工会维权联动机制。目前，农民工流出地和出入地的工会维权联动机制已经启动，但还只是个别地方的典型现象。在今后，要加强各地工会的维权联动机制，在农民工的流出地和多个流入地的工会之间，都要有专门的信息沟通渠道，以形成对农民工工作轨迹的追踪，一旦发生损害农民工利益的情况，相关各地工会配合行动，进行私下协商或者提交司法渠道解决。不仅如此，工会维权联动机制也是对各类雇佣农民工的企事业单位的监督机构。一旦发现某企事业单位有损害农民工权益的情况发生，若补偿不到位，则进入工会系统黑名单，其信誉必然受到影响，对企业的运营也形成负面的影响。

3. 劳动权益保障制度的进一步创新

劳动权是农民工生存之本，劳动权益是农民工经济权益的重要内容。维护农民工劳动权益的具体制度创新有：

首先，要强制雇佣农民工的企事业单位跟农民工签订劳动合同，并实行定期检查和报劳动部门备案。按照《劳动法》要求并结合各地实际情况对农民工的合同期限、工作内容和时间、劳动保护条件和工作环境、劳动报酬及支付形式、社会保障、休息休假以及违反劳动合同的责任等做出明确具体的规定。如果有企业不愿意签订劳动合同，一旦发生劳动纠纷，在法律程序中既要承认事实劳动关系的存在并且对企业作“有罪推定”。

其次，进一步设立、完善和推广工资集体协商制度，根据经济发展水平和比率合理确定农民工工资水平和增长幅度，建立农民工工资正常增长机制，并加强对企业工资发放的监督和处罚。

再次，针对农民工中普遍存在的超负荷工作现象，尽快制定最低小时工资标准，从制度上防止农民工长期加班加点的现象。改善农民工工作环境，为农民工个人未来的更好发展创造条件。

最后，在全社会尽快推行农民工工资保证金制度。可以先由政府或企业拨付专款建立专用账户作为农民工工资应急预备金，发生拖欠农民工工资时先动用这笔钱支付，再由政府向欠薪单位追讨。

比如在上海，市政府公布了《企业欠薪保障金筹集和垫付的若干规定》修订草案。根据草案内容，上海将设立“欠薪保障金委员会”，由政府、工会、企业三方面代表组成，其主要职责为监督欠薪保障金的征缴、垫付和追偿工作，并协调、研究欠薪保障的有关工作。此外，在欠薪保障金的运作机制上，上海计划把受理、审核、垫付等环节的权限从市级部门扩大到区县一级，以提高政策执行效率，而市级政府部门将主要行使指导、监督等职能。①

职业技能培训是农民工发展的必由之路。户籍门槛降低以后，对进城农民工的素质要求提高了。而职业技能是农民工最重要的素质之一，是农民工在城市生活发展的根本，也是农民工与市民公平竞争的关键所在。所以，保障农民工的劳动经济权益，增强农民工的竞争力，就要加强对农民工的培训，提高其素质特别是职业技能。劳动力市场传出的信号显示，农民工培训投入的严重不足，正在成为农村劳动力“转移之路”上的绊脚石。那么，除了加强资金投入之外，政府应依托各地职业技术学校，把农民工培训制度化。对于圆满完成培训任务、并且劳动技能确有提高的农民工，要提高对其培训的补助额度，国家的培训补助资金不求农民工人人均沾，但求培训的实际效果。

4. 社会保障制度的进一步完善

社会保障制度是一张安全网，对于处于弱势地位的农民工来说，这张安全网对其生存发展的影响甚大。而且，社会保障制度的建立与否，对农民工的经济和社会生活产生最为直接的影响。目前，中国的社会保障制度还呈现一种多元化的格局，不同社会阶层所享有的社会保障是非常不同的。当前最应该着手的事情是建立针对于农民工的社会保障体系，并逐步由多元的社会保障制度向一元的社会保障制度转变。那么，对于保障农民工的各项社会权益，在制度建设上应该从以下几个方面入手：

第一，农民工工伤保险要先行。我国目前全国约有 3500 万农民工在煤矿、冶炼、建筑业等高危行业工作，他们的生产安全状况令人担忧。每一个农民工的背后都是一个幸福的家庭，而一旦农民工发生工伤事故，就会影响到整个家庭的

① 上海拟设“欠薪保障金委员会”[EB/OL]. 人民日报，2009-4-9.

生活。所以，要强制企业为农民工购买工伤保险，工伤保险费由企业缴纳。否则，工商部门不予年审营业执照，未达到一定比例或情节严重的企业要吊销其营业执照。而对于企业来说，为了降低风险和成本，可以为职工购买意外伤害保险。

第二，以农民工身份证号码为基础，在全国农民工中建立养老医疗保险“全国联保一卡通”制度。个人和单位按照一定的比例缴存资金，由国家建立统一的信息管理系统、收缴和支付平台，全国联网通用。养老和医疗保险金积累到不同的年限或额度，享受相应的“退休”与医疗待遇。这就基本上解决了异地接续流转问题。而对于那些不打算在城市长期务工的农民工，应由所在单位按规定将应为职工缴纳的养老和医疗保险金在工资之外以货币形式发给农民工本人。

结　语

身份是处于社会结构中某个位置、具有法定权利义务的综合体，拥有某一个组织的成员资格，就意味着具有这个组织的身份。现代社会转型从某种意义上说是一种“从身份到契约”的转变过程。但是，即使是在现代社会，身份在人类生活中依然存在并继续发挥着作用。所以，现代社会也是一种身份社会，仍然存在着一个身份系统。

身份系统的基本功能，是对社会成员所处的位置和角色进行类别区分，通过赋予不同类别及角色以不同的权利、责任和义务，在群体的公共生活中形成“支配—服从”的社会秩序。社会身份系统由主观和客观两个方面的因素共同构建。客观因素常见于制度——结构方面，目的在于认识正式制度怎样在不同的社会成员中分配权利和义务，从而以强制的方式形成秩序。主观因素在于社会成员的主动选择，目的在于认识他们对于自我身份的期待和认同，亦即他们如何进行身份建构和选择。

事实上，这两个方面的因素，包括国家组织、正式法律、社会民意、乃至成员认同，都有可能创造、确立、维护，或者消除、破坏某种身份系统，从而使社会中的权威资源出现重新配置，使某一部分社会身份获得相对较优越、或相对较弱势的地位。在这个意义上，社会“身份”系统，意味着权威资源的政治配置安排。社会身份系统的变化，意味着政治权威资源的重新配置。[①]

就我国而言，现在正处于从传统向现代的转型之中，正在进行着一场梅因意义上的“从身份迈向契约的运动”。在改革开放以前，身份所具有的功能和在社会中发挥的影响是多重的，人的一切福利待遇、发展机会都跟身份密切相关。而且，身份制度和建立在其上的粮食、副食品、燃料等生活必需品的低价供给制度、住宅制度、教育就业制度、医疗、养老保险及劳动保护制度等等紧密联系并纠缠在一起，使身份制度的改变牵一发而动全身，这使现实中的制度变迁变得比较困难。

改革开放以后，虽然依附于身份之上的各种福利待遇在逐步剥离，但是，由于身份制度与其他社会制度的互补性极强，现在仍有许多制度性安排都是建立在身份制度的基础之上。一直到今天为止，在医疗、养老保险制度改革的过程中，

---

① 张静：《身份认同研究》，上海人民出版社2006年版，导言。

新构建的医疗保险、养老保险制度中，明显继承了身份的二元划分和城乡分割的模式。

在我国众多身份序列中，农民与市民的身份序列构成中国社会最基本的身份系统。而在各自的身份序列中，又可以细化出许多小的序列，比如从农民身份序列中产生了农民企业家这样一个精英群体，另外还有数量庞大的农民工群体；而在市民这个身份序列中，则包括同样为弱势群体的城市失业群体，当然还包括白领、干部等市民亚身份序列。如果说农民——市民身份序列之间享有不尽相同的权利和义务内容的话，那么，每一个亚身份序列之间也同样享有不尽相同的权利和义务内容，甚至有天壤之别。所以，中国社会仍然是一个身份社会，身份系统在社会资源分配中仍然发挥着作用。

公民资格是一个人隶属于某个政治共同体的成员资格，体现着个人与政治共同体之间的权利义务关系。从公民资格发展的历史来看，它主要在两个维度上展开：一是公民资格所包含的权利内容不断扩大；二是公民资格主体的扩展，更多的人将被赋以公民资格。公民资格既然是属于或不属于某个政治共同体成员的资格问题，从理论上来说，其答案只有“是”或“不是”。

但是在具体实践中，无论是国与国之间的归化问题、国际移民问题，还是一国之内的移民问题，其答案绝不是非此即彼，这中间往往有许多似是而非的灰色地带。从一国内部情况来看，由于社会阶层的分化是一种客观现象，那么，就不能避免不同的社会阶层所享有的公民资格权利的差异性。

对于一些社会弱势群体，虽然他们与社会精英一样都是国家的正式成员，但是他们在社会资源分配中的结果差异却很大，而这往往又反过来限制了他们在社会公共生活和私人生活中的行动能力，如此往复，形成恶性循环。究其原因，就在于人们在社会中的地位和能力是各不相同的，也就是说，人的身份或能力的差异导致了公民资格实质内容的差异性。如果是由身份造成的，那么它就具有不正当性，但如果是由能力造成的，那么它就具有正当性。但是，身份会使社会资源分配的结果不公正，继而造成能力培养的差异性，这种情况同样也是不正当的。

从农民工角度考察我国公民资格理论与实践的发展，可以得出这样的结论：计划经济时代身份等级制度在市场经济条件下仍然发挥作用，这就是农民—农民工—市民三种身份阶层在实质公民资格方面存在差异性的重要原因。农民（工）“二等公民”这样一种弱势地位的形成，当然跟农民工自身公民意识薄弱有脱不开的关系，但是本书重点分析的是身份与认同的影响。农民工公民资格的发展，不是公民资格主体外延的扩大，而主要是公民资格权利内容的扩展。农民工公民资格发展的目标，就是要使同样工作生活于城市的农民工拥有与普通市民大致相同的公民资格权利，从城市的边缘群体转变为主流群体。

从本书研究情况来看，自从农民工在20世纪80年代初出现以来的30多年的时间中，其公民资格呈现不断发展的态势。特别是新世纪以后，农民工公民资格权利相比于前20年已经有了很大的发展。但是，由于二元社会结构没有发生根本转变、中央与地方政府逐利竞争倾向、财政体制的弊端、户籍制度对身份的规定性以及户籍制度与其他社会制度的关联性，使得农民工公民资格的进一步发展受到很大的限制。所以，农民工公民资格的进一步发展有赖于户籍制度、财政制度、人大制度、工会制度、社会保障制度的进一步制度创新。仅仅简单地赋予农民工以市民身份对发展农民工公民资格没有实际的意义。在用制度保障、促进农民工公民资格发展的时候，制度创新的法则是同一—差异原则，即用特殊的制度设置来保障和促进农民工公民资格的发展。现有的制度创新可能在这个方向上更进一步。比如进一步创新人民代表大会制度，赋予农民工特殊代表权。

如果说制度创新是对农民工公民资格发展的制度认同，那么，农民工公民资格的发展还需要非制度认同，即农民工的自我期待与市民认同。从本书第三章和第四章的部分调研资料来看，老一代农民工对市民公民资格的自我期待值比较低，大多数人仍有浓厚的乡土情结，并且仍然把自己当做农民。而新生代农民工由于没有农业劳动经历与经验，或者没有农村生活的经历，他们对市民公民资格的自我期待值比较高，更希望自己是一个市民，能够长期合法公平地生活工作在城市中。

农民工的自我认同对农民工公民资格发展的影响是多方面的，总的来说，积极的自我期待会产生一种行动的动力，这种动力是公民行动的前提。有了这种动力，农民工才可能更加积极主动地去争取市民公民资格，从而改变自身的处境。无论对于老一代农民工还是新生代农民工来说，要提高他们对自己市民身份的认同度，使他们真正能以“公民”的身份而存在与行动，就有必要加强他们的公民教育，培养他们的公民意识，为他们通过自己的公民行动而争取公民资格发展创造前提条件。

除了农民工自我认同之外，市民认同也构成农民工公民资格发展的重要内容。市民群体对农民工公民资格的认同首先是对农民工市民身份的认同，这是对农民工的一个心理接纳过程。老一代农民工在进入城市之前，在农村已经生活工作了几十年，已经形成了一种非常不同于市民的思维方式和行为方式，甚至是完全不同的文化模式。这种文化模式在城市生活的冶炼下重新与市民文化融合而形成了不同的农民工文化模式。

无论是市民文化还是农民工文化，其背后都是以身份的区分为基础的。市民对农民工文化模式的认同有助于其对农民工市民身份的认同，这本身也是市民文化模式的发展。至少就目前情况来看，市民对农民工市民身份的认同还存在一定障碍，而这些障碍主要是由于不同的文化模式和生活方式所带来的。对于新生代农民工来说，由于其生活环境与老一代农民工的差异，有助于他们形成更容易让市民接纳的文化模式，从而更加有利于市民对其市民身份的认同。

在制度认同和心理认同逐步发展的同时，农民工公民资格权利也获得了相应的发展。农民工脱胎于农民，其公民资格权利也来源于农民，但是当农民来到城市寻找新的生活，本身就是对部分农民公民资格权利的主动放弃。比如在乡镇和村级基层政权组织中的选举权和被选举权、对于基层公共事务的参与权、对农村土地的经营承包权等等。

当农民工赤裸着权利之躯来到城市，投身市场经济洪流中时，市场和政府在20世纪80年代并没有给予农民工更多的保护，农民工在城市所遭遇甚至有政府的限制和市民的歧视。作为一个国家公民所具有的最基本的权利都成为空中楼阁，其生存与发展甚为困难。

到了90年代，市场对农民工这种廉价劳动力的接纳迫使以经济建设为中心的政府不得不正面回应农村劳动力的有序高效流动，政府不得不为农民工的流动创造基本的社会环境，进行基本的引导，提供基本的服务。

总的来说，20世纪八九十年代政府对农民工的政策基本上还处于“头痛医头脚痛医脚”阶段，仅仅从劳动力流动和经济发展的关系这样一个思维框架中来解决农民工问题，还没有认识到农民工问题是一个牵涉社会、政治、经济等社会各个基本面的综合性问题；农民工流动不仅仅是一个获得工作机会的问题，而是关于一个庞大的社会群体其公民资格实现程度的问题。所以，进入新世纪以后，当政府意识到以上关于农民工问题的全面性和复杂性时，对于农民工问题的解决就不再仅仅是流动与就业的问题，而是包括选举权与被选举权、参政议事权、劳动就业权、劳动安全保障、职业培训、社会保障、子女教育等涉及方方面面的问题。

从2003年国务院1号文发布算起，至今不过短短8年的时间，可以想象在8年的时间中，对于一个涉及人口数量如此庞大的阶层问题的解决，是不可能非常完善的。农民工公民资格各项权利的发展，仍然有很大的空间。农民工公民资格的发展，需要进一步的理论创新和制度创新。

目前，人大制度和工会制度的改革创新在一定程度上有利于发展农民工政治权利，劳动合同制度、工伤保险条例、行业限制的取消、政府对培训与返乡创业的支持等有利于发展农民工的经济权利，正在探索实施中的农民工社会保障各项制度有利于保障农民工的社会权利，国家对教育的重视，特别对义务教育责任的担当，方便农民工子女在城市入学，甚至同时正在积极探索实施的农村新型合作医疗以及农村养老保险制度也在很大程度上减轻了农民工对留守老人的后顾之忧。所以，从这30多年的历史进程来看，农民工公民资格的发展趋势是总体向前的。

二元公民资格既是农民工实质公民资格的真实写照，同时也是约束农民工公民资格发展的障碍，是造成其社会弱势地位的基本原因之一。如果我们赋予农民工更强的行动能力，在一定程度上改变其社会弱势地位，也有利于农民工公民资格的发展。如何才能赋予农民工更强的行动能力呢？这主要从两个方面着手：

第一，加强农民工公民教育，培养其公民意识。农民工“二等公民”地位的形成，固然与中国社会的二元性特征撇不开关系，但是从农民工自身找原因，却发现跟农民工公民意识淡漠有非常大的关系。加强对农民工的公民教育，就在于培养他们的公民意识，激发他们的公民行动，从而主动去争取公民资格的发展。

第二，在法律上和制度上针对农民工的行动做出特别的规定。这种特别规定的合理性就在于公民资格的“同一性”与“差异性”同时体现在农民工身上。当同一性并不能保障某个群体的政治共同体成员资格的时候，就应该有特别的规定赋予这个群体差异性的公民资格，利用“差异性”公民资格的特别行动能力来保障同一性公民资格及其发展。所以，在进一步的制度创新中，农民工的特殊代表制、特殊的社会保障制度等对于发展农民工公民资格来说都是必须的。这在人大制度、工会制度以及社会保障制度的进一步创新中应该有所体现。

跳出农民工的小圈子，从政治发展和社会转型来看，农民工问题是中国社会转型的重要问题之一。之所以重要，在于它与两个社会基本问题联系在一起，一个是社会秩序的问题，另一个是社会公正的问题。一种新的社会身份的出现，必然带来一种新的行为方式和规则，同时也带来原有身份序列对新身份的认同问题。新旧身份还会处于一种冲突、对抗、妥协与磨合的过程。这个过程往往会对社会秩序的稳定性形成挑战，继而对一个国家的政治制度化形成冲击。

亨廷顿认为，对于发展中国家来说，政治发展的过程实际就是建立有效的社会控制，谋求稳定的政治秩序的过程，其中最重要的就是要实现政治组织和秩序的“制度化”，即政治制度化。在亨廷顿看来，所谓政治制度化是指政治体系在组织上和程序上获得价值和稳定性的过程。具体表现在四个方面：政治体系的适应性；政治体系的复杂性；政治体系的自主性；政治体系的凝聚性。[1]

一个政治体系如果具备了上述四个特征，也就意味着具有能够吸收转换现代化进程中各种压力的能力，保持社会的有效控制，从而维持社会变动时期的政治稳定与政治秩序。因此，政治发展的过程实际上就是实现政治制度化、建立有效的社会控制、谋求稳定的政治秩序的过程。

政治制度化是亨廷顿为发展中国家所设定的政治发展目标模式，我们有自己特殊的国情，并不需要完全照搬，但可以吸收其合理成分。在中国现代化进程中，农民群体的分化，农民工身份向市民身份的转化，将对中国社会原有的结构、体制、秩序形成巨大冲击，甚至会出现混乱和失控的局面。农民工身份出现和转化的过程也就是整个社会分化、解构、重组、整合的过程。在此过程中，唯有提高政治制度化水平，才能适应和解决农民转化所带来的各种问题和混乱失控现象。可以说，农民（工）身份转化为提高中国的政治化水平提供了契机和动

---

① ［美］塞缪尔·亨延顿：《变革社会中的政治秩序》，华夏出版社 1988 年版，第 12～13 页。

力。新的制度规范将建立在社会结构高度分化和社会成员合理流动的基础之上，其整合程度会远远高于那种未经分化的机械整合。这将使政治体系更具有适应性、复杂性和凝聚性，从而使政治制度化水平得以提高。

借用阿尔蒙德的说法，“当政治体系现存的结构和文化非经过进一步的分化和世俗化就不能应付新面临的问题或挑战时，发展就会来临”。① 所以，农民工身份的出现与转化，既给中国社会转型带来了秩序的危机，同时也带来了重新整合、达到更高政治制度化水平的机遇。

农民工公民资格及其发展折射出中国社会的公正问题。正如戴维·米勒所指出的，在马歇尔那里，“公民资格被当做一组权利为社会的每一个成员平等地享有，当公民资格的公民权利、政治权利和社会权利得到充分发展时，它便体现了一种社会正义的观念”。② 那么，中国存在双二元公民资格，农民和农民工相对于市民来说处于“二等公民”的地位，这就是一种社会不公正。这种社会不公正绝不完全是改革开放和市场经济负面影响的结果，而是从计划经济时代就已经存在的社会不公正，在市场经济时代更加突显出来。为什么中国社会公正问题在改革开放以后才突显呢？

有一个研究的案例和一个理论可以说明这个问题。托克维尔对法国大革命的研究发现，经济越是繁荣，旧的统治的法规消失得越快，政治自由越能在一些区域获得广泛基础，这些地区对于革命的支持也就越强。法国革命证明，经济和政治进步最快的区域竟成为革命的最主要源泉区域。于是托克维尔得出结论：“革命的发生并不总是由于萧条、衰退和条件恶化。一个习惯于忍受的民族，根本不知道有压迫的存在，而当这种压迫减轻了时，他们反而意识到了压迫，于是开始反抗。被革命摧毁的统治，往往就在它做出改进和改善的时候，往往就在它接受恶劣统治的教训的时候，往往就在它迈出改革的第一步的时候，革命却发生了。”③

在计划经济时代，整个社会的分化程度和流动性都非常低，社会活力欠佳。无论是农民还是普通市民都安于当时的处境没有异议。但是改革开放以后，社会结构开始分化，人们获得了一定的流动性，社会活力有所增强，在社会控制略微松动并且人们已经尝到松动的甜头时，人们就会更加深刻感受到以前社会的不公正性，就会渴望更加的开放和更自由的流动，为了追求自身理想的社会公正和自由流动，往往会付诸实际行动。这样，社会不公正的问题突显，追求社会公正的行动就会发生。

---

① ［美］A. 阿尔蒙德、G. 鲍威尔：《比较政治学》，上海译文出版社 1987 年版，第 26 页。

② David Miller. Citizenship and national identity ［M］. Cambridge, UK: Polity Press, 2000: 44.

③ Alexis De Tocqueville, The Old Regime and the Revolution ［M］. New York: Harper&Brothers, 1856: 211～214.

二元公民资格的存在既是农民工公民资格发展的障碍之一，也是农民工遭遇社会不公正的表现之一。来自托克维尔法国大革命的比喻说明，社会不公正都来源于相对剥夺感。无论是农民还是农民工，当他们把自身处境与市民阶层做比较时，相对剥夺感油然而生，社会不公正也随之出现。所以，农民工公民资格及其发展的问题关涉社会公正。针对农民工的社会不公正，主要是制度不公正。

按照罗尔斯正义论的思想，由社会制度造成的不平等是特别深刻而且影响深远的一种不平等，因此，社会基本结构成为其正义理论的主题。将社会基本结构作为正义的主题，就意味着正义的社会秩序不仅仅如古典自由主义视野中那样，只是维持一个个体权利和所得恰当分配的框架，而且正义的社会秩序还应该是能够得到公共支持的，当一种正义观念满足了这种共同支持，就能成功论证多元价值理想的个体之间的社会合作并由此保证正义秩序的稳定。① 所以，一个正义的社会制度，不仅对于诸如市民这样优势群体来说是正义的，而且特别要对于诸如农民工这样的弱势社会群体来说也是正义的。这种公共正义观念在现实诸多因素的影响下，在不同群体之间是很难达成共识的，所以罗尔斯设想了一种原初状态。无知之幕的设计使得契约中的各方处于一种平等的地位，对每个人来说，选择契约的环境是公平的，因此平等性或公平性就成了原初状态的主要特征。在这种公平状态下由于排除了社会中各种偶然因素的影响，人们所选择的原则就是对每个人同样平等的。

这种原初状态中立约者的立场事实上隐含了罗尔斯并未明确的公民理想：即只有从大家所“共”的身份即公民的身份出发，排除各自私意性的考虑，才可能证成多元价值理想的个体之间的社会合作并有利于正义社会秩序的达成。

无论是农民还是农民工，在现实生活中他们对社会基本结构几乎没有选择的机会和能力。那么，这样的社会基本结构从理论上来说首先就不符合罗尔斯关于正义制度选择的原初状态设定，不公正在所难免。为了纠正社会基本结构的不公正，赋予参与选择的弱势一方以差异的原则，就是一种正义的行为。所以，“差异”公民资格是对“同一”公民资格可能带来不公正的一种预防与纠正措施。

农民工相对于市民在社会境况和制度体系中都处于一种弱势地位，社会基本结构的正义天平向市民阶层倾斜，那么，赋予农民工一些特殊的权利，这不是社会不公正，恰恰是要实现真正的社会公正。农民工公民资格的发展需要差异正义原则支配下的特殊制度安排。这在某种意义上也是当今风行的多元文化主义者们孜孜追求的“差异公民资格”。

根据其代表人物杨的观点，将“每个人都具有公民身份”的理念与公民身份的其他两种含义——人人具有共同的生活，并作为公民被同等对待——做出假

① Charles Larmore. Public Reason: The Cambridge Companion to Rawls [M]. In Samuel Freeman (ed). Cambridge, Mass: Cambridge University Press, 2003: 370～371.

定性的联系，这本身就存在问题，是一种同化的理念。只有通过对“差异性公民身份”的认肯，通过赋予差异性文化群体以特殊的群体权利，才能够使得每个人都真正享有完全的公民资格，作为完全的公民进行社会参与，而不是被当做二等公民来看待。①

在多元文化主义的实践中，那些寻求容纳被压迫和处境不利群体的社会运动面临一个“差异的两难”：

一方面，他们必须不断否认在男女之间、白人和黑人之间、健全者和残疾人之间存在着本质上的差异，因为强调这种差异会使得下述观点正当化：即妇女、黑人或残疾人不拥有和其他人一样的机会，不可以和其他人一样去自由行动或被某个机构或职位所接纳；

另一方面，他们发现有必要确认群体之间确实存在差异，如果无视这些差异而运用严格的平等对待原则，尤其在竞争某个职位时，反而是不公平的，因为这些差异已经使那些群体在社会中处于不利地位了。

这也就是说，自由主义形式上的平等成果并不能消除社会差异，文化族群之间的差异仍然存在，如果继续坚持自由主义无差别的平等，将会给弱势文化群体带来更大的不平等，甚至使他们受到非正义对待的威胁；可是如果放弃无差别平等的理想，又对自由主义的平等理念本身构成颠覆，而这种平等理念本身却也是差异群体保障自身权利所需要的。

那么，究竟该以何种方式来保障弱势群体的正义权利呢？多元化的社会要想能够维持正义的社会秩序并且朝着实现一个正义的政治体的目标而前进，就必须在正义伦理的普遍视域中纳入一种关怀的政治伦理视角，以一种建立在群体权利基础之上的“差异的公民资格”以及“差异政治”来弥补普遍主义公民资格和普遍主义正义伦理在实践中的不足。公民资格的内容必须强调群体权利而不是仅仅限于个体权利，公民资格的背景不再是那种同质的社群，而是一个褒扬、保护差异但又不寻求超越差异的社会。因此，正义伦理的内涵不再仅仅意味着普适的、抽象的正义原则，同时也应该意味着对差异的充分重视和关怀。

从多元文化主义的视角来审视农民工公民资格问题，我们在实践差异公民资格概念的同时，也不能刻意把市民身份与农民工身份对立起来，在打破区隔的同时又人为建造另一道区隔。采取差异原则保护农民工等社会弱势群体的权益，并不是无原则的保护，当这种保护相对于市民群体来说显失公平的时候，则对市民群体造成了“反向歧视”，这也不是公正社会的正义要求。所以，农民工公民资格及其发展的现实突显出社会的不公正，必须用差异公民资格概念来纠正这种社会不公正，但是同时要防止对市民造成新的“反向歧视”。

---

① Iris Marion Young. “Polity and Group Difference：A Critique of the Ideal of Universal Ctizenship” [A]. Ronald Beiner, ed., Theorizing Citizenship [C]. Albany：State University of New York Press, 1995：176.

当下中国处于一种深刻的思想和社会制度的变迁之中，多元化的思想观念和利益关系，对社会稳定和社会正义都提出了新的要求。而和谐社会的建设，需要建立在新的更高水平的社会与政治制度化水平之上，在价值理念上也需要社会正义价值的感召。所以，以促进农民工公民资格发展为契机，调整社会利益结构，建立公平公正的再分配制度，保卫作为公民的每个个体的公民资格权利，将是中国和谐社会建设的重要工程之一。

参考文献

一、中文资料

（一）专著

1. ［德］马克思恩格斯选集（第3卷）［M］. 北京：人民出版社，1972.
2. ［美］爱德华．W. 赛义德. 东方学［M］. 王宇根译. 北京：生活·读书·新知三联书店，1999.
3. ［英］巴巴利特. 公民资格［M］. 谈古铮译. 台北：桂冠图书股份有限公司，1991.
4. ［英］伯林. 自由论［M］. 南京：译林出版社，2003.
5. ［美］戴维·波普诺. 社会学［M］. 李强，等译. 北京：中国人民大学出版社，1999.
6. ［英］戴维·米勒等编. 布莱克维尔政治学百科全书. 邓正来译. 北京：中国政法大学出版社，2002.
7. ［英］德里克·希特. 何为公民身份［M］. 长春：吉林创办集团有限责任公司，2007.
8. ［英］恩勒·伊辛，布雷恩·特纳. 公民权研究手册［M］. 杭州：浙江人民出版社，2007.
9. ［美］弗里德曼. 资本主义与自由［M］. 北京：商务印书馆，2004.
10. ［美］G. A. 阿尔蒙德，S. 维尔巴. 公民文化——五国的政治态度和民主［M］. 杭州：浙江人民出版社，1989.
11. ［德］哈贝马斯. 交往行动理论［M］. 重庆：重庆出版社，1994.
12. ［德］黑格尔. 法哲学原理［M］. 北京：商务印书馆，1982.
13. ［美］亨廷顿. 变化社会中的政治秩序［M］. 王冠华，等译. 上海：上海三联书店，1989.
14. ［美］亨廷顿，等著. 难以抉择：发展中国家的政治参与［M］. 汪晓寿译.

北京：华夏出版社，1989.
15. [美]杰克·唐纳利. 普遍人权的理论与实践 [M]. 王浦劬，等译. 北京：中国社会科学出版社，2002.
16. [加]金里卡. 当代政治哲学 [M]. 上海：上海三联书店，2004.
17. [美]科塞. 社会冲突的功能 [M]. 孙立平译. 北京：华夏出版社，1989.
18. [美]克鲁格曼. 国际经济学 [M]. 北京：中国人民大学出版社，1998.
19. [美]罗尔斯. 正义论 [M]. 北京：社会科学文献出版社，2003.
20. [英]洛克. 政府论（下篇） [M]. 叶启芳，瞿菊农译. 北京：商务印书馆，1964.
21. [比]罗兰. 转型与经济学 [M]. 北京：北京大学出版社，2002.
22. [美]罗纳德·德沃金. 认真对待权利 [M]. 北京：中国大百科全书出版社，1998.
23. [美]阿尔蒙德，小鲍威尔. 当代比较政治学——世界展望 [M]. 北京：商务印书馆，1993.
24. [美]迈克尔·桑德尔. 自由主义与正义的局限 [M]. 南京：译林出版社，2002.
25. [美]迈克尔·沃尔泽. 正义诸领域：为多元主义与平等一辩 [M]. 褚松燕译. 南京：译林出版社，2002.
26. [英]梅恩. 古代法 [M]. 北京：商务印书馆，1996.
27. [法]孟德斯鸠. 论法的精神（上册）[M]. 北京：商务印书馆，1961.
28. [英]欧内斯特·巴克. 英国政治思想 [M]. 北京：商务印书馆，1987.
29. [美]P. 布劳. 社会活动中的交换与权力 [M]. 北京：华夏出版社，1988.
30. [美] R. 科斯，A. 阿尔钦等. 财产权利与制度变迁——产权学派与新制度学派译文集 [C]. 上海：上海三联书店，1994.
31. [美]萨拜因，等. 政治学说史（下册）[M]. 北京：商务印书馆，1986.
32. [美]萨尔 .D. 霍夫曼. 劳动力市场经济学 [M]. 上海：上海三联书店，1989.
33. [美]史蒂芬·霍尔姆斯，凯斯 .R. 森斯坦. 权利的成本——为什么自由依赖于税收 [M]. 毕竟悦译. 北京：北京大学出版社，2004.
34. [冰]思拉恩·埃格特森. 新制度经济学 [M]. 北京：商务印书馆，1996.
35. [南]斯韦托扎尔·平桥维奇. 产权经济学—— 一种关于比较体制的理论 [M]. 北京：经济科学出版社，1999.
36. [苏]C. 雅维茨. 法的一般原理 [M]. 沈阳：辽宁人民出版社，1986.
37. [法]涂尔干. 社会分工论 [A]. 渠东译. 载苏国勋，刘小枫主编. 社会理论的开端和终结 [C]. 上海：上海师范大学出版社，2005.
38. [法]托克维尔. 论美国的民主 [M]. 北京：商务印书馆，1997.

39. [美]托马斯 .A. 普格尔，等. 国际经济学 [M]. 北京：经济科学出版社，2001.
40. [美]托马斯·雅诺斯基. 公民与文明社会 [M]. 柯雄译. 沈阳：辽宁教育出版社，2000.
41. [德]乌尔里希·贝克，安东尼·吉登斯，斯科特·拉什. 自发性现代化 [M]. 赵文书译. 北京：商务印书馆，2004.
42. [古希腊] 亚里士多德. 政治学 [M]. 吴寿彭译. 北京：商务印书馆，1981.
43. [英]伊辛，特纳主编. 公民权研究手册 [C]. 王小章译. 杭州：浙江人民出版社，2007.
44. [美]约翰. N. 德勒巴克，约翰. V. C. 奈. 新制度经济学前沿 [C]. 北京：经济科学出版社，2003.
45. [英]约翰·伊特维尔，等. 新帕尔格雷夫经济学大辞典 [M]. 北京：经济科学出版社，1999.
46. [美]詹姆斯·布坎南，理查德·瓦格纳. 赤字中的民主 [M]. 刘廷安，罗光译. 北京：北京经济学院出版社，1998.
47. 中共中央文献研究室. 改革开放三十年重要文献选编 [C]. 北京：中央文献出版社，2008.
48. 十一届三中全会以来重要文献选编 [C]. 北京：中共中央党校出版社，1981.
49. 中共中央关于建立社会主义市场经济体制若干问题的决定 [Z]. 北京：人民出版社，1993.
50. 中共中央研究资料室编. 建国以来重要文献选编（第12册） [C]. 北京：中央文献出版社，1996.
51. “当代中国农业合作化”编辑室编. 建国以来农业合作化史料汇编 [C]. 北京：中共党史出版社，1992.
52. 邓小平. 邓小平文选（第2卷）[M]. 北京：人民出版社，1994.
53. 邓小平. 邓小平文选（第3卷）[M]. 北京：人民出版社，1993.
54. 张永桃. 行政管理学 [M]. 北京：高等教育出版社，2003.
55. 不列颠百科全书（第4卷）. 北京：中国大百科全书出版社，1999.
56. 萧高彦. 共和主义与现代政治 [A]. 共和、社群与公民·第2辑 [C]. 南京：江苏人民出版社，2004.
57. 郭忠华，刘训练主编. 公民身份与社会阶级 [C]. 南京：江苏人民出版社，2007.
58. 蔡英文. 公民身份的多重性——政治观念史的阐释 [A]. 许纪霖主编. 公共性与公民观 [C]. 南京：江苏人民出版社，2006.

59. 程燎原，王人博．权利及其救济［M］．济南：山东人民出版社，1998.
60. 王世杰，钱端升．比较宪法［M］．北京：中国政法大学出版社，1997.
61. 林来梵．从宪法规范到规范宪法法律［M］．北京：法律出版社，2001.
62. 刘作翔．法理学［M］．北京：社会科学文献出版社，2005.
63. 张文显．马克思主义法理学［M］．北京：高等教育出版社，2003.
64. 李步云．宪法比较研究［M］．北京：法律出版社，1998.
65. 俞可平．从权利政治学到公益政治学［M］．上海：上海三联书店，1998.
66. 潘小娟，张辰龙．当代西方政治学新词典［M］．长春：吉林人民出版社，2001.
67. 罗平汉．农村人民公社史［M］．福州：福建人民出版社，2003.
68. 林毅夫．制度、技术与中国农业发展［C］．上海：上海三联书店，1992.
69. 许纪霖主编．共和、社群与公民［C］．南京：江苏人民出版社，2004.
70. 谭深．劳工保护的行动空间［A］．谭深，刘开明主编．公司社会责任对中国社会的影响［C］．北京：社会科学文献出版社，2002.
71. 李路路，李汉林．中国的单位组织——资源、权力与交换［M］．浙江：浙江人民出版社，2000.
72. 刘建军．单位中国［M］．天津：天津人民出版社，2001.
73. 中国统计年鉴［Z］．北京：中国统计出版社，1985.
74. 殷志静等．中国户籍制度改革［M］．北京：中国政法大学出版社，1996.
75. 郭书田，刘纯彬．失衡的中国——中国城市化的过去、现在与未来［M］．石家庄：河北人民出版社，1990.
76. 王浦劬．政治学基础［M］．北京：北京大学出版社，1995.
77. 丘昌泰．公共政策——当代政策科学理论之研究［M］．台北：巨流图书公司，1999.
78. 杨光斌．政治学导论［M］．北京：中国人民大学出版社，2000.
79. 郭书田．变革中的农村与农业［M］．北京：中国财政经济出版社，1993.
80. 李溦．农业剩余与工业化资本积累［M］．昆明：云南人民出版社，1997.
81. 苏少之．中国经济通史（第10卷上）［M］．长沙：湖南人民出版社，2002.
82. 高凯，熊甲光．新中国的历程（1949. 10. 1～1989. 10. 1）［C］．北京：中国人民大学出版社，1989.
83. 张静．身份认同研究——观念、态度、理据［C］．上海：上海人民出版社，2006.
84. 王琢，许滨．中国农村土地产权制度论［M］．北京：经济管理出版社，1996.
85. 孙立平．断裂——20世纪90年代以来的中国社会［M］．北京：社会科学文献出版社，2003.

86. 田毅鹏，漆思．“单位社会”的终结：东北老工业基地“典型单位制”背景下的社区建设［M］．北京：社会科学文献出版社，2004.
87. 黄晋太．二元工业化与城市化［M］．北京：中国经济出版社，2005.
88. 徐勇，徐增阳．流动中的乡村治理——对农民流动的政治社会学分析［M］．北京：中国社会科学出版社，2003.
89. 陈宗胜．经济发展中的收入分配［M］．上海：上海人民出版社，1994.
90. 陈婴婴．职业结构与流动［M］．北京：东方出版社，1995.
91. 中国（海南）改革发展研究院编．中国农民权益保护［C］．北京：中国经济出版社，2004.
92. 朱光磊．当代中国社会各阶层分析［M］．天津：天津人民出版社，1998.
93. 刘怀廉．中国农民工问题［M］．北京：人民出版社，2005.
94. 刘军宁．自由与社群［M］．北京：生活·读书·新知三联书店，1998.
95. 谢建社．新产业工人阶层——社会转型中的农民工［M］．北京：社会科学文献出版社，2005.
96. 许纪霖主编．共和、社群与公民［C］．南京：江苏人民出版社，2004.
97. 甘阳．政治哲人施特劳斯：古典保守主义政治哲学的复兴［A］．列奥·施特劳斯．自然权利与历史［C］．彭刚译．北京：生活·读书·新知三联书店，2003.
98. 何勤华．西方法学史［M］．北京：中国政法大学出版社，1996.
99. 国务院研究室课题组．中国农民工调研报告［C］．北京：中国言实出版社，2006.
100. 宋林飞．西方社会学理论［M］．南京：南京大学出版社，1997.
101. 陈映芳．移民上海——52人的口述实录［M］．上海：学林出版社，2004.
102. 李培林．农民工：中国进城农民工的经济社会分析［C］．北京：社会科学文献出版社，2003.
103. 殷陆君编译．人的现代化［M］．成都：四川人民出版社，1985.
104. 顾俊礼主编．福利国家论析——以欧洲为背景的比较研究［C］．北京：经济管理出版社，2002.
105. 杨云彦．中国人口迁移与发展的长期战略［M］．武汉：武汉大学出版社，1994.
106. 宋洪远．改革以来中国农业和农村经济政策的演变［M］．北京：中国经济出版社，2000.
107. 杜鹰，白南生．走出乡村［M］．北京：经济科学出版社，1997.
108. 钱颖一．现代经济学与中国经济改革［M］．北京：中国人民大学出版社，2003.
109. 林毅夫．中国的奇迹：发展战略与经济改革［M］．上海：上海三联书店，1994.
110. 陆学艺. 中国社会各阶层分析 [M]. 北京：社会科学文献出版社，2000.
111. 陆学艺主编. 当代中国社会流动 [C]. 北京：社会科学文献出版社，2004.
112. 陆学艺. 当代中国社会阶层研究报告 [M]. 北京：社会科学文献出版社，2002.
113. 甘阳，崔之元. 中国改革的政治经济学 [M]. 香港：牛津大学出版社，1997.
114. 财经杂志社. 转型中国 [M]. 北京：社会科学文献出版社，2003.
115. 孙立平. 转型与断裂：改革以来中国社会结构的变迁 [M]. 北京：清华大学出版社，2004.
116. 白南生，宋洪远. 回乡，还是进城？中国农村外出劳动力回流研究 [M]. 北京：中国财政经济出版社，2002.
117. 李昌平. 我向总理说实话 [M]. 北京：光明日报出版社，2002.
118. 何帆. 为市场立宪——当代中国财政问题 [M]. 北京：今日中国出版社，1998.

（二）期刊文章

1. 赵东辉，吴亮. 农民工融入城市有多难 [J]. 瞭望，2003 (16).
2. 周智. 农民工现象的政治学思考 [J]. 江汉论坛，2006 (8).
3. 何爱国. “农民工”急需双向转型 [J]. 中国社会导刊，2006 (3).
4. “基层财政困难的原因及解决的对策研究”课题组. 我国县乡财政面临的困难及对策研究 [J]. 财政研究，2004 (1).
5. 薛惠元. “农民工”养老保险问题分析——基于公共财政的视角 [J]. 现代经济探讨，2008 (9).
6. 赵成根. 转型期的中央和地方 [J]. 战略与管理，2000 (3).
7. 吴国光，郑永年. 论中央—地方关系 [J]. 中国研究，1994 (6).
8. 赵忆宇. 分税制决策背景回放 [J]. 瞭望新闻周刊，2003 (37).
9. 韩俊. 引导农村劳动力跨地区有序流动的对策 [J]. 文明与宣传，1996 (3).
10. 福山. 社会资本与全球经济 [J]. 现代外国哲学社会科学文摘，1996 (5).
11. 刘林平. 交往与态度：城市居民眼中的农民工——对广州市民的问卷调查 [J]. 中山大学学报（社会科学版），2008 (2).
12. 安维复. 社会建构主义评介 [J]. 教学与研究，2003 (4).
13. 宋惠芳. 皮亚杰建构理论的启示 [J]. 马克思主义研究，2000 (4).
14. 卫夙瑾. 大众传媒与农民话语权——从农民工‘跳楼秀’谈起 [J]. 新闻与传播研究，2004 (4).

15. 刘芳. 近年来关于城市农民工问题的研究综述 [J]. 西北师范大学学报, 2005 (1).
16. 李培林. 流动民工的社会网络和社会地位 [J]. 社会学研究, 1996 (4).
17. 曹子玮. 农民工的再建构社会关系网与网内资源流向 [J]. 社会学研究, 2003 (3).
18. 王春光. 新生代农民工的社会认同与城乡融合之间的关系 [J]. 社会学研究, 2001 (3).
19. 王小章. 从"生存"到"承认": 公民权视野下的农民工问题 [J]. 社会学研究, 2009 (1).
20. 李强. 社会学的"剥夺"理论与我国农民工问题 [J]. 学术界, 2004 (4).
21. 李路路. 私营企业主的个人背景与企业成功 [J]. 中国社会科学, 1997 (2).
22. 福山. 社会资本与全球经济 [J]. 现代外国哲学社会科学文摘, 1996 (5).
23. 张子珩. 中国流动人口居住问题研究 [J]. 人口学刊, 2005 (2).
24. 易成栋. 制度安排、社会排斥与城市常住人口的居住分析 [J]. 南方人口, 2004 (3).
25. 刘颖. 从身份到契约与从契约到身份——中国社会进步的一种模式探讨 [J]. 天津社会科学, 2005 (4).
26. 苏志霞. 中国户籍制度城乡福利分配职能辨析 [J]. 经济问题探索, 2006 (3).
27. 王春光. 农民工的国民待遇与社会公正问题 [J]. 郑州大学学报 (哲学社会科学版), 2004 (1).
28. 蒋励. 人民公社: 中国农村经济组织制度史上教训深刻的一页 [J]. 学术研究, 2002 (10).
29. 王开军. 人类经济列车不可绕行的历史隧道——"二元经济"的形成与破解 [J]. 辽宁经济, 2007 (9).
30. 徐增阳, 甘霖. 农民流动与村民自治——流出村和流入村的分析 [J]. 浙江师范大学学报 (社会科学版), 2006 (3).
31. 林光彬. 社会等级制度与"三农"问题 [J]. 读书, 2002 (2).
32. 洪朝晖. 论中国城市社会权利的贫困 [J]. 江苏社会科学, 2003 (2).
33. 陈晋胜. 农民经济权利的宪法地位与行政法保护 [J]. 生产力研究, 2008 (10).
34. 于立深. 我国宪法典公民权利条款评析 [J]. 长白学刊, 2002 (4).
35. 董和平, 常安. 转型期农民政治权利的保护 [J]. 法治论丛, 2007 (7).
36. 李培文. 农民身份转化对中国政治发展的影响分析 [J]. 西北农林科技大学学报 (社会科学版), 2001 (2).

后　　记

“四农”（农民、农业、农村和农民工）问题是目前困扰中国走向高水平现代化的主要问题之一。没有农业劳动力的顺利转移，就难以缓解农村的隐性失业、难以实现农业的现代化和农民的现代化，所以，农民工问题又居“四农”问题之首。而农民工问题，归根结底是其公民资格的发展问题，即：农民工摆脱事实上的二等公民地位，在身份认同与公民资格权利方面享有与市民同等的精神与物质待遇。

由于中国二元经济和建国初期的现实战略选择，导致了中国社会鲜明的二元性，这体现在城乡发展、居民身份属性、社会分配制度等方方面面。农民工脱胎于农民阶层，是经济转型和社会转型的产物，在身份认同上既有对农民身份的认同，也有对市民身份的渴望。国家、城市政府、市民和农民工自身，对其身份归属的认同与否直接影响到人际融合、归属与忠诚。在公民资格权益方面，农民工也因为脱胎于农民阶层的影响而处于一种权益不足的窘境，这种情况在客观上源于传统二元社会制度的分配效应，主观上肇始于农民工自身公民意识、权益意识的不足以及公民行动能力的孱弱。农民工作为“四农”问题之首，农民工公民资格的发展，不仅对其他社会弱势群体具有示范效应，也有助于为“四农”问题的解决打开突破口。

那么，该如何发展农民工公民资格以解决农民工问题继而缓解“四农”问题呢？不同于西方公民社会中社会弱势群体自下而上的公民资格发展路径，中国农民工公民资格的发展是自上而下和自下而上的双向过程。城市经历的感性认识、市场精神的陶冶以及公民意识的觉醒，使农民工（特别是新生代农民工）争取公民资格的意识和动力都有所发展，而来自公民社会的一些自组织也成为农民工争取公民资格的航向灯。同时，更重要的是，国家和城市政府也在积极进行制度创新以促进、包容农民工公民资格的发展。这些制度创新发生在经济、政治和社会文化等多个领域，比如工会吸收农民工入会、农民工参选各级人大代表、户口限制的取缔、城市行业限制的取消以及劳动力市场的一元化发展、等等。来自中央和地方城市政府的制度创新是农民工公民资格发展的合法基础，也提供了自下而上模式难以想象的动力与支持。

农民工公民资格的发展，对于传统社会身份——资源的利益链是个极大的冲击，是人“从身份到契约”的现代化发展的关键环节。这是公民文化的转型、社会的转型，特别是政治生态的现代转型。所以，农民工公民资格的发展，对于解决“四农”问题具有现实意义，也是社会整合、和谐社会建设的关键环节。在价值层面上，农民工公民资格的发展也是社会公正、民主、参与等普世价值的折射。这对于中国进一步融入人类文明发展的主航道意义深远。

本书是在我的博士论文基础上修改而成。本书出版得到了南京农业大学“中央高校基本科研业务费”的资助。

在本书付梓之际，我首先要感谢我的博士导师张永桃教授，先生严谨的治学态度、开阔的视野、博大的胸怀、平易近人的作风都让我深深钦佩。从张老师那里我学到的不仅有治学的方法，还有为人处世的道理。在论文选题以及写作过程中，张老师一直鼓励我要多看书、勤思考、后动笔，注意培养自己独立思考与钻研的能力；在学术研究中，先生一直严格要求自己的学生要言之有物，要立足中国的实际，不能生搬硬套西方理论概念与研究风格。这体现了老一辈政治学研究者实事求是的踏实学风，使我终身受益。

感谢我的硕士导师孙亚忠教授，感谢中山大学出版社相关老师，感谢大家为我的论著出版操心劳力。

感谢南京大学政府管理学院诸多老师对我十多年的培养与教诲；感谢南京农业大学科学研究院和思想政治理论课教研部的诸位领导和同事，感谢大家帮助我克服在职学习的诸多困难，为我能够安心学习与写作创造许多便利条件，为论著出版提供精神鼓励和资金支持。

感谢我的爱人刘杰，几年来一直默默支持我。没有他的理解、鼓励与坚持，没有他为我创造的温馨平静的生活，我无法完成论著并及时出版。对于这些，我只有感恩，感恩生活赐予我的一切。

在本书写作过程中，参考了近年来有关农民工公民资格方面的书籍和文章，吸收了部分学者的研究成果，在此谨致谢意！由于本人学识水平有限，文中不妥之处在所难免，请诸位读者不吝赐教！

葛笑如

2012 年 9 月